JN278984

新しい企業金融

米澤康博・小西 大・芹田敏夫 [著]

有斐閣アルマ

はしがき

　本書はファイナンスの一分野である企業金融に関する教科書である。読者対象は専門課程の学部生，修士課程初年度の大学院生，および金融機関，あるいは事業会社の財務部門に勤務している社会人である。企業金融とは設備投資や資金調達など，金融的手法をつうじて企業価値をいかに向上させるかを説明する理論である。効率的な投資計画の策定・資金調達の決定など企業の財務的な側面に関する理論であり，企業にとっては最も戦略的かつ重要な意思決定の1つである。

　財務に関する意思決定の良し悪しは，株価によって明確に評価される。この点から見れば，日本においてこの意思決定がうまく行われてきたわけではないことは誰もが認めることであろう。企業の設備投資からのリターンは低く，また大半の企業が過剰債務で苦しんでいる。バブルの崩壊という不可抗力的な要因はあるものの，日本の企業が必ずしも企業金融を重視してこなかったことも事実である。それを裏付ける事実として，企業の人事部門（ヒト），生産部門（モノ）に比較して財務部門（カネ）の権限はこれまで強くなかった。いくつかの企業では経理部はあっても財務部はなく，決算は行うものの，戦略的な資金調達，資金配分は行ってこなかったのである。その結果としての「失敗」は必然であるが，これ以上の失敗は許されない。そのための処方箋の1つが現実における企業金融論の実践であり，本書はそれを支援するものである。

　本書は「新しい」企業金融論を目指しているが，「新しい」とは理論の新しさもさることながら，むしろ最近の革新的な企業金融手

法の説明を取り込んでいることである。近年，情報の経済学や契約理論の手法を活用した企業金融論の発展はめざましく，モジリアーニ＝ミラー理論（最適な資本構成は存在しない）などの既存理論を根本的に修正する研究成果が多く報告されている。しかし，本書ではそのようなアプローチを詳説することは避け，モジリアーニ＝ミラー理論に則りながら必要に応じて新しい理論も取り込んで企業金融革新を説明するアプローチをとる。すなわち，企業金融論の応用版，新しい企業金融論との折衷版を意図している。

以下，簡単に本書の構成を紹介しておこう。第1章「企業金融の基礎」では将来収益の現在価値の概念，およびポートフォリオ理論を説明する。第2章「証券のプライシング」では，前章の準備をもとに，リスクをともなう将来収益の現在価値の求め方を資本資産評価モデル（CAPM）に基づいて解説する。第3章「投資政策」では，現在価値の概念を用いて設備投資の実施基準等を明らかにする。第4章「資金調達政策」は，さまざまな資金調達手段について説明したうえで，モジリアーニ＝ミラー理論に始まる資本構成理論について明らかにする。第5章「配当政策と新しい資金調達」は，前半では配当政策を，後半では証券化等の新しい企業金融を解説する。第6章「リスク・マネジメント」は，事業会社が直面するリスクを明示化し，それへの対処とそのコントロールについて解説する。第7章「利益相反とコーポレート・ガバナンス」では，株主，債権者，企業経営者等の間の利益相反，およびそこから生じるエージェンシー問題を解説する。第8章「ベンチャー・ファイナンスと株式公開」は，ベンチャー・キャピタルの役割と株式公開の仕組みに関する解説である。第9章「為替レートと国際財務戦略」は，経済の国際化にともなって企業金融も国際化せざるをえないが，とくに海外

からの資金調達,海外直接投資のあり方に関して解説する。

 本書の読み方について言及をしておこう。もちろん,全章を読んで体系を理解していただきたいが,何らかの理由で十分に時間がとれない読者のために,サブ体系を示しておく。

 (1) 基礎的な企業金融論:第1章,第2章,第3章,第4章
 (2) 応用的な企業金融論:第5章,第6章,第8章,第9章
 (3) コーポレート・ガバナンス論:第3章,第4章,第7章
 (4) 基礎的な投資理論:第1章,第2章

 さらに,より入門的な教科書として,本書と同シリーズに,榊原茂樹・菊池誠一・新井富雄著の『現代の財務管理』が刊行されているので,併せて是非参照していただきたい。

 本書は3名の執筆者の共同企画であり,徹底した意見交換のもとで完成された教科書である。また,この過程で横浜国立大学大学院生の山本健君に内容の検討をも含め,お世話になった。便宜上,担当章を記すが,それはあくまでも主たる執筆者であることを示す程度にすぎない。

 本来であればもっと早く出版する予定であったが,歴史的な大学改革の仕事等に少なからず巻き込まれ,出版社には多大なご迷惑をお掛けした。にもかかわらず,丁寧な助言のもと,お待ちしていただいた有斐閣書籍編集第2部の鹿島則雄氏,柴田守氏,得地道代氏に最大級のお礼を述べたい。

 2004年 春

著者を代表して

米 澤 康 博

著者紹介

米澤　康博（よねざわ　やすひろ）【第4章（共同執筆），第5章，第7章】
1950年生まれ。
1974年，横浜国立大学経営学部卒業。
1981年，東京大学大学院経済学研究科博士課程修了。
現　在，横浜国立大学経営学部教授。
主著　『株式市場の経済学：経済構造変化と株価変動』日本経済新聞社，1995年。『日本の企業金融：変化する銀行・証券の役割』（共著）東洋経済新報社，1996年。

小　西　　大（こにし　まさる）　　【第3章，第4章（共同執筆），第8章】
1963年生まれ。
1987年，一橋大学商学部卒業。
1994年，ウエスタン・オンタリオ大学大学院経済学研究科博士課程修了。
現　在，一橋大学大学院商学研究科助教授。
主著　"Bond Underwriting by Banks and Conflicts of Interest: Evidence from Japan during the Pre-war Period," *Journal of Banking and Finance*, Vol. 26, 2002. "Factors Affecting Bank Risk Taking: Evidence from Japan"（共著）*Journal of Banking and Finance*, Vol. 28, 2004.

芹　田　敏　夫（せりた　としお）　　【第1章，第2章，第6章，第9章】
1963年生まれ。
1986年，筑波大学第三学群社会工学類卒業。
1992年，大阪大学大学院経済学研究科後期課程単位取得退学。
現　在，青山学院大学経済学部助教授。
主著　「インプライド・ビッド・アスク・スプレッドの推定：日中取引データを用いた日本株式の実証研究」松浦克己・米澤康博編著『金融の新しい流れ：市場化と国際化』日本評論社，2002年。"Price and Volume Effects Associated with a Change in the Nikkei 225 Index List: Evidence from the Tokyo Stock Exchange"（共著）in Choi, J. J. and T. Hiraki eds., *The Japanese Finance: Corporate Finance and Capital Markets in Changing Japan* (*International Finance Review*, Vol. 4), Elsevier Science, 2003.

本書を読むにあたって

●**本書のねらい** 本書は企業金融を学ぶテキストです。投資計画の策定や資金調達の決定など，企業の財務的な側面に関する理論を説明しています。はじめて企業金融に接する人でも理解できるよう，基礎からわかりやすく解説しました。また，新しい金融技術に関する理論の解説も意識的に取り込みました。大学などで企業金融を学ぶ学生の方だけでなく，財務の現場で働くビジネスマンの方にも最適です。

●**本書の構成** 本書は全9章で構成されています。第1章～第4章で，企業金融の基礎をひととおり学習できます。とくに第1章と第2章はファイナンスの基礎の部分ですので，はじめて学ぶ人はここから読まれるとよいでしょう。第5章以降では，応用的な企業金融論を解説しています。第4章までを学べば，第5章以降は関心のある章を選んで読み進めることができます。

●***Summary*** 各章の冒頭に「***Summary***」を付けています。各章の内容が要約されていますので，その章で何を学ぶのかをあらかじめ知ることができます。

●***Keywords*** 各章における最も重要な用語は，本文中に太字で表示しました。また，各章の冒頭に「***Keywords***」として一覧表を設けました。

●***Column*** 各章に1つずつ「***Column***」を挿入しました。その章の内容に関連したトピックスが取り上げられています。理論の成り立ちや，最新の金融事情の背景など，興味深い内容ですので，ぜひお読みください。

●**練習問題** 各章末に「練習問題」を付しました。本文を理解できたかどうかをご自身で確認するために，また，関連した論点の考察を深めるために，ご利用ください。巻末には略解を掲載してあります。

●**参考文献** 各章末に，その章の内容に関連した文献を掲載しました。さらに進んだ学習の際に，参考になる文献が選ばれています。

●**索　引** ***Keywords*** を含めた基礎的な用語が検索できるよう，巻末に索引を収録しています。復習などにお役立てください。

目　次

第1章　企業金融の基礎　　1

1　現在価値に基づく評価 …………………………… 1

金融取引とは (1)　現在価値――リスクのないケース (3)　現在価値の一般公式 (5)　現在価値――リスクのあるケース (7)　現在価値公式の応用――証券のプライシングの一般公式 (8)　割引債の価格 (9)　利付債の価格 (10)　株式の価格――配当割引モデル (12)　配当割引モデルの特殊ケース――ゼロ成長モデルと定率成長モデル (13)　完全市場の仮定 (15)

2　ポートフォリオ理論 …………………………… 18

ポートフォリオ理論とは (18)　平均・分散アプローチ (18)　資産の収益率 (20)　収益率の期待値・分散 (21)　共分散・相関係数 (23)　ポートフォリオの特性――収益率の期待値と分散 (24)　ポートフォリオの特性――図による説明 (25)　ショートセールの効果 (26)　相関係数の効果 (27)　リスクフリー資産と危険資産の場合 (28)　資産数増加の効果 (29)　効率的フロンティア (29)　投資家の選好 (31)　最適ポートフォリオの決定 (34)　トービンの分離定理 (35)

第2章　証券のプライシング　　37

1　証券市場の均衡とリスク・プレミアムの決定 ………… 37

均衡モデル――CAPMとは (37)　市場ポートフォリオ (39)　システマティック・リスクとアンシステマティック・リスク (40)　リスク・プレミアムの決定――証券市場

線（41） ベータの推定方法（45） ベータの利用法（46） CAPMをめぐる問題（47）

2 オプションのプライシング …………………………………… 49

オプションの意義とプライシングの基本原理（49） オプションとは（50） オプションのペイオフ（51） プット・コール・パリティ（52） オプション価格の決定——二項モデル（53） 二項モデルに基づくコール・オプション価格——計算例（54） 二項モデルに基づくコール・オプション価格公式（56） デリバティブ価格の一般公式（58） ブラック＝ショールズ・モデルとは（60） ブラック＝ショールズ公式（61） ブラック＝ショールズ公式の計算例（63） さまざまなオプション（64）

第3章 投資政策   69

1 投資の意思決定 …………………………………………………… 69

純現在価値（NPV：net present value）（69） 内部収益率（IRR：internal rate of return）（71） IRRの限界（72） 回収期間（75） 平均会計収益率（77）

2 資本コスト ………………………………………………………… 77

株主資本コスト（77） 新規事業に参入する場合の株主資本コスト（79） 負債コスト（81） 加重平均資本コスト（81）

3 リアル・オプション ……………………………………………… 84

リアル・オプションとは（84） オプション価値の求め方（86）

第4章 資金調達政策   89

1 内部資金による資金調達 ………………………………………… 89

2 外部資金による資金調達 ……………………… 91
増　資 (91)　　社　債 (93)　　格付け (94)　　銀行借入れ (95)　　ワラント債 (97)　　転換社債 (99)

3 資本構成の理論 ……………………………………… 103
MM 定理 (103)　　MM 定理と資本コスト (105)　　資本コスト・資本構成に影響を与える要因 (106)

第5章　配当政策と新しい資金調達　　115

1 配当政策と資金調達 ……………………………… 115
配当政策とは (115)　　配当政策と株価——直観的な説明 (117)　　配当政策と株価——一般的な説明 (119)　　最適な配当政策 (120)

2 自社株買いの理論と株式市場への影響 ………… 121
日本企業の自社株買い (121)　　自社株買いが株価に与える影響 (123)　　エージェンシー理論と自社株買い (125)

3 新しい資金調達の流れ …………………………… 126
間接金融対直接金融 (126)　　ローン・セールとシンジケート・ローン (127)　　プロジェクト・ファイナンスとノン・リコース・ローン (128)　　資産担保証券 (129)　　なぜ証券化を行うか (129)　　その他の新しい資金調達・管理技術 (133)

第6章　リスク・マネジメント　　137

1 リスク・マネジメントの基本 …………………… 137
リスク・マネジメントとは (137)　　リスク・マネジメントの目的 (138)　　企業の負担するリスクのタイプ (139)　　財務リスク (140)　　リスク・マネジメントのプロセス

　　　　（141）　　リスク・マネジメントの手法（143）

2　リスク・マネジメントの基本原理 ……………………… 145
　　リスク・マネジメント無関連性定理（145）　　リスク・マネジメントを行う合理的理由（147）　　倒産コストの存在（148）　　外部からの資金調達に対する制約（149）　　ステークホルダーの分散化制約（151）　　リスク・マネジメントの限界（152）

3　デリバティブを用いたリスク・マネジメント ………… 153
　　デリバティブの特長（153）　　デリバティブを用いたヘッジの方法（154）　　ヘッジの効果――A社のケース（156）　　フォワード型ヘッジの効果（156）　　オプション型ヘッジの効果（159）　　金利リスクのヘッジ（161）

4　リスク・マネジメントの実際 …………………………… 164
　　先進企業例――①メルク社（165）　　先進企業例――②コカ・コーラ社（166）　　デリバティブ利用の失敗例（167）　　リスク・マネジメントの指針（168）

第7章　利益相反とコーポレート・ガバナンス　173

1　株主と経営者 ……………………………………………… 174
　　株主利益の最大化原則とその論拠（174）　　経営者に対するコーポレート・ガバナンス（176）　　エージェンシー問題へのコーポレート・ガバナンスの必要性（177）　　エージェンシー問題の解決策――成功報酬（179）　　株主によるガバナンス（180）

2　債権者と株主 ……………………………………………… 184
　　負債によるガバナンス（184）　　資産代替（184）　　最適資本構成再考（187）　　証券化再考（187）

3　内部株主と外部株主 ……………………………………… 187

4　株主と従業員――企業年金 ……………………………… 188

確定給付型年金 (189)　積立て不足と企業価値 (190)
予定利率 (191)

5　日本企業のガバナンス ……………………………………… 192

第8章　ベンチャー・ファイナンスと株式公開　197

1　ベンチャー・ファイナンスの特徴 ……………………… 197
ベンチャー・キャピタル (197)　ベンチャー契約と経営の規律付け (200)　ベンチャー支援政策 (201)

2　株式公開 ………………………………………………………… 203
株式公開とは (203)　株式公開の仕組み (205)　株式公開市場 (207)　新規公開株の過小値付け (209)　証券会社の役割 (213)

第9章　為替レートと国際財務戦略　217

1　為替レートと外国為替市場 ………………………………… 217
外国為替市場とは (217)　インターバンク市場と対顧客市場 (218)　為替レートとは (219)　直物レート・先物レート・裁定レート (221)　実効為替レート (221)　名目為替レートと実質為替レート (222)　変動相場制と固定相場制 (222)　先物為替レートの決定——カバー付きの金利平価 (223)　先物為替レートの計算例 (225)

2　国際金融市場 ………………………………………………… 226
国際金融市場 (226)　ユーロ市場とは (227)　国際金融市場の発展の意義 (227)　現物市場とデリバティブ市場 (228)

3　為替レートの決定理論 ……………………………………… 230
長期理論——購買力平価 (230)　絶対的PPPと相対的PPP

(231) PPP は成立しているか (232) 短期理論——カバーなしの金利平価 (232) 為替のリスク・プレミアム (234)

4 国際財務戦略 ………………………………………… 236

外国投資の決定原理 (236) 為替リスク管理 (239) オペレーショナル・ヘッジ (240) 外国投資のタイプと為替リスク (242) 国際的な資金調達 (244) どこで発行すべきか (244) どの通貨で発行すべきか (245) 多国籍企業の財務戦略 (246) グローバルなキャッシュ・マネジメント・システム (248)

練習問題の略解 ……………………………………………… 255

索　引 ……………………………………………………… 263

Column 一覧

① 現代ポートフォリオ理論の誕生 ………………………………… 33
② 効率的市場仮説と行動ファイナンス ………………………… 48
③ EVA …………………………………………………………… 83
④ 社債市場改革と資金調達手段の変化 ………………………… 100
⑤ 証券化と株価 ………………………………………………… 132
⑥ 天候デリバティブ …………………………………………… 155
⑦ ストック・オプション ……………………………………… 181
⑧ 市場の非効率性と新規公開株の長期パフォーマンス ……… 211
⑨ フォワード・ディスカウント・バイアス …………………… 235

第1章 企業金融の基礎

Summary 本章では，企業金融の基礎として，前半では将来キャッシュフローの現在価値を求めるにはどうすればよいのかを説明する。さまざまな証券の評価を行うための基本原理を説明し，その応用として債券や株式の価格決定について述べる。後半ではリスク分散をはじめとしたポートフォリオ理論の基本原理を説明する。ポートフォリオの特性として収益率の期待値と分散に注目し，平均・分散アプローチに基づいた，投資家による最適ポートフォリオの決定プロセスを示す。

Keywords 現在価値，配当割引モデル，ポートフォリオ，収益率の期待値・分散・共分散

1 現在価値に基づく評価

金融取引とは　本書では，企業金融に関連するさまざまな金融取引を取り扱う。金融取引とは，取引対象である証券をつうじた，今日の購買力と将来の購買力の交換，すなわち異時点間の財の交換である。たとえば，銀行が提供する1年物の定期預金の場合は，現在の1万円と1年後の（1万円＋利子）との交換である。株式であれば，いまA社株を1000株購入して1年後に売却する場合には，その間の配当金と1年後における株価に基づいた売却金額を受け取ることができる。一般に，証券の購

入者が将来受け取る金額は，現時点では不確定で変化しうる，すなわちリスクをともなう。金融取引にともなうリスクには，取引対象によってさまざまなタイプが存在する。金融市場とは，異時点間における財の交換の場であるとともに，その取引の背後にあるさまざまなタイプのリスクの交換の場と見ることもできる。金融市場では，取引の結果，証券あるいは金融資産の価格が決定される。価格とは，具体的には，株価，債券価格，為替レートなどである。これらの資産価格は，その資産がもっているリスクに対する金融市場での評価と考えることができる。本章では，さまざまな金融資産をどのように評価したらよいのかを，1つの基本原理を用いて説明する。

金融市場での取引対象である証券は，法律上の複雑な契約関係で表されているため，その特性を把握し，価値を評価することは難しいように思われがちである。しかし，証券を将来キャッシュフローの集まりを受け取る権利として捉えることによって，きわめて簡単な基本原理を用いてその特性を理解し，評価を行うことができるのである。それは，さまざまな証券の違いは，将来キャッシュフローの違いから生じるものと単純化して考えることができるからである。キャッシュフローとは，ある時点で発生する現金の受取りや支払いを表す。たとえば，債券とは，毎期一定額のクーポンを受け取り，満期ではクーポンと償還金を受け取る権利を有する証券である。毎期ごとのクーポンと満期の償還金が債券のキャッシュフローである。株式とは，倒産しないかぎり無限先までの配当を受け取る権利を有する証券と見ることができ，配当が株式のキャッシュフローである。

証券を各期に生じるキャッシュフローの集まりとみなすと，証券の価値はどのような原理で決定されるのであろうか。その原理とは，「証券の現在価値は，各期に発生する個々のキャッシュフローを適

当な割引率を用いて現在価値に変換したものの合計である」というものである。この原理は，すべての証券の評価に適用することができる一般的な原理である。したがって，将来キャッシュフローをどのように現在価値に変換できるかを理解することが，証券を正しく評価するうえで不可欠となる。そこでまず，将来キャッシュフローをどのようにしたら現在価値に変換できるのかを説明する。

現在価値――リスクのないケース

具体的な問題として，1年後の1万円は現在ではいくらの価値をもつであろうか。現在の1万円と1年後の1万円はまったく別のものであって，同一とみなすことはできない。現在の1万円は，それを直ちに使って財を手に入れることができるが，1年後の1万円はすぐに使うことはできず，使うためには1年間待たなければならないからである。したがって，1年後の1万円は，現在の1万円よりも価値が低くなる。

1年後の1万円と現在の1万円とは同じ1万円であっても単位が異なるため，合計することはできないと考えることもできる。しかし，異なる時点のキャッシュフローをある基準時点での価値に変換することによって単位をそろえれば，それらを足し合わせることが可能となる。その基準時点を現在時点として，将来のキャッシュフローを現在時点の価値に変換したものを**現在価値**という。ただし，基準時点は現在である必要はなく，5年後のような将来時点であってもよい。ある時点のキャッシュフローを将来の特定時点における価値に変換したものを将来価値という。現在時点での価値を知る必要性が最も高いので，現在価値が最も多く用いられる。

将来のキャッシュフローは，1年間にどのような状況が起こるかによって，そのとりうる値は変化する，すなわちリスクが存在する

1 現在価値に基づく評価

と考えることが一般的である。簡単化のため、ここではまずリスクは無視することにする。すなわち、1年後の1万円は、リスクを含まない確実な1年後の1万円とする。リスクのある場合は、そのすぐあとで扱う。

では1年後の（確実な）1万円は、現在価値に変換するといくらの価値となるであろうか。いろいろな人に聞けば、誰もが1万円よりは小さい額を答えるが、具体的な金額は人によってさまざまである。それは人によって、将来のキャッシュフローの価値を重視する程度、すなわち時間選好が異なるからである。しかし、金融市場が利用可能ならば、1年後の1万円の価値はただ1つに決定される。それが1年後の1万円に対する市場価格である。金融市場を利用することによって、すべての個人や企業は、この市場価格のもとで、現在と1年後の購買力の交換を自由に行うことができるのである。

現在の1万円を金融市場で1年間運用（貸出し）すると、1年後には利子がついて、$(1+r)$ 万円が確実に戻ってくるとしよう。r を金利（あるいは利子率）と呼ぶ。リスクがない収益率なので、リスクフリー・レートと呼ぶこともある。金利は1年当たりのパーセントで表示するのが一般的である。$r=0.05$ であれば5％を示す。

1年物の金利と2年物の金利は異なるように、一般に期間が異なれば適用される金利も異なる。しかし、ここでは簡単化のため、どんな期間でも1年当たりの金利は同一の r であるとする。

1年後の確実な1万円の現在価値を知るには、資金を運用して1年後に1万円とするため、現在いくら用意すればよいかを考えればよい。それは、$\frac{1}{1+r}$ 万円である。よって、1年後の確実な1万円の現在価値は $\frac{1}{1+r}$ 万円である。$\frac{1}{1+r}$ は割引ファクタと呼ばれ、1年後のキャッシュフローを現在価値に変換する係数である。r が

大きいほど，割引ファクタは小さくなり，1年後の1万円の現在価値は小さくなる。1年後の確実なキャッシュフローを考えているので，運用に用いる証券は1年満期の割引債を意味し，割引ファクタは1年満期の割引債の価格を示すと考えることができる。

次に，2年後の（確実な）1万円の現在価値を考えてみる。2年物の金利をr_2として，現在の1万円を2年間運用すると，1年後に$(1+r_2)$万円，その1年後にはさらに$(1+r_2)$倍となるから，2年後には$(1+r_2)^2$万円になる。これは利子にも利子がつく複利の考え方である。したがって，2年後の確実な1万円の現在価値は$\frac{1}{(1+r_2)^2}$万円と考えることができる。また，$\frac{1}{(1+r_2)^2}$が2年後のキャッシュフローに対する割引ファクタとなる。

現在価値の一般公式 一般化して，t年後の確実なx_t円の現在価値を考えてみよう。それは$\frac{x_t}{(1+r_t)^t}$円となることがすぐにわかるであろう。ただし，r_tはt年物の金利である。これを，以下のように将来キャッシュフローの現在価値の公式としてまとめておく。

公式：将来キャッシュフローの現在価値（リスクなし）

t年後の（確実な）x_t円の現在価値 $= \dfrac{x_t}{(1+r_t)^t}$ 円 　　(1.1)

r_t：t年物の金利（リスクフリー・レート）

$\dfrac{1}{(1+r_t)^t}$：t年後のキャッシュフローを割り引くための割引ファクタ

ここまでの説明では，現在の1万円を運用する場合を考えてきたが，借入れの場合で考えても同じことになる。現在借入れを行ってt年後x_t円返済する人は，現在$\dfrac{x_t}{(1+r_t)^t}$円借りればよい。したがっ

1　現在価値に基づく評価

表 1-1 さまざまな期間，金利のもとでの割引ファクタ

	1 %	3 %	5 %	10 %	20 %
1年	0.99	0.97	0.95	0.91	0.83
2	0.98	0.94	0.91	0.83	0.69
3	0.97	0.92	0.86	0.75	0.58
4	0.96	0.89	0.82	0.68	0.48
5	0.95	0.86	0.78	0.62	0.40
6	0.94	0.84	0.75	0.56	0.33
7	0.93	0.81	0.71	0.51	0.28
8	0.92	0.79	0.68	0.47	0.23
9	0.91	0.77	0.64	0.42	0.19
10	0.91	0.74	0.61	0.39	0.16

て，借り入れる人（あるいは企業）にとっての t 年後の x_t 円の現在価値も，運用する人の価値と同じであり，上述の公式で表すことができる。

現在価値の公式から明らかなように，金利が高いほど，また t が大きい遠い将来ほど，割引ファクタは小さくなり，将来のキャッシュフローの現在価値は小さくなる。表 1-1 はさまざまな期間と金利のもとでの割引ファクタの大きさを示したものである。期間 10 年の割引ファクタ（10 年後の確実な 1 円の現在価値）は，金利が 1 % であれば 0.91 で，1 からの減少率は小さいが，金利が 10 % であれば，0.39 と大きく減少することがわかる。

金融市場があれば，運用（貸出し）や借入れに適用される金利は市場金利であり，すべての人に共通である。人々の時間選好の違いは，人々の金融市場での取引行動の違いに現れる。1 年後の 1 万円と現在の $\frac{1}{1+r}$ 万円と比較して，現在の $\frac{1}{1+r}$ 万円のほうを好む人は，借入れを選択する。一方，1 年後の 1 万円のほうを好む人は運用を選択する。また，市場金利は，運用と借入れの需給が一致する

ように決定される。

現在価値——リスクのあるケース

ここまでは，リスクのない確実な場合で将来キャッシュフローの現在価値を算出する方法を説明してきた。現実にはリスクが存在し，1年の間に状況が変化して，運用した1万円が1年後に確実に$(1+r)$万円となって戻ってくるとは限らない。そこで，将来キャッシュフローにリスクがある場合の現在価値を考えてみる。t年後に受け取ることができる不確実なキャッシュフローは，さまざまな値をとる可能性があり，それを$\tilde{x}_t$と表すことにしよう。「˜」（チルダ）はリスクのある変数（確率変数）であることを示す記号である（ただし，第3章以降の確率変数に関しては，誤解のない範囲でチルダを省略した）。リスクがあるキャッシュフロー$\tilde{x}_t$の現在価値を求めるには，キャッシュフローの期待値を求め，それをリスクを考慮した割引率kで割り引く方法を用いる。

この方法を説明しよう。t年後のキャッシュフロー$\tilde{x}_t$のt年後にとりうる平均的な値は，$\tilde{x}_t$の期待値と呼ばれ，$E(\tilde{x}_t)$と表す。この方法は，この期待値を基準に考え，このキャッシュローがもっているリスクに応じた適切な割引率でキャッシュフローの期待値を割り引くことによって現在価値を求めるものである。この方法は，期待値を適当な割引率で割り引くので，リスクがない場合とよく似ている。違うのは，分子にキャッシュフローの期待値を用いることと，割引率としてリスクを反映したものを用いる点である。リスクがない場合には，割引率として金利（リスクフリー・レート）を用いればよいが，リスクがある場合には，金利よりも大きい，リスクを考慮した割引率kを用いることが必要である。金利よりも大きい割引率を用いるのは，人々がリスクを嫌うため，リスクのあるキャッシ

1　現在価値に基づく評価

ュフローの現在価値はより大きく割り引かれる必要があるからである。

割引率 k の単位は，金利と同様に年率％を用いる。リスクがある場合の割引率 k において，利子率 r を超える部分は，リスク・プレミアムと呼ばれる。すなわち，$k=r+$リスク・プレミアム，となる。リスク・プレミアムの大きさは，キャッシュフローのリスク特性によってさまざまな値をとり，金融市場で決定される。リスク・プレミアムがどのように決定されるかについては，第2章で詳しく説明する。

まとめとして，リスクがあるキャッシュフローの現在価値の公式を以下に示しておく。

公式：将来キャッシュフローの現在価値（リスクあり）
　　t 年後の不確実なキャッシュフロー $\tilde{x}_t$ の現在価値

$$= \frac{E(\tilde{x}_t)}{(1+k)^t} \tag{1.2}$$

　　$k：\tilde{x}_t$ のリスクに応じた割引率
　　　　＝リスクフリー・レート＋リスク・プレミアム

**現在価値公式の応用
——証券のプライシングの一般公式**

これまでに説明した「将来キャッシュフローの現在価値を求める公式」を用いることによって，債券や株式などのさまざまな証券の市場価格や投資プロジェクトの現在価値を容易に算出することができる。ここでは，企業金融において最も基本的な証券である債券と株式という2つの証券のプライシングについて説明する。投資プロジェクトの評価については，第3章で詳しく扱う。

先に述べたように，すべての証券は，将来キャッシュフローの束

($\tilde{C}_1$, $\tilde{C}_2$, ……)を受け取る権利とみなすことができる。個々の証券間の違いは,将来のキャッシュフローの性質の違いに基づいている。たとえば,国債は,毎期(通常は半年ごと)一定額のクーポンを受け取り,満期日にクーポンと償還金を受け取ることのできる権利を有する証券である。また,株式は,その会社が存続するかぎり,毎期配当を受け取る権利を有する証券である。ただし,株式の場合,将来受け取る配当金額は毎期一定ではなく,変動するという特徴をもつ。

任意の証券の現在価値は,その証券を保有することによって得られる,将来キャッシュフローの束の一つ一つを現在価値に変換し,それらを合計することによって算出することができる。t期のキャッシュフロー$\tilde{C}_t$の現在価値は,前述のように,その期待値$E(\tilde{C}_t)$と,リスクおよび発生するタイミングに応じて市場で決定される割引率k_tとを用いて算出することができる。したがって,任意の証券の現在価値P_0は,以下の割引キャッシュフロー公式(一般形)によって表すことができる。

割引キャッシュフロー公式(一般形)

$$P_0 = \sum_{t=1}^{T} \frac{E(\tilde{C}_t)}{(1+k_t)^t} \tag{1.3}$$

$\tilde{C}_t$:t期のキャッシュフロー

k_t:$\tilde{C}_t$に適用される割引率

では,この公式を用いて,代表的な証券の現在価値を算出してみよう。

割引債の価格

まず,最も単純な証券である,割引債について考える。割引債とは,途中でのキャッ

1 現在価値に基づく評価

シュフローが一切なく，あらかじめ定められた償還日に約束された額面（償還金額）が支払われるタイプの債券である。t 年後に満期になる割引債の現在価値 P_0 は，額面の現在価値に等しい。すなわち，以下の公式にまとめることができる。

> **公式：割引債の価格（満期が T 年後，額面 F 円）**
> $$P_0 = \frac{F}{(1+r_T)^T} \tag{1.4}$$
> r_T：T 年間のリスクフリー・レート（年率）

現実の市場では，割引債が取引され，その市場価格が決定されている。上記の公式から明らかなように，割引債の価格から金利が逆算されるので，割引債の市場価格が決定されることと市場金利が決定されることとは同じことで，表裏の関係ということができる。

具体例として，5年後に満期を迎える割引債（額面100円）が，市場で84.2円で取引されているとする。このとき，期間5年の金利は，$r_5 = 3.5\%$ ということになる。すなわち，以下の式が成立する。

$$\frac{100}{(1+0.035)^5} = 84.2 \text{（円）}$$

利付債の価格

次に，利付債について考えよう。利付債は，各期にあらかじめ決められたクーポン・レートに応じた一定額のクーポンを受け取り，満期にはクーポンと償還金を受け取ることのできる証券である。償還金に対するクーポンの割合（単位は％）をクーポン・レートと呼ぶ。利付債は，クーポン・レートあるいは満期が異なれば，別の銘柄の利付債となる。市場では，さまざまなクーポン・レートと残存期間をもつ多数の銘柄の利付債が発行され，流通している。利付債の価格は，各期の金利

が r_t で与えられていると，以下の公式のようになる。なお，各期の金利 r_t は，前述のように割引債の市場価格から決定される。

公式：利付債の価格

毎年のクーポンが C 円，T 年後に満期になる（額面 F 円）の利付債の価格

$$P_0 = \frac{C}{(1+r_1)} + \frac{C}{(1+r_2)^2} + \cdots\cdots + \frac{C+F}{(1+r_T)^T} \qquad (1.5)$$

計算例として，各期の金利が3.5％であるとすると，クーポン・レートが2％（簡単化のため，クーポン支払いは年1回とする）で5年後に満期になる利付債（額面100万円）の現在の価値は以下のように93.23万円となる。

$$\frac{2}{1.035} + \frac{2}{1.035^2} + \frac{2}{1.035^3} + \frac{2}{1.035^4} + \frac{2+100}{1.035^5} = 93.23 \text{（万円）}$$

利付債は，割引国債を複数組み合わせた割引債のポートフォリオと見ることができる。すなわち，各期に受け取ることのできるクーポン C と満期における受取額 $C+F$ は，それぞれが割引債のキャッシュフローと考えることができる。したがって，利付債の現在価値は，それらの割引債の現在価値の和となるのである。

利付債価格の公式から，金利が上昇すれば利付債の価格が下落することは明らかである。市場では，金利と債券価格は反対の動きをするのである。また，同じクーポン・レートならば満期までの期間が長いものほど，金利上昇による価格下落幅が大きいこともわかる。すなわち，金利変動に対する価格変動リスクは，満期の長い国債ほど大きくなるのである。

ここまでは，債券の価格を算出する際に，将来キャッシュフロー

は確実であると暗黙的に仮定し，割引率に金利（リスクフリー・レート）を用いてきた。しかし，一般的に債券には債務不履行（デフォルト）の可能性がある。債務不履行が発生すると，その後のキャッシュフローが大幅に減額される。この債務不履行のリスクを信用リスクと呼ぶ。信用リスクがあるため，債券の価値を算出する際に用いる割引率は，リスクフリー・レートより信用リスク分だけ高いものになる。その結果，クーポン・レート，満期が同じであれば，信用リスクがより大きな債券の価格はより小さい債券の価格よりも，信用リスクの差の分だけ低くなる。

株式の価格——配当割引モデル

株式は，会社が存在する限り配当を生み出す証券である。しかし，債券とは異なり，毎期支払われる配当は変動する。株式の価格（株価）は，各期の将来配当を適当な割引率で割り引くことによって現在価値に変換し，それらを合計することによって求めることができる。この考え方に基づく株式の評価モデルは，**配当割引モデル**（dividend discount model: DDM）と呼ばれる。配当割引モデルに基づく株式の現在価格 P_0 は，t 期の配当が $\tilde{D}_t$ 円であるとすると，以下の公式のように表すことができる。

公式：配当割引モデル（DDM）に基づく株価

$$P_0 = \frac{E(\tilde{D}_1)}{(1+k)} + \frac{E(\tilde{D}_2)}{(1+k)^2} + \cdots\cdots$$

$$= \sum_{t=1}^{\infty} \frac{E(\tilde{D}_t)}{(1+k)^t} \tag{1.6}$$

配当を割り引くために適用される割引率は，各期の配当のリスクに応じて各期ごとに異なる値をとりうる。しかし，上の公式で示し

たように，通常の配当割引モデルでは，割引率として一定の値 k が用いられる。割引率 k は，株式の資本コストとも呼ばれる。それは，割引率 k が株式へ投下された資金に対して市場が要求する収益率と考えることができるからである。

公式から明らかなように，株価は将来の配当の期待値と適用される割引率によってさまざまな値をとりうる。公式の分子である，将来の配当の期待値が大きいほど，株価は高くなる。一方，リスクが大きい株式ほど，公式の分母にある割引率は大きくなるから，リスクが大きいほど株価は低くなる。

配当割引モデルの特殊ケース——ゼロ成長モデルと定率成長モデル　しばしば用いられる配当割引モデルの特殊ケースとして，①配当額の期待値が一定である場合（ゼロ成長モデル），②配当額の期待値の成長率が一定である場合（定率成長モデル），がある。

将来配当の期待値がどの期においても D で一定である場合は，配当割引モデルに基づく株価は以下のように簡単になる。

$$P_0 = \frac{D}{(1+k)} + \frac{D}{(1+k)^2} + \cdots\cdots$$
$$= \frac{D}{k}$$

具体的に，$D=50$ 円，$k=5$％であるならば，株価は以下の計算のように 1000 円となる。

$$P_0 = \frac{50}{0.05} = 1000 \text{（円）}$$

また，1 年後の配当額の期待値が D，その後成長率が g で一定の場合は，株価は次のように表すことができる。

$$P_0 = \frac{D}{(1+k)} + \frac{(1+g)D}{(1+k)^2} + \frac{(1+g)^2 D}{(1+k)^3} + \cdots\cdots$$
$$= \frac{D}{k-g}$$

この計算には，無限等比級数の和の公式を用いている（数学解説①参照）。他の条件が一定であれば，配当の成長率 g が大きいほど，株価は高くなる。具体的に，1期後の期待配当が50円，$k=5\%$，$g=4\%$ であるときには，株価は以下の計算のように5000円となる。

$$P_0 = \frac{50}{0.05-0.04} = 5000 \text{ （円）}$$

とくに，g が割引率 k に近い水準であるときには，g のわずかの上昇で株価は大きく上昇する。たとえば，$g=4.5\%$ へとわずかに0.5％上昇しただけで，株価は以下の計算のように2倍の1万円となる。

$$P_0 = \frac{50}{0.05-0.045} = 10000 \text{ （円）}$$

これらの配当割引モデルの2つのケースを，公式としてまとめておく。

公式：配当割引モデルの特殊ケース

(1) ゼロ成長モデル

$$P_0 = \frac{D}{k} \tag{1.7}$$

　　D：将来配当の期待値（どの期でも一定）

(2) 定率成長モデル

$$P_0 = \frac{D}{k-g} \tag{1.8}$$

　　D：1期後の配当の期待値
　　g：配当の成長率

―――― 数学解説❶ ――――

無限等比級数の公式

初項 a，公比 r の等比級数の和 S は以下のようになる。

$$S = \frac{a}{1-r}$$

(証明)

$$S = a + ar + ar^2 + ar^3 + ar^4 + \cdots\cdots \quad ①$$

①の両辺に r を掛けると，

$$rS = ar + ar^2 + ar^3 + ar^4 + \cdots\cdots \quad ②$$

①−②より，

$$(1-r)S = a$$

$$S = \frac{a}{1-r} \quad \text{(証明終わり)}$$

ここで配当割引モデルの1つの注意点について述べておく。配当割引モデルは，株式の理論価格を算出するために有効である。しかし，配当割引モデルでは，割引率 k は直接観察できないために，何らかの方法で推定する必要がある。また，将来配当の成長率 g も推定する必要がある。推定された割引率 k や配当成長率 g は推定誤差をもっているから，上の計算例でわかるように，配当割引モデルに基づいて，特定の割引率を用いて算出された株価は，k や g のわずかな推定誤差によって大きく変化する可能性がある。

完全市場の仮定

ここまでは，暗黙的に完全市場を仮定することによって，議論を進めてきた。完全市場とは，①市場参加者は市場価格に影響を及ぼせない（プライステイカーである），②取引コスト・税なし，③取引（ショートセールなど）に対する制約なし，④情報はすべての市場参加者間で同一，を満たす市場である。①は，市場参加者が無数に存在し，個々人の保有資産がわずかであるため，自己の取引によって市場価格には影響を与えられない状況を示す。その結果，個々の市場参加者は，市場

1 現在価値に基づく評価

価格を所与として行動し，その市場価格のもとでどんな大きい金額でも取引することができる。②，③は市場に，取引における摩擦がないことを示す。④は，市場参加者間に情報面で優位なものがいないことを示す。

　この章では断りのないかぎり，完全市場を前提にして議論を進める。しかし，完全市場の仮定がなぜ必要かというと，完全市場の仮定が満たされているときに前出の公式で示されたように証券の価値が決定されるからである。

　現在価値の公式が成立するためには十分な裁定取引が行われることが必要である。十分な裁定取引が行われるには，完全市場の仮定が必要となるのである。裁定取引とは，同一財の価格差を利用して，安いほうを買い高いほうを売ることによって，リスクゼロ，資金ゼロで，プラスの利益を得る行為である。

　たとえば，利付債価格の公式が成立しないときには，利付債価格とそれと全く同じキャッシュフローをもたらす割引債のポートフォリオの価値とを比較して，高いほうを売って安いほうを買うことが裁定取引で，その結果プラスの利益を得ることができる。完全市場の仮定が成立して初めてこの裁定取引が十分にはたらき，利付債価格の公式が厳密に成立するのである。

　それに対して，完全市場が成立しないとき，たとえば取引コストが存在する場合には，公式が等号で成立するとは限らない。裁定取引にコストがかかるために，公式が等号で成立しなくてもその乖離が取引コストの範囲内であるならば裁定機会は存在せず，公式の厳密な等号を成立させるための役割を裁定取引が果たさなくなってしまうからである。

　完全市場の仮定は，金融市場の本質を理解するための簡単化の仮

定である。現実の金融市場は完全市場とみなすことは困難である。リスクフリー資産の市場を考えてみよう。リスクフリー資産とは，リスクのない資産，すなわち，国債や預金保険で保護された銀行預金のことである。市場参加者はプライステイカーとは言えず，資産規模のきわめて大きい市場参加者，たとえば機関投資家や金融機関が存在する。彼らによる取引は，市場価格に影響を与えるには十分大きい規模である。また，リスクフリー資産の取引には，取引コスト（証券会社へ支払う手数料，税金など）が発生する。その結果，リスクフリーの資産であれば，借入金利のほうが運用金利を上回る状況が発生している。それは，銀行などの金融仲介機関に支払われるコストである。また，情報の非対称性により，金融機関によって返済能力が不十分と判断されると，必要額まで借り入れることができなくなる。また，個人や企業が借り手になれば，リスクフリーとはならず，必ず信用リスクが発生し，そもそもリスクフリーで借り入れる契約を結ぶことは困難である。

　現実の市場が完全市場から乖離しているにもかかわらず，理論で完全市場が仮定されるのは，証券価格決定メカニズムの本質をわかりやすく示すためである。現実に近づけるためには，完全市場の仮定を少しずつゆるめていけばよい。しかし，仮定をゆるめると問題が複雑になっていく。たとえば，配当割引モデルの公式は先に述べたようなシンプルな形には書き表すことができなくなる。理論の最も大事なポイントを理解するためには，状況を簡単にしてやることが重要であるから，完全市場の仮定が必要になるのである。

2 ポートフォリオ理論

ポートフォリオ理論とは

ポートフォリオ理論は,投資家が保有資産をどのようなタイプにどれだけ配分するのかの決定メカニズムを明らかにし,その結果,市場均衡でリスクのある資産にどのような価格がつくのかを明らかにする。**ポートフォリオ**とは,保有資産の構成割合を意味する。原語はラテン語で「紙を運ぶもの」を意味し,昔は資産の目録をまとめてケースに入れて管理していたことから来ている。

ポートフォリオ理論は,複雑で難しそうな印象を与えるが,その基本原理は以下の2つに集約することができる。第1は,「卵を1つの籠に入れて運ぶな」としばしば言われるように,さまざまな資産に分散投資することによって,分散化の利益を追求することである。投資家は分散化によりリスクを小さくすることができ,この分散化の利益を享受しつつ,それぞれにとって適切な資産の組合せ(最適ポートフォリオ)を選択するのである。第2は,均衡ではリスクとリターンがトレードオフになることである。個々の投資家によって最適なポートフォリオが選択された結果,市場均衡では,個々の資産の均衡価格が決定される。このことは,リスクに対する市場の評価が決定されることとも解釈することができる。その結果,ハイリスクの資産はハイリターン,ローリスクの資産はローリターンとなる。

平均・分散アプローチ

資産選択において選択しうる資産には,さまざまなタイプがある。大まかな分類(ア

セット・クラス)として,キャッシュ(リスクフリー資産),株式,債券,土地,外国の金融商品(外国株式や外国債券など)などがある。大まかな分類の構成割合の決定はとくにアセット・アロケーションと呼ばれる。さらに,それぞれの大まかな分類の中に,非常に多数の資産が含まれる。たとえば日本で上場されている株式だけでも3000を超える銘柄数がある。それらの資産は,それぞれ固有の特性をもっている。このような非常に多数の種類の資産の中から自分にとって最適なポートフォリオを選択するという問題は,きわめて複雑である。

この複雑なポートフォリオ選択の問題は,ポートフォリオの特性を将来収益率の期待値と分散という2つの尺度で捉えることによって,シンプルで数学的にも扱いやすくなる。収益率の期待値は,収益率の平均的な値を意味し,この値が大きいほどそのポートフォリオの魅力は増す。また,ポートフォリオの収益率の分散は,そのリスクの大きさを示し,この値が大きいほどリスクが大きく,そのポートフォリオの魅力は小さくなる。ポートフォリオは個々の資産の組合せで構成されているから,ポートフォリオ収益率の期待値と分散は,後で詳しく示すように,個々の資産の収益率の期待値,分散,共分散で決定される。この定式化を初めて示したのがマーコヴィッツ(H. M. Markowitz)であり,このアプローチを,平均・分散アプローチと呼ぶ。多種類の資産を組み合わせることによってポートフォリオ収益率の期待値を減少させずにリスクを低減させることができるのである。

平均・分散アプローチのもとでの最適ポートフォリオの決定は,図1-1にまとめることができる。投資家は選好,あるいは効用関数と呼ばれる,ポートフォリオ収益率の期待値と分散(あるいは標

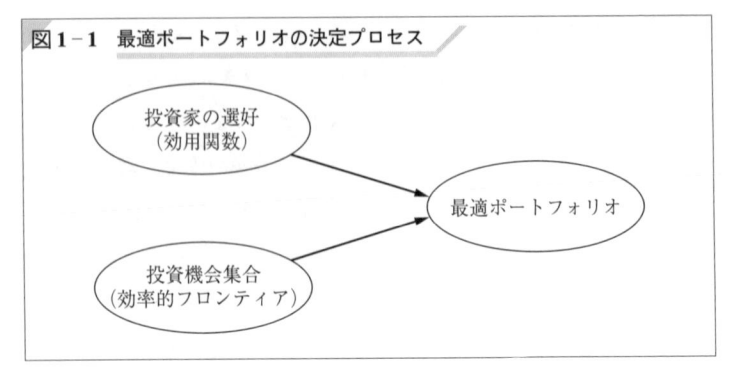

図1-1 最適ポートフォリオの決定プロセス

```
投資家の選好
(効用関数)  ─────┐
                  ├──→ 最適ポートフォリオ
投資機会集合 ─────┘
(効率的フロンティア)
```

準偏差)に対して独自の好みを持っている。また,個々の資産を組み合わせてさまざまなリスクとリターンをもつポートフォリオを選択でき,それらの選択可能な集合を,投資機会集合と呼ぶ。最適ポートフォリオの選択とは,投資機会集合の中で,投資家の選好に基づいて最も望ましいポートフォリオを選択することである。

資産の収益率

資産を一定期間保有していると,収益が得られる。収益は,期中の資産の値上がり益と,期中に得られたキャッシュフローから構成される。たとえば,株式の収益は,値上がり益と配当の合計である。その収益を,期首の価格で割って1円当たりの収益にしたものが収益率である。すなわち,収益率とは,一定期間資産を保有したときに得られる収益の相対的な大きさ(投資金額1円当たりの収益)を表し,単位は%で示す。収益率は,以下のように定義することができる。

$$収益率 = \frac{期末の資産価格 - 期首の資産価格 + 期中のキャッシュフロー}{期首の資産価格} \quad (1.9)$$

収益率がプラス(マイナス)であれば,期中にプラス(マイナス)の収益が得られたことを意味する。たとえば,ある株式の場合で考

えると，期首価格が100円，期末価格が120円，期中のキャッシュフローである配当が5円であったとする。そのとき，この株式の収益率は $\frac{120-100+5}{100}=0.25$，すなわち25％となる。

資産選択を考える場合には収益率に注目することが重要である。収益率は投資金額1円当たりに基準化された収益の尺度であるから，収益率で考えることにより，価格の異なる資産間の比較が可能となるからである。

収益率の期待値・分散

資産の特性を考えるときに，収益率に注目するとして，収益率をどのように用いたらよいだろうか。資産の価格や期中でのキャッシュフローは，さまざまな値をとりうる，すなわちリスクがある。そこで，収益率の特性を数量化するためには，収益率を確率変数として捉えることが有益である。確率変数としての収益率の特性は，確率分布で捉えることができる。先に述べたように，ポートフォリオ理論においては，ポートフォリオの特性をその収益率の期待値と分散で捉える。そのため，個々の資産の期待値，分散（標準偏差），2つの資産収益率間の共分散が重要となる。そこで，収益率の期待値・分散・共分散について例を用いて簡単に説明する。

収益率の期待値は，将来さまざまな値をとりうる収益率が平均的にとる値を示す。収益率 $\tilde{R}$ の期待値は，とりうる値に確率を掛け，それをすべての場合について合計したものであり，$E(\tilde{R})$ で表記される。収益率の期待値が大きいほど平均的には大きな収益率を得ることができることを示す。たとえば図1-2のように資産Aの今後1年間の収益率は，確率0.6で15％，確率0.4で−10％をとるものとする。また，資産Bは確率0.8で5％，確率0.2で1％であるとする。

図1-2 資産Aと資産B

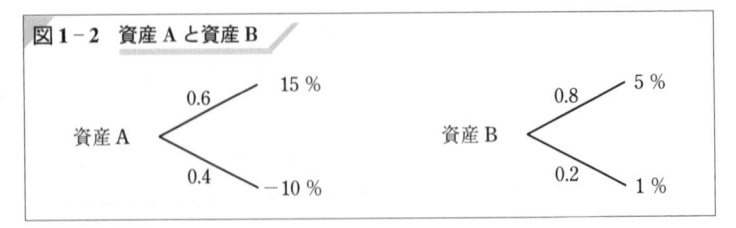

```
                15 %                              5 %
         0.6                              0.8
資産A                           資産B
         0.4                              0.2
                -10 %                             1 %
```

このとき，資産A，資産Bの収益率の期待値は，以下のようになる。

資産Aの収益率の期待値 = $0.6 \times 15 + 0.4 \times (-10) = 5$（%）

資産Bの収益率の期待値 = $0.8 \times 5 + 0.2 \times 1 = 4.2$（%）

次に，分散について説明する。**分散**とは，リスクの大きさを示すもので，確率変数のとりうる値の散らばり具合を示す尺度の1つである。$\tilde{R}$の分散は，$Var(\tilde{R})$で表記される。その定義は，期待値からの乖離の2乗に確率を掛けてすべての場合について合計したもの，すなわち，以下の式のとおりである。

$$Var(\tilde{R}) \equiv E[\tilde{R} - E(\tilde{R})]^2 \tag{1.10}$$

期待値から大きく外れる確率が大きいほど分散は大きくなる。分散の平方根$\sqrt{Var(\tilde{R})}$が標準偏差である。分散が大きいほど，リスクが大きいことを意味する。先ほど期待値を算出した資産Aと資産Bの分散および標準偏差を計算すると，以下のようになる。

資産Aの分散 = $0.6 \times (15-5)^2 + 0.4 \times (-10-5)^2 = 150$

標準偏差 = $\sqrt{150} = 12.25$（%）

資産Bの分散 = $0.8 \times (5-4.2)^2 + 0.2 \times (1-4.2)^2 = 2.56$

標準偏差 = $\sqrt{2.56} = 1.6$（%）

注意すべき点として，分散は，期待値を下回る部分だけでなく，上回る部分も同じようにリスクと考えていることがある。また，分散には単位はない（あえて単位をつければ%の2乗）が，標準偏差の

単位は分散の平方根であるため収益率と同じ％となる。標準偏差は収益率や期待値と単位が同じで扱いやすいため、これからは主に標準偏差を用いて説明する。

共分散・相関係数　ポートフォリオを考える場合、資産収益率間の連動性に考慮することが重要である。資産収益率間の連動性が高いほど、ポートフォリオを組んだときに分散効果がはたらき、リスクを小さくすることができるからである。2つの資産収益率 $\tilde{R}_1, \tilde{R}_2$ の連動性を測る尺度として、**共分散** (Cov) が有用である。共分散は、2つの確率変数それぞれの期待値からの乖離の積の期待値として定義され（数学解説②参照）、2つの確率変数が平均から外れる状況が同時に起こる程度を示す。共分散がプラスで大きいほど、2つの確率変数は同じ方向に動く程度が大きくなる。共分散には分散と同様に単位がないため、資産収益率間の共変動の程度を示す尺度としては、共分散を2つの資産の標準偏差で割って基準化した相関係数 ρ のほうがわかりやすいため、相関係数がよく用いられている。相関係数 ρ は、以下のように定義される。

$$\rho = \frac{Cov(\tilde{R}_1, \tilde{R}_2)}{\sqrt{Var(\tilde{R}_1)}\sqrt{Var(\tilde{R}_2)}} \tag{1.11}$$

相関係数は、1と-1の間の値をとり、1のときは完全に連動すること、-1のときは完全に逆に連動すること、ゼロのときは全く連動性がないこと（無相関）を示す。前出の資産AとBとの共分散が仮に10であったとすると、相関係数は以下のように算出される。

$$資産Aと資産Bの相関係数 = \frac{10}{12.25 \times 1.6} = 0.51$$

> **ポートフォリオの特性**
> ——収益率の期待値と分散

多数の個別資産から構成されるポートフォリオ収益率の期待リターン，分散（標準偏差）はどのようになるであろうか。ポートフォリオ収益率の分散は，個々の資産の収益率の分散だけではなく，銘柄間の共分散の影響を受けることに注意が必要である。

まず，最も簡単な2資産を用いたポートフォリオの場合で説明する。2つの資産からなるポートフォリオ収益率の期待値と分散がどうなるかを考えてみる。このポートフォリオの収益率 $\tilde{R}_p$ は，個別資産収益率 $\tilde{R}_1, \tilde{R}_2$ をその保有比率で加重平均することによって表すことができる。すなわち，

$$\tilde{R}_p = w_1\tilde{R}_1 + w_2\tilde{R}_2$$

$\tilde{R}_i$：資産 i の収益率，w_i：資産 i の保有割合

w_1 と w_2 はそれぞれ資産1と資産2の保有割合を示すから，合計すると1，すなわち，$w_1+w_2=1$ を満たす必要がある。保有割合 w_1，w_2 がポートフォリオを特定するパラメータである。w_1 と w_2 の組合せをいろいろ変化させることによって，さまざまな特性をもったポートフォリオを作成することができる。ポートフォリオ収益率 $\tilde{R}_p$ の期待値 $E(\tilde{R}_p)$ と分散 $Var(\tilde{R}_p)$ は以下のようになる。

$$E(\tilde{R}_p) = E(w_1\tilde{R}_1+w_2\tilde{R}_2) = w_1E(\tilde{R}_1)+w_2E(\tilde{R}_2) \qquad (1.12)$$

$$\begin{aligned}Var(\tilde{R}_p) &= Var(w_1\tilde{R}_1+w_2\tilde{R}_2)\\ &= w_1^2 Var(\tilde{R}_1)+w_2^2 Var(\tilde{R}_2)+2w_1w_2 Cov(\tilde{R}_1,\tilde{R}_2)\end{aligned}$$

$$(1.13)$$

すなわち，ポートフォリオ収益率の期待値は個別資産収益率の期待値の加重平均となる。また，ポートフォリオ収益率の分散は，個別資産の分散と共分散で決定される。この計算は，期待値と分散の定義と性質から導出することができる（数学解説②参照）。

数学解説❷

ポートフォリオ収益率の期待値と分散の計算

ポートフォリオ収益率の期待値および分散は,以下の期待値と分散の性質から導出することができる。

期待値の定義から,2つの確率変数 $\tilde{x}, \tilde{y}$ を用いた期待値の演算では以下の性質をもつ。

$$E(a\tilde{x}+b\tilde{y}+c) = aE(\tilde{x})+bE(\tilde{y})+c$$

したがって,この性質を用いて,ポートフォリオの収益率の期待値は(1.12)式のように表すことができる。

2つの確率変数 $\tilde{x}, \tilde{y}$ の共分散 $Cov(\tilde{x}, \tilde{y})$ は,以下のように定義される。

$$Cov(\tilde{x}, \tilde{y}) = E[\tilde{x}-E(\tilde{x})][\tilde{y}-E(\tilde{y})]$$

また,分散の定義から,分散の演算では以下の性質をもつ。

$$Var(a\tilde{x}+b) = a^2 Var(\tilde{x})$$

$$Var(a\tilde{x}+b\tilde{y})$$
$$= E[a\tilde{x}+b\tilde{y}-E(a\tilde{x}+b\tilde{y})]^2$$
$$= E[a\tilde{x}-E(a\tilde{x})]^2+E[b\tilde{y}-E(b\tilde{y})]^2+2E[a\tilde{x}-E(a\tilde{x})][b\tilde{y}-E(b\tilde{y})]$$
$$= a^2 Var(\tilde{x})+b^2 Var(\tilde{y})+2ab\, Cov(\tilde{x}, \tilde{y})$$

したがって,この性質を用いて,ポートフォリオ収益率の分散は(1.13)式のように表すことができる。

さらに詳しいことを知りたい方は,確率・統計のテキストを参照されたい。

ポートフォリオの特性 ——図による説明

保有割合を変化させたとき,ポートフォリオ収益率の期待値と標準偏差がどのように変化するかを図示してみる。具体的な数値を用いて考えたほうがわかりやすいので,資産1の収益率の期待値＝4％,標準偏差＝10％,資産2の収益率の期待値＝8％,標準偏差＝15％,2つの相関係数＝0.3,とする。図1-3は,横軸に収益率の標準偏差(σ),縦軸に収益率の期待値(μ)をとり,この具体的な数値に基づいて保有割合をいろいろ変えたときのポートフォリオ収益率の期待値と標準偏差をプロットしたものである。点Aは,$w_1=1$,$w_2=0$,すなわち資産1の保有割合＝100％に対応してい

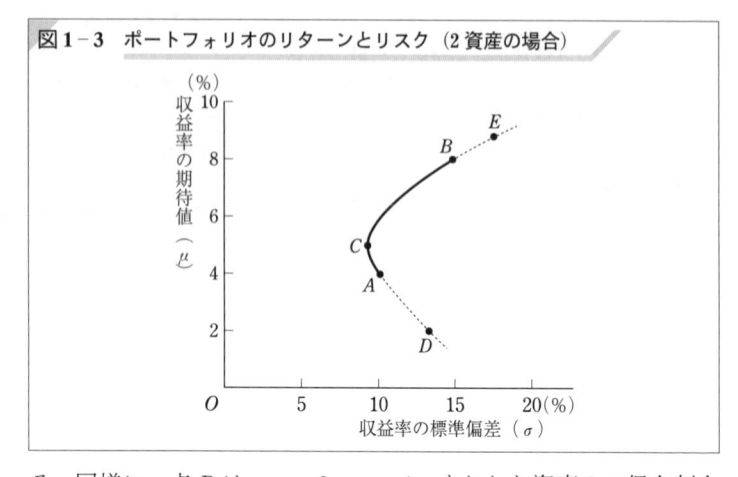

図1-3 ポートフォリオのリターンとリスク(2資産の場合)

る。同様に、点 B は、$w_1=0$, $w_2=1$, すなわち資産 2 の保有割合 =100 % に対応している。では、資産 1 の保有割合 100 % の点 A から、少しずつ資産 1 の保有割合を減らし、資産 2 の保有割合を増やしていったらどうなるであろうか。資産 2 の保有割合を高めるにつれて、収益率の期待値は上昇するにもかかわらず、リスクを示す標準偏差は逆に低くなる部分（$A-C$ 間）がある。これは分散化によるポートフォリオのリスク低減効果による。さらに資産 2 の保有割合を上げていくと、標準偏差が最低となる C 点を通り、その後今度は期待値が上昇するがリスクも高まり点 B へと近づいていく。その軌跡を示したのが曲線 ACB である。曲線 ACB は、資産 1 と資産 2 の保有割合をさまざまに変えたときに選択できるポートフォリオの集合を表しているので、投資機会集合と呼ばれる。この投資機会集合は、曲線の中でも双曲線となることを示すことができる。

ショートセールの効果　では、点 A より期待値の低い点や、点 B よりも期待値の高い点を選ぶことができる

図 1－4　相関係数の効果

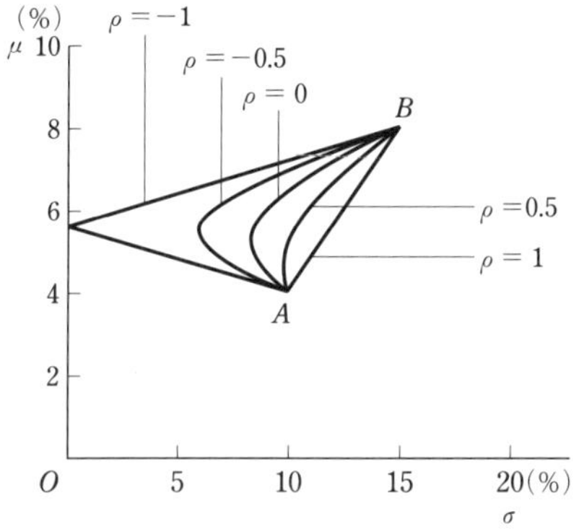

であろうか。それはショートセール（空売り）ができれば，選択可能である。ショートセールとは，保有していない資産を借りてきて直ちに売り，将来に買い戻す取引を意味する。ショートセールした資産の保有割合はマイナスとなる。現実の株式市場における信用取引（売り）がショートセールに対応する。点 D は，資産 2 を空売りして，すなわち $w_2<0$ として，それを売った代金を用いて資産 1 を買い増す，すなわち $w_1>1$ とすることによって実現することができる。同様に，点 E は資産 1 を空売り，すなわち $w_1<0$，$w_2>1$ となるポートフォリオを示している。

相関係数の効果

双曲線の ACB の曲がり具合は，リスク分散効果の程度に依存し，それは資産間の相関係数によって決定される。2 つの資産の連動性が低くなるほど，すなわち相関係数が小さいほど，分散化によってリスクをより小さくすることが可能となる。2 資産が完全連動している，すなわち相関係数が 1 であれば，分散化してもリスクの低減効果は全くない。図 1－4 は，相関係数がいろいろな値をとったときの投資機会集合

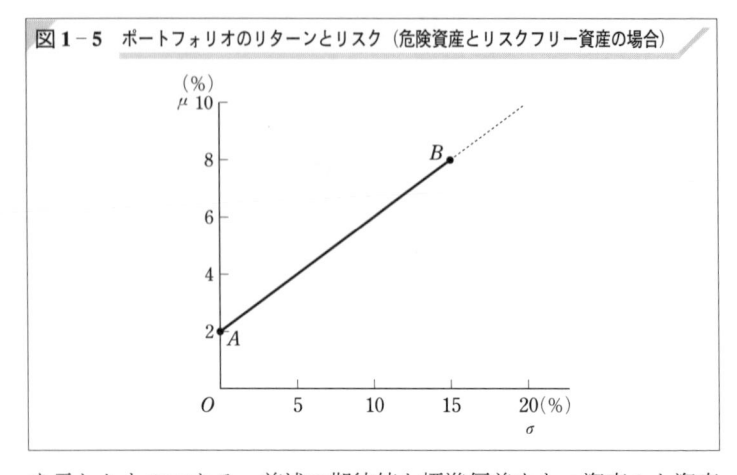

図1-5 ポートフォリオのリターンとリスク（危険資産とリスクフリー資産の場合）

を示したものである。前述の期待値と標準偏差をもつ資産1と資産2について，その相関係数 ρ がいろいろな値をとった場合の機会集合である。$\rho=1$ のときには，分散化の効果がゼロで，投資機会集合は点 A と点 B を結ぶ直線となる。$\rho<1$ の場合には，分散化によるリスク低減効果がはたらく。ρ が小さくなるほど投資機会集合は左に折れ曲がる程度が大きくなり，同じ期待リターンをもつポートフォリオの標準偏差は小さくなる。$\rho=-1$ のときには，ある保有比率（この数値例では $w_1=0.6$ のとき）のもとで，ポートフォリオのリスクをゼロにすることができる。

リスクフリー資産と危険資産の場合

リスクフリー資産とは，収益率が全く変動しない，すなわち標準偏差がゼロの資産のことである。資産1がリスクフリー資産の場合，すなわち収益率の標準偏差がゼロのとき，保有比率がさまざまな値をとったときのポートフォリオ収益率の期待値と標準偏差である投資機会集合は直線となる（(1.12)式と (1.13) 式より）。図1-5は，資産1がリスクフリー資産で，収益率＝2％のときの投

図1-6 資産数増加の効果

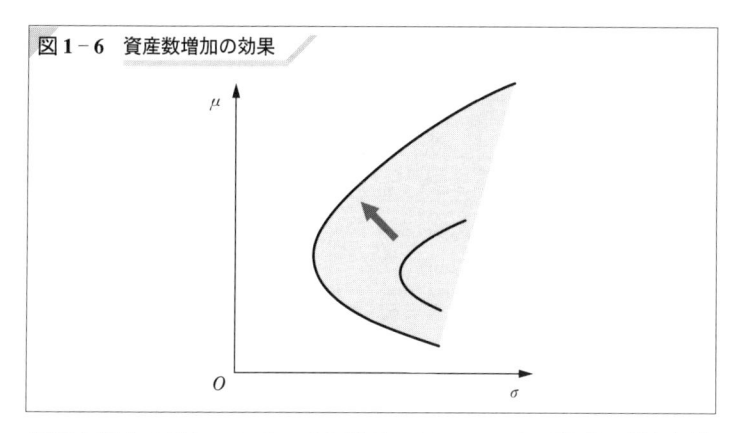

資機会集合を示している。AB 間は、リスクフリー資産の保有割合が1以下、B より右側ではリスクフリー資産をショートセール（すなわち借入れ）して、危険資産である資産2の保有割合を1以上に高めた場合を示している。

資産数増加の効果

資産の数が増加したとき、投資機会集合はどうなるであろうか。2資産の場合よりもさらに選択できる範囲が広がり、分散化の効果も大きくなる。すなわち、投資機会集合が左側に拡大する。図1-6のとおりである。また、2資産の場合の投資機会集合は双曲線であったが、資産が複数存在するときの投資機会集合は、双曲線に囲まれた内側部分になる。このような投資機会集合の拡大は、選択する資産を国内の資産だけではなく、海外の資産へも投資を行う国際分散投資によって、より効果的に実現することができる。

効率的フロンティア

投資機会集合の中で、ある期待値のもとで最小の標準偏差を達成するポートフォリオは最小分散ポートフォリオと呼ばれ、図1-7(a)に示した投資機会集合の左端の境界部分である。そのうち最も標準偏差が小さいポー

図 1-7 効率的フロンティア

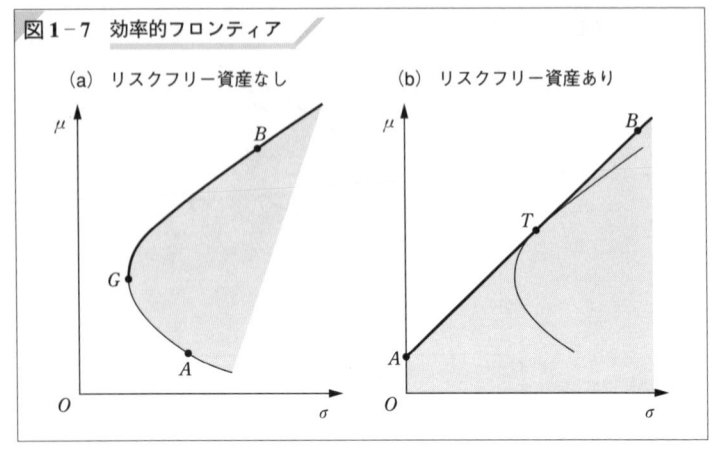

(a) リスクフリー資産なし

(b) リスクフリー資産あり

トフォリオは大域的最小分散ポートフォリオと呼ばれ，図1-7(a)では点 G である。最小分散ポートフォリオの集合の中で大域的最小分散ポートフォリオよりも期待リターンの大きいポートフォリオの集合は効率的ポートフォリオ，それを図示したものは効率的フロンティアと呼ばれる。リスクフリー資産がないとき，効率的フロンティアは，図1-7(a)のようになり，点 G より上の B を通る曲線で示される。効率的フロンティアは，①右上がり（リスクとリターンのトレードオフ），②双曲線，という性質をもっている。

リスクフリー資産があるとき，効率的フロンティアは，右上がりの直線になる。すなわち，図1-7(b)において，リスクフリー資産を示す点 A と危険資産のみの投資機会集合との接点 T を通る直線 ATB が効率的フロンティアである。T を接点ポートフォリオと呼ぶ。効率的フロンティアが直線となる理由は，リスクフリー資産と接点ポートフォリオ T とでつくられるポートフォリオは前述のように直線になるからである。また，リスクフリー資産があるときの効率的フロンティアは，リスクフリー資産と接点ポートフォリオ T

の2つのみで実現することができる。

効率的フロンティアは、数学的には、2次計画法と呼ばれる手法によって求めることができる。コンピュータのソフトウェア（マイクロソフト社のExcelにおけるソルバーなど）を用いることによって、パソコンで容易に求めることができる。

投資家の選好

投資家の最適ポートフォリオの選択においては、投資機会集合だけでなく、投資家のリターンとリスク（収益率の期待値と標準偏差）に関する選好も重要である。投資家の選好は人によって、また保有する資産額によって異なる。ポートフォリオ選択では、投資家のリスクに対する態度が重要である。リスクに対する態度により、投資家は、①リスク回避的、②リスク中立的、③リスク愛好的、の3つのタイプに分けられる。ポートフォリオ理論では、リスク回避的な投資家を前提とする。リスク回避的（愛好的）とは、収益率の期待値が同じならばより低い（高い）リスクのほうを好むことを意味する。それに対して、リスク中立的とは、リスクの大きさに関わらず収益率が高いほうを好むことを示す。多少の例外はあるとしても資産選択においてリスク回避的な投資家を前提とするのはもっともであろう。

投資家の選好は、投資機会集合と同じ図に、すなわち横軸に収益率の標準偏差、縦軸に収益率の期待値をとって、無差別曲線を用いて示すことができる。図1-8のとおりである。無差別曲線とは、同じ満足度（経済学では効用と呼ばれる）が得られる収益率の期待値と標準偏差の組合せを表す。リスク回避的な投資家では、無差別曲線は以下の3つの性質を満たす。すなわち、①右上がり、②左上にある無差別曲線ほど効用は高くなる、③凸性、の3つである。次に、これらについて説明する。

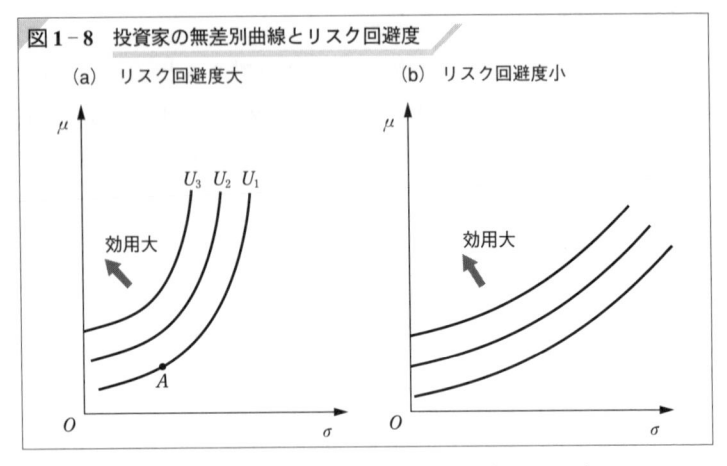

図1-8 投資家の無差別曲線とリスク回避度

(a) リスク回避度大　　　　(b) リスク回避度小

 リスク回避的な投資家は，期待リターンは高ければ高いほどよい，またリスクは小さければ小さいほどよいという選好を持つ。図1-8(a)において，リスク回避的な投資家にとって，点Aよりもリスクが高いにもかかわらず無差別であるためには，点Aよりも高い期待リターンを投資家は要求する。したがって，無差別曲線は右上がりとなるのである。

 また，左上にいくほど期待リターンが高くリスクが小さくなることを意味するから，これはリスク回避的な投資家にとっては望ましいことである。したがって，左上にある無差別曲線ほど効用が高くなる。図1-8(a)において，無差別曲線U_1よりも左上に位置する無差別曲線U_2のほうが効用がより高いのである。

 無差別曲線の接線の傾きは，追加的な1単位のリスク負担の見返りに何単位の追加的期待リターンを必要とするかを示している。通常，リスク回避的な投資家は，負担するリスク水準が低いときには，追加的リスク負担の見返りにはわずかの追加的期待リターンしか必要としない。しかし，負担しているリスク水準が高くなるにつれ，

Column ① 現代ポートフォリオ理論の誕生

　現代ポートフォリオ理論の核心である，分散投資の重要性，およびリスクとリターンのトレードオフは，現在では常識になっている。しかし，それが初めて現在のようなフレームワークで主張されたのは，1952年に出たマーコヴィッツの論文においてであり，まだ50年ほどの歴史しかない。それまでの資産選択は，リスクを十分に認識せずに収益率の高い銘柄をどのように見つけるか，そのためにどのように個別企業の評価をするかが中心であった。当時シカゴ大学の大学院生であったマーコヴィッツは，最適な投資決定をポートフォリオ選択として捉え，ポートフォリオの期待リターンと分散に注目するという，新しい手法を提示することによって，現代のポートフォリオ理論の基礎を築いたのである。

　しかし，マーコヴィッツのポートフォリオ理論が当時すぐに受け入れられたわけではなかった。マーコヴィッツのポートフォリオ理論は工学的な手法を基に構築されていたことから，彼が博士論文として提出したシカゴ大学の審査員たちからは，彼の論文が経済学の論文に値するかどうかが問題となったほどであった。

　その後，トービン（J. Tobin，別の業績でノーベル賞を受賞）が，マーコヴィッツの提示した手法を，不確実性下における標準的な経済理論の枠組みの中で定式化した。さらに，シャープ（W. F. Sharpe）ら複数の研究者が彼らの理論を一般均衡へと拡張し，第2章で説明するCAPMを定式化した。このような過程を経て，ポートフォリオ理論の体系が確立されたのである。マーコヴィッツとシャープは，その業績が高く評価されて，1990年にノーベル経済学賞を受賞した。

● 参考文献 ●

バーンスタイン，P. L.（青山護・山口勝業訳）［1993］『証券投資の思想革命：ウォール街を変えたノーベル賞経済学者たち』東洋経済新報社。

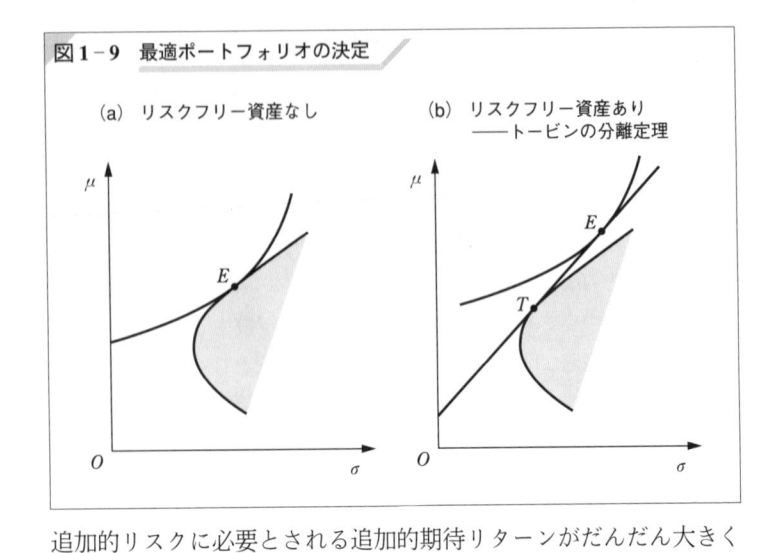

図1-9 最適ポートフォリオの決定

(a) リスクフリー資産なし

(b) リスクフリー資産あり
　　——トービンの分離定理

追加的リスクに必要とされる追加的期待リターンがだんだん大きくなる。これが，無差別曲線の凸性であり，図のように無差別曲線の形が単に右上がりだけではなく，お椀のような形状をとるのである。

また，無差別曲線の形は，投資家によっても異なる。投資家ごとにリスクに対する選好が異なるからである。個人の無差別曲線群が全体として傾きが急であるほど，すなわち1単位の追加的リスクの見返りに必要な追加的期待リターンが大きいほど，リスクを回避する程度が大きいということができる。リスク回避の程度を，リスク回避度と呼ぶ。図1-8(a)，(b)は，それぞれ，リスク回避度が大きい投資家，リスク回避度が小さい投資家の無差別曲線群に対応している。

最適ポートフォリオの決定

ここまで，投資機会集合と投資家の選好を説明してきたので，投資家の最適ポートフォリオ決定の準備がいよいよ整った。そこで，投資家Xの最適ポートフォリオの決定を考える。投資家Xに

とっての最適ポートフォリオとは，投資機会集合の中で，最も高い効用を得られるポートフォリオのことを意味する。これは，図1-9(a)において，投資可能集合と無差別曲線が接する点 E で示すことができる。この点は必ず効率的フロンティア上にある。すなわち，最適ポートフォリオは必ず効率的ポートフォリオでなければならない。リスクフリー資産が利用できないとき，最適ポートフォリオは危険資産のみの効率的フロンティア上の点になる。

> トービンの分離定理

また，リスクフリー資産があるときには，前述のように効率的フロンティアは直線になるので，最適ポートフォリオはその直線上の点 E となる。図1-9(b)のとおりである。リスクフリー資産が利用できるとき，投資家の最適なポートフォリオの決定は2つのステップに分離することができる。第1ステップは危険資産のみのポートフォリオの決定で，これは接点ポートフォリオ T をとる。これは選好の異なるすべての投資家に共通であることがきわめて重要である。第2ステップは，接点ポートフォリオ T とリスクフリー資産の保有比率の決定で，ここで投資家の選好の違いが反映される。リスク回避度の大きい投資家ほど最適ポートフォリオはリスクフリー資産の割合が高いものになる。このように，2つのステップに分離された最適ポートフォリオの決定が2つのステップに分離できるということを，発見者の名にちなんでトービンの分離定理と呼ぶ。

練習問題

1 証券のプライシング

(1) 満期が1年後，2年後の割引債（ともに額面100円）の価格は，それぞれ98.5，95.6円であるとする。このとき，クーポンレートが5％，満期が2年後の利付債（額面100円）の価格はいくらに

なるか。ただし、クーポンの支払いは年1回で、1年後と2年後に行われるものとする。
(2) 『会社四季報』または『日経会社情報』を用いて、ある企業を1つ選び、その企業の株式に配当割引モデルを当てはめることによって理論株価を算出せよ（配当が安定している電力会社やガス会社の株式は計算しやすい）。算出した理論株価と現実の株価とを比較し、その差がなぜ生じたのかを考察せよ。

2 投資機会集合の導出
(1) 表計算ソフトを用いて、2資産の場合の投資機会集合の図（図1-3）を作成してみよ。
(2) 危険資産とリスクフリー資産の組合せでは、投資機会集合が直線となること（図1-5）を表計算ソフトを用いて確認せよ。また、直線になることを、数学的に示せ（ヒント：ポートフォリオ収益率の期待値と分散を、リスクフリー資産の保有比率 w を用いて示すことができればすぐわかる）。
(3) 現実には貸出しと借入れの金利は異なる。貸出金利＜借入金利のときの効率的フロンティアは、図1-7(b)と比較してどのように変化するか、図示せよ。

参考文献

井手正介・高橋文郎［2000］『ビジネス・ゼミナール 経営財務入門』日本経済新聞社。

日本証券アナリスト協会編（榊原茂樹・青山護・浅野幸弘著）［1998］『証券投資論』第3版、日本経済新聞社。

第2章 証券のプライシング

Summary 本章では，リスクのある証券のリスク・プレミアムやデリバティブの価格が，市場でどのように決定されるかを述べる。前半では，代表的な均衡モデルであるCAPMを中心に，個別証券のリスク・プレミアムの決定を説明する。後半では，オプションを中心としたデリバティブの価格決定原理を説明する。また，代表的なオプション価格モデルとして，二項モデルおよびブラック＝ショールズ・モデルを説明する。

Keywords CAPM，市場ポートフォリオ，ベータ，二項モデル，ブラック＝ショールズ・モデル，リスク中立確率

1 証券市場の均衡とリスク・プレミアムの決定

均衡モデル——CAPMとは

前章では，個別投資家の最適ポートフォリオの決定について説明してきた。この節では，個々の投資家が最適ポートフォリオの決定を行ったときの市場均衡について考える。市場均衡とは，資産に対する需要と供給が一致する状況である。市場均衡をもたらす価格は均衡価格と呼ばれる。ここで考えている証券市場は多数の種類の証券が取引されている市場であるから，市場均衡は，多数存在する個々の証券の市場の同時均衡，すなわち一般均衡を意味する。一般均衡を記述するモデルにはさまざまなものがあるが，最も代表的

なものが，資本資産評価モデル（capital asset pricing model：**CAPM**）と呼ばれるものである。前章では外から与えられていた個々の証券の期待収益率が，このCAPMの市場均衡において決定されるのである。一般均衡は，1つの市場の均衡のみを扱う部分均衡に比べて格段に複雑さを増すが，ここでは，CAPMの一般均衡を直観に基づいてできるだけ簡単に説明してみる。

CAPMでは，以下の5つの仮定が前提とされる。

(1) 投資家は，平均・分散アプローチに基づく効用関数を持つ。
(2) 完全市場（税や取引コストはなし，投資家はプライステイカー）。
(3) リスクフリー資産の存在（収益率r_Fで，いくらでも貸借可能）。
(4) すべての資産について，ショートセールの制約なし。
(5) すべての投資家の情報は同質的である。

(1)，(2)，(3)，(4)の4つの仮定は，前章における個別投資家の最適ポートフォリオの決定でも前提としていたものである。(1)の仮定は，投資家の選好がポートフォリオの収益率の期待値と分散（＝標準偏差）のみに依存し，図1-8のような無差別曲線が描けることを意味している。(2)から(4)の仮定は，個々の投資家が最適なポートフォリオを選択する際に，取引についてのさまざまな制約がないことを示している。(5)の仮定は，個々の投資家が持つ，個々の証券の収益率の期待値，分散，共分散についての認識が全員一致していることを示している。これらの仮定により，すべての投資家の投資機会集合および効率的フロンティアは，同一となる。リスクフリー資産が利用できるので，効率的フロンティアは，図2-1のように，直線となる。

前章で示したように，リスクフリー資産が利用できるとき，すべての投資家にとっての危険資産の最適ポートフォリオは，接点ポー

図2-1 CAPMのもとでのすべての投資家にとっての効率的フロンティア

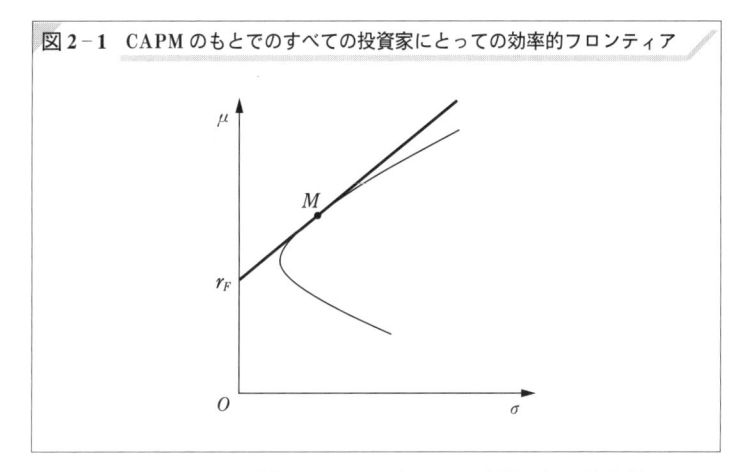

トフォリオとなる。仮定(5)より，すべての投資家の効率的フロンティアは同一であるから，接点ポートフォリオ（図2-1ではM）もまたすべての投資家にとって同一である。

この接点ポートフォリオMは，どのようなポートフォリオであろうか。すべての投資家が危険資産の最適ポートフォリオとして同じ接点ポートフォリオMを選択するのであれば，市場均衡においてはその危険資産ポートフォリオには，すべての資産が含まれる必要がある。もしある危険資産が接点ポートフォリオに含まれていなければ，すべての投資家の当該危険資産への保有比率がゼロとなってしまい，これは市場均衡ではなくなってしまうからである。したがって，市場均衡のもとでは，この接点ポートフォリオは，市場ポートフォリオと呼ばれるものとなる。

市場ポートフォリオ

市場ポートフォリオとは，市場に存在するすべての資産を含み，各資産の保有割合がその資産の時価総額の全資産総額に占める割合となっているものである。まとめると次のようになる。

> **市場ポートフォリオ**
> ・市場に存在するすべての危険資産を含む。
> ・各危険資産の保有割合は，市場全体の時価総額に占める当該資産の時価総額の割合となる。
> 　すなわち，資産 i の保有割合 w_i は，
> $$w_i = \frac{W_i}{\sum W_j}$$
> 　　　W_i：資産 i の時価総額
> 　　　$\sum W_j$：市場全体の時価総額

　市場ポートフォリオは効率的ポートフォリオである。これがCAPMの示す第1のポイントである。効率的ポートフォリオは，効率的フロンティア上に多数存在する。CAPMにおいては，効率的ポートフォリオの中でも，とくに市場ポートフォリオが決定的に重要な役割を果たすのである。すべての投資家の最適ポートフォリオは，市場ポートフォリオとリスクフリー資産の2つの組合せで作ることができる。これが，CAPMのもとでのトービンの分離定理である。現実の証券市場に適用すると，すべての投資家の最適ポートフォリオの決定は，リスクフリー資産と市場ポートフォリオを模したインデックス・ファンドという2資産の間の保有割合のみを決定すればよいということになる。今日の投資信託におけるインデックス・ファンドの隆盛は，CAPMに大きく拠っている。

システマティック・リスクとアンシステマティック・リスク

　市場均衡では，個々の投資家の最適ポートフォリオ選択と同時に，個々の証券のリスクが評価され，リスク・プレミアムが決定される。しかし，個々の証券に含まれるリスクのすべてが市場で評価されるわけではないことに注意すべきである。リスクの評価にあ

たっては，リスクを分散化で無視できるものと無視できないものとに区別することが重要である。分散化で無視できるリスクはアンシステマティック・リスクと呼ばれ，市場では評価されずにリスク・プレミアムはゼロとなる。一方，分散化では無視できないリスクは，経済全体が直面している本質的なリスクであり，システマティック・リスクと呼ばれる。このシステマティック・リスクは市場で評価され，これが大きい証券ほどそのリスク・プレミアムは大きくなる。

どのようなタイプのリスクがシステマティック・リスクとなるかは一概には言えず，どのような均衡モデルを前提にするかによって異なってくる。CAPMにおいては，システマティック・リスクは，市場ポートフォリオのリターンと連動する部分となる。市場ポートフォリオと連動する部分は，分散化によって市場ポートフォリオを保有しても残るからである。システマティック・リスクの大きさは，CAPMにおける唯一のリスク尺度である「**ベータ**」で測ることができる。それに対して，市場ポートフォリオと連動しない（相関係数がゼロ）リスクは，分散化によって無視することができるため，アンシステマティック・リスクとなる。次に，CAPMにおけるリスク・プレミアムの決定とシステマティック・リスクの尺度であるベータとは何かについて説明する。

リスク・プレミアムの決定——証券市場線

CAPMにおいて，個別資産のリスク・プレミアムはどのように決定されるのであろうか。導出過程は複雑であるため，ここでは結果だけを示すが，個々の証券のベータ（β_i）と市場ポートフォリオのリスク・プレミアム（$E(R_M)-r_F$）によって決定される。これが証券市場線（security market line）と呼ばれる関係で，i証券の期

待収益率およびリスク・プレミアムの決定は次のようにまとめることができる。

証券市場線

　i 証券の期待収益率

＝リスクフリー・レート＋ベータ×市場のリスク・プレミアム

すなわち，
$$E(\tilde{R}_i) = r_F + \beta_i[E(\tilde{R}_M) - r_F] \tag{2.1}$$
$$\beta_i = \frac{Cov(\tilde{R}_i, \tilde{R}_M)}{Var(\tilde{R}_M)} = \frac{\sigma_i}{\sigma_M}\rho_i \tag{2.2}$$

$\tilde{R}_M$：市場ポートフォリオの収益率
ρ_i：i 証券と市場ポートフォリオの収益率との
　　　相関係数
σ_i：$\tilde{R}_i$ の標準偏差
σ_M：$\tilde{R}_M$ の標準偏差

　なお，リスク・プレミアムは，証券の期待収益率のうち，リスクフリー・レートを上回る部分を表す。i 証券のベータ（β_i）は，i 証券と市場ポートフォリオの収益率間の共分散（$Cov(\tilde{R}_i, \tilde{R}_M)$）を市場ポートフォリオ収益率の分散（$Var(\tilde{R}_M)$）で割った値である。

　証券市場線は，図 2-2 のように，切片＝リスクフリー・レート，ベータ＝1 のときに市場ポートフォリオの期待収益率をとるような直線で表される。

　では，証券市場線の意味を考えてみよう。証券市場線は，個々の証券のリスク・プレミアムは，ベータと市場ポートフォリオのリスク・プレミアムを乗じた値になり，ベータの大きさに比例することを示している。ベータの定義から，i 証券と市場ポートフォリオの収益率間の共分散が大きいほど，ベータは大きくなり，i 証券のリ

図 2-2 証券市場線

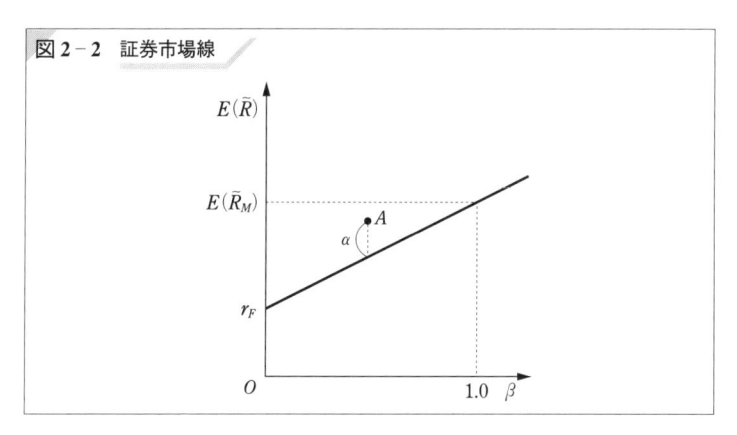

スク・プレミアムも大きくなる。証券市場線の式における市場ポートフォリオのリスク・プレミアムはすべての証券に共通であるから，CAPMではベータがすべての証券のリスク・プレミアムの大きさを決定する唯一のファクタと考えることができる。したがって，異なる証券においても，ベータが等しいならば，リスク・プレミアムは等しくなる。

ベータがゼロ（ゼロ・ベータ）の証券のリスク・プレミアムはゼロとなることに注意すべきである。たとえその証券が危険資産であってもベータがゼロであれば，その期待収益率はリスクフリー・レートと等しくなる。ベータがゼロであるとは，市場ポートフォリオの収益率との相関がゼロであることを意味するので，市場で評価されるリスク・プレミアムはゼロとなる。

複数の証券で構成されたポートフォリオについても，そのベータを考えることができる。ポートフォリオのベータが個々の証券のベータの加重平均となる。それは共分散の性質から簡単に示すことができる。また，市場ポートフォリオのベータは，定義上1である。

ある証券またはポートフォリオのリスク・プレミアムのうち，証

1 証券市場の均衡とリスク・プレミアムの決定

券市場線が示すリスク・プレミアムを超える部分をアルファ（α,あるいはジェンセンのα）と呼ぶ。CAPMが成立しているときには，すべての証券，ポートフォリオのリスク・プレミアムは厳密に証券市場線の関係を満たす，すなわちアルファ＝0となる。それは，どんなに優秀な投資家であっても，リスク（ベータ）に見合う以上の期待収益率を得ることはできないことを意味する。それに対して，もしアルファがプラスとなる資産またはポートフォリオがあれば，それはリスク（ベータ）に見合う以上の期待収益率をあげることになる。図2-2に示された点Aは，アルファがプラスの点である。もし点Aのような資産，ポートフォリオがあれば，市場が非効率的である，あるいは市場は効率的であるがCAPMが不成立ということを意味する。

証券市場線の関係を用いて，任意の証券のもっているリスク全体（トータル・リスク）を，システマティック・リスクとアンシステマティック・リスクに分解することができる。i証券のトータル・リスクを収益率の分散と考え，i証券の収益率をリスクフリー・レートと市場ポートフォリオ収益率に連動する部分と，市場ポートフォリオとは連動しない残差部分に分けると，i証券の収益率は以下のように表すことができる。

$$\tilde{R}_i = r_F + \beta_i(\tilde{R}_M - r_F) + \tilde{u}_i \tag{2.3}$$

残差$\tilde{u}_i$は市場ポートフォリオの収益率と無相関であるから，i証券のトータル・リスクは，以下のように2つに分解することができる。

$$Var(\tilde{R}_i) = \beta_i^2 Var(\tilde{R}_M) + Var(\tilde{u}_i) \tag{2.4}$$

(2.4)式の右辺第1項がベータと市場に連動する部分で，分散化で無視できないシステマティック・リスクと考えることができる。

図2-3 ベータの推定

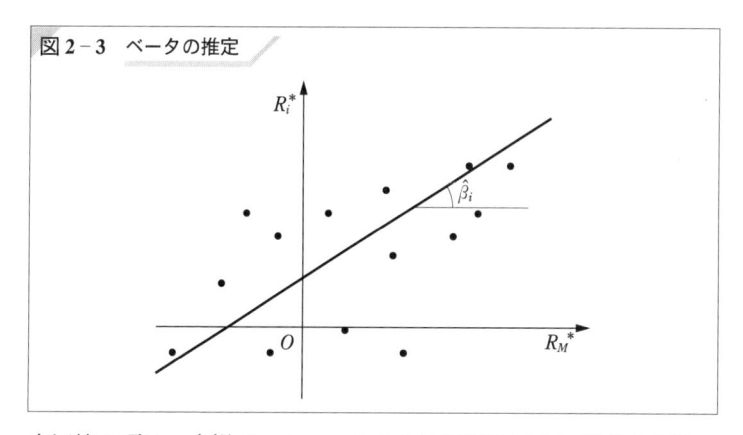

右辺第2項は，市場ポートフォリオとは無相関である残差の分散で，アンシステマティック・リスクに相当する。

ベータの推定方法

次に，ベータの推定方法について述べる。ベータは市場で直接観察できる数値ではないため，データを用いて推定することが必要となる。ベータの統計的意味を考えてみると，ベータの定義から，i 証券のベータとは，回帰分析における，その証券の超過リターンを市場ポートフォリオのリターンで回帰させたときの係数ということができる。このことを図で説明すると次のようになる。横軸を市場ポートフォリオの超過収益率 R_M^*（リスクフリー・レートを引いたもの），縦軸を i 証券の超過収益率 R_i^* として，過去の収益率の実現値のペア（サンプル・データ）をプロットしたものが図2-3である。この図において，サンプル・データの点の集合に対して最も当てはまりのよい直線を1本引く（＝回帰分析）と，その直線の傾きがベータの推定値 $\hat{\beta}_i$ となるのである。

このベータの推定値は，過去の2つの超過収益率の系列（月次データで5年間，すなわち60個が一般的）を用意して，回帰分析を含ん

1　証券市場の均衡とリスク・プレミアムの決定

だ統計分析ソフト（Excel，TSP，SPSSなど）を用いれば，簡単に算出することができる。市場ポートフォリオの収益率としては，時価総額加重平均の株価指数（日本であればTOPIX，アメリカであればS&P500指数など）の変化率を用いればよい。また，超過収益率を算出するためには，リスクフリー・レートとして，1カ月物の金利を用いればよい。ただし，個別証券のベータの推定値は，推定誤差が大きく，真のベータから大きく外れた値となる可能性が大きいことに注意が必要である。

ベータの利用法

以上のように，CAPMでは，ベータが唯一のリスクの尺度としてきわめて重要であることが明らかになった。ベータにはさまざまな利用方法がある。代表的な利用方法として，ポートフォリオのリスク管理と株式の資本コストの推定があげられる。

まず，ポートフォリオのリスク管理においては，選択すべき最適ポートフォリオやすでに保有しているポートフォリオのベータ値を正しく把握しておくことが不可欠である。ポートフォリオのベータは，個々の証券のベータの推定値から計算される。それによって当該ポートフォリオのリスクの大きさを把握でき，リスク・プレミアムの大きさも推定できる。

もう1つの利用法である株式の資本コストの推定であるが，株式の資本コストは，後の章で示すように，投資決定や資金調達の際に不可欠の情報である。株式の資本コストは期待収益率であるから，当該株式のベータと市場ポートフォリオのリスク・プレミアムを推定すれば，証券市場線を用いて容易に求めることができる。

たとえば，B社株のベータ＝0.9，市場ポートフォリオのリスク・プレミアム＝5％，リスクフリー・レート＝3％であるとす

ると，このとき，B社株の資本コストは次のように計算することができる。

$3 + 0.9 \times 5 = 7.5\%$

<u>CAPMをめぐる問題</u>　CAPMは，最もシンプルでわかりやすい均衡モデルである。均衡モデルには他にもさまざまなバリエーションが存在する。代表的なものには，多期間でのポートフォリオ選択に基づいた均衡モデルである多期間CAPM（消費CAPM），均衡として市場均衡ではなく裁定機会が存在しない状況を想定して，個別証券のリスク・プレミアムの決定を示した裁定価格理論（arbitrage pricing theory：APT）などがある。詳しくは章末の参考文献を参照してほしい。

　CAPMが現実の市場で成立しているかどうかについては，これまで非常に多くの実証研究がなされてきた。これまでの結論からは，CAPMでは説明できない多くの現象，たとえば小型株やバリュー株（低PBR銘柄），直近のパフォーマンスが悪かった銘柄などで，CAPMでは説明できないプラスの超過アルファの存在が明らかにされている。これらはアノマリーと呼ばれている。多くの実証研究の結果を総合すると，個々の証券やポートフォリオのリスク・プレミアムをベータのみで説明することはできない，すなわちCAPMの成立に否定的な結果が優勢となっている。

Column ② 効率的市場仮説と行動ファイナンス

証券市場において，リスクに見合った以上の期待収益率をあげることのできる機会は存在するであろうか。可能であるならば，そのような機会を投資家たちは見逃がすはずはなく，結果的にそのような機会は消滅して存在しないとする考え方が，効率的市場仮説と呼ばれるものである。これは，現代ファイナンス理論の中核をなす考え方である。

効率的市場とは，証券価格にその時点に利用可能なすべての情報が反映されている市場である。したがって，その結果，証券価格は事前には予想できなかった新情報のみによって変動するため，予測不可能ということになる。したがって，過去の株価の動きから将来の株価の動きを予想するテクニカル分析をはじめ，いくら過去の情報を分析しても，リスクに見合った収益以上の収益率は得られないということになる。

1970年代までは，証券市場は効率的との見方が圧倒的であった。しかし，現実の証券市場のデータを詳細に調べてみると，効率的市場と矛盾する事実（アノマリー）が多く発見されてきた。株式市場の例では，特定の銘柄群（小型株，低PER銘柄，過去のパフォーマンスがよくなかった銘柄など）に超過収益率の発生することが知られている。

このような効率的市場では説明できない現象に着目する考え方は，行動ファイナンスと呼ばれ，1990年代以降，注目を集めている。この理論は，投資家の非合理性と裁定が不十分にしか機能しないことに基づいている。投資家の非合理的行動については，カーネマン（D. Kahneman）がトバスキー（A. Tversky）とともに先駆的な実験を行い，経済理論からは合理的とは言えない投資家の行動を明らかにした。この業績により，カーネマンは2002年のノーベル経済学賞を受賞した。

● 参考文献 ●

セイラー，R. H.（篠原勝訳）[1998]『市場と感情の経済学：「勝者の呪い」はなぜ起こるのか』ダイヤモンド社。

シュレイファー，A.（兼広崇明訳）[2001]『金融バブルの経済学：行動ファイナンス入門』東洋経済新報社。

2 オプションのプライシング

オプションの意義とプライシングの基本原理

金融市場が高度に発展してきた結果,デリバティブの取引が大きく発展してきた。デリバティブとは,そのペイオフ(受取り,あるいは支払い額)が原証券価格に依存して決まる証券を指す。原証券価格としては,個別銘柄の株価や株価指数,債券価格,為替レート,金や原油などの商品価格などが代表的である。近年では,気温や降水量など価格ではないものまで登場してきた。デリバティブは,企業経営者や投資家のリスク管理上,不可欠の存在となっている。

デリバティブにはさまざまなタイプが存在するが,オプションは,先物と並んで,その代表である。この節では,オプションついて,その基本的な特性とどのように価格が決定されるかを説明する。オプションはリスク管理で重要な役割を果たすのはもちろんのこと,近年では投資決定の新しいアプローチであるリアル・オプション,経営者への重要なインセンティブとなっているストック・オプションなど,投資分野以外でも,その重要性は高まっている。したがって,オプションの価値がどのように決定されるのかを正しく理解する必要がある。

オプションを含めたデリバティブのプライシングの基本原理は,裁定機会が存在しないように決定されるというものである。この無裁定条件に基づくプライシングは,前節のCAPMで説明した市場均衡に基づくプライシングとともに,ファイナンス理論における価値評価の中核をなしている。そこで本節では,デリバティブのプラ

イシングの基本原理を用いて、オプションのプライシングを説明する。ブラック＝ショールズ・モデルを始め、説明には多くの数式を用いるが、それらを一つ一つ完全に理解することは専門家に任せてもかまわない。まずは59ページの（2.9）式に公式として示したデリバティブのプライシングの基本原理を直観的に理解することが大切である。この基本原理を理解することができれば、オプションだけではなく、すべてのデリバティブのプライシングをも理解できるのである。

オプションとは

オプションとは、ある証券を将来時点においてあらかじめ決めた価格と数量で買うまたは売る権利のことである。権利であるから、その権利を行使しても、放棄してもかまわない。行使したほうが有利なときにだけ行使すればよいのである。それに対して、先物とは、ある証券をあらかじめ決めた価格と数量で買うまたは売る契約であり、必ず契約を履行する義務が生じる点で、オプションとは大きく異なっている。買う権利のことをコール・オプション、売る権利のことをプット・オプションと呼ぶ。買うまたは売る際のあらかじめ決められた価格を行使価格と呼ぶ。権利行使を行う将来時点を満期と呼び、満期でしか行使できないオプションをヨーロピアン・オプション、満期前ならばいつでも行使できるものをアメリカン・オプションと呼ぶ。

オプション契約での主な取決め内容は、①原証券、②行使価格、③満期、④原証券の権利落ちの取扱い、⑤満期前行使の有無、である。たとえば、日本の代表的なオプションである日経平均オプションの場合には、①原証券＝日経平均株価、②行使価格＝1万円など500円刻み、③満期＝1カ月間隔、④権利落ちの取扱い＝日経平均指数の算出に準じ配当落ち修正なし、⑤満期前行使なし＝ヨーロピ

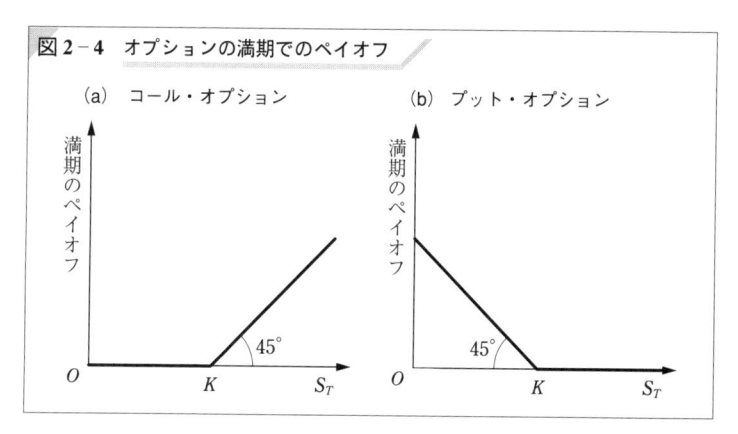

図2-4 オプションの満期でのペイオフ

(a) コール・オプション　　(b) プット・オプション

アン・オプション、となっている。

オプションのペイオフ

コール・オプションの満期でのペイオフは、満期における原証券価格と行使価格の大小によって決まる。満期に原証券価格が行使価格を上回っていれば、権利を行使することによって満期での原証券価格 S_T と行使価格 K の差 (S_T-K) 分の利益を得ることができる。一方、原証券価格が行使価格を下回っていれば、権利を放棄することになるので、ペイオフはゼロになる。したがって、コール・オプションの満期でのペイオフは以下の式で表すことができる。

コール・オプションの満期でのペイオフ
$= \mathrm{Max}[S_T-K, 0]$

($\mathrm{Max}[A, B]$ は、AとBの大きいほうを意味する)

これを図示したものが、図2-4(a)である。満期での原証券価格が K 以下ではペイオフはゼロとなるから水平な直線、K を上回る部分では、原証券価格と行使価格の差を受け取れるから、右上がりの45度線となる。

同じように、プット・オプションのペイオフもゼロと行使価格と

原証券価格の差 $K-S_T$ とゼロの大きいほうとなり，数式で表すと以下のようになる。

　　プット・オプションの満期でのペイオフ
　　$= \mathrm{Max}[K-S_T, 0]$

これを図示すると，図2-4(b)のようになり，満期日において原証券価格が行使価格を上回る部分ではペイオフはゼロで直線となり，逆に下回れば，権利行使することによって $K-S_T$ の利益を得ることができるから，右下がりの45度線となる。

このように，コール・オプションとプット・オプションでは，そのペイオフは異なるが，いずれも原証券の満期での価格に応じて権利行使をするべきかどうかが決まり，権利行使をするべきではないときにはペイオフはゼロ，権利行使をするべきときにはプラスのペイオフを受け取ることができる。図2-4からわかるように，オプションはそのペイオフが非線形であるという特徴をもつ。

プット・コール・パリティ

また，満期と行使価格が等しいヨーロピアン・コールおよびプット・オプション，原証券，リスクフリー資産との間には，プット・コール・パリティと呼ばれる，以下のような関係が任意の時点 t で成立する。

$$P_t = C_t - S_t + K(1+r_F)^{-(T-t)} \tag{2.5}$$

　　P_t：プット・オプション価格

　　C_t：コール・オプション価格

　　S_t：原証券価格

　　K：行使価格

　　r_F：リスクフリー・レート

　　$T-t$：満期までの期間

プット・コール・パリティは、プット・オプションが同一行使価格のコール・オプションと原証券とリスクフリー資産とで複製することができることを意味している。厳密には、コール・オプション1単位を購入、原証券を1単位ショートセール、リスクフリー資産を$K(1+r_F)^{-(T-t)}$円分購入すると、満期において原証券価格がどんな値をとってもプット・オプションと同じペイオフが得られるのである（各人でペイオフ図を書いて確認してみよ）。

オプション価格の決定——二項モデル

オプションの価格はどのように決定されるのであろうか。代表的なオプション価格モデルには、二項モデルとブラック＝ショールズ・モデルがある。これらのオプション価格モデルに共通する基本原理は、原証券価格とオプションとの間での裁定利益が出ないようにオプション価格が決定されること、すなわち裁定機会が存在しないようなプライシングである。

まず、二項モデルに基づいたオプション価格の決定を説明しよう。**二項モデル**とは、原証券価格の各期の変動をアップ（上昇）とダウン（下落）の2通りのみしかないものと考えるシンプルなモデルである。1期後の価格が2通りしかないのは、現実の証券価格の動きとかけ離れすぎていると思われるかもしれない。しかし、二項モデルにおいて、時間間隔を短くし、それに応じてアップとダウンの変化幅を小さくしていけば、現実の証券価格の動きに近似させることができる。

具体的な数値例（2期モデル）を用いて説明してみよう。現在の原証券価格を100円とし、1期後の収益率がアップのときには10％、ダウンのときには−10％になるとする。次の期には再び10％アップと10％ダウンの2通りがある。したがって、2期後にとりう

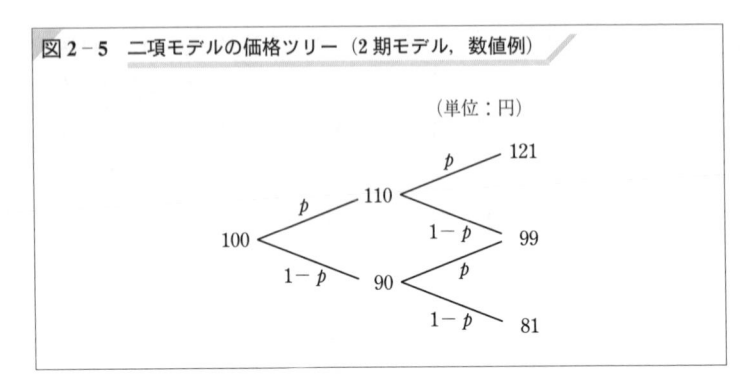

図2-5 二項モデルの価格ツリー（2期モデル，数値例）

(単位：円)

```
                    p      121
              p  110
        100          1-p   99
              1-p  90  p
                    1-p   81
```

る証券価格は，アップが2回，アップとダウンが1回ずつ，ダウンが2回，の3通りになる。図2-5のとおりである。このような図のことを，二項モデルの価格ツリーと呼ぶ。なお，アップの生じる確率をp，ダウンの生じる確率を$1-p$とする。意外なことに，後述のようにこの確率pはオプション価格の決定には全く関係ないのである。

二項モデルに基づくコール・オプション価格——計算例

最初に，行使価格＝100円，満期が1期後のコール・オプションの価格を考えてみる。なお，リスクフリー・レート＝5％とする。このオプションの1期後のペイオフは，アップとダウンではそれぞれ$\text{Max}[110-100, 0]=10$，$\text{Max}[90-100, 0]=0$となる。このコール・オプションは，原証券とリスクフリー資産の組合せ（ポートフォリオ）によって複製することができることを以下で示そう。原証券の購入量をΔ，リスクフリー資産の購入金額をB円とすると，このポートフォリオが満期においてコール・オプションのペイオフと全く同じペイオフを生み出すためには，ΔとBについての次の連立方程式を満たす必要がある。

$$\begin{cases} 110\varDelta + (1+0.05)B = 10 \\ 90\varDelta + (1+0.05)B = 0 \end{cases} \tag{2.6}$$

(2.6) 式の第1式の左辺は,アップのときのポートフォリオのペイオフ,右辺はアップのときのコール・オプションのペイオフを示す。同様に,第2式はダウンのときのペイオフを示す。この連立方程式を解くと,$\varDelta = 0.5$,$B = -42.86$ が得られる。すなわち,現時点で原証券を0.5単位購入し,リスクフリー資産を42.86円借り入れたポートフォリオである。このポートフォリオの満期でのペイオフはコール・オプションのペイオフと同一であるから,コール・オプションの現在価格 C_0 とこのポートフォリオの現在価値は等しくなるはずである。すなわち,以下の計算から,このコール・オプションの現在価格 C_0 は7.14円であることがわかる。

$$\begin{aligned} C_0 &= 100\varDelta + B \\ &= 100 \times 0.5 - 42.86 \\ &= 7.14 \end{aligned}$$

このポートフォリオは,コール・オプションのペイオフと全く同じペイオフをもつから,合成オプションと呼ぶ。この合成オプションの作成方法は,将来(満期)のペイオフから始めて現在価値を求めるという考え方に大きな特徴がある。

次に,満期が2期後のオプション価格について考えてみよう。この場合は,満期が1期後の場合に比べて少し複雑になる。その基本的な考え方は,上述の1期の場合と同じである。すなわち,原証券とリスクフリー資産を用いて,プット・オプションの満期でのペイオフと全く同じペイオフをもつポートフォリオを作るのである。1期モデルでは,合成オプションを現在時点で一度作成しただけで完成したが,2期モデルでは,現在時点で作成したポートフォリオを

図2-6 二項モデルの価格ツリー（1期モデル，一般形）

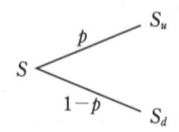

$$S \begin{array}{c} \overset{p}{\nearrow} S_u \\ \underset{1-p}{\searrow} S_d \end{array}$$

1期目の原証券価格の変動に合わせて作り変える（リバランスする）必要が生じる。すなわち，ポートフォリオのウェイトをダイナミックに変更させることによって，オプションのペイオフを複製するのである。したがって，このような合成オプションの作成をダイナミックなオプション複製と呼ぶ。実際の計算は章末の問題として示してあるので，各自解いてほしい。

二項モデルに基づくコール・オプション価格公式

上の計算例を一般公式へと拡張してみよう。まず，最も簡単な1期モデルについて考える。原証券の現在価格をS，アップとダウンの原証券価格をそれぞれS_u, S_dとする。図2-6のとおりである。原証券価格に依存するコール・オプションのペイオフをC_u, C_dとする。満期時におけるコール・オプションのペイオフは原証券の価格ツリーと行使価格からあらかじめわかっている。そこで，コール・オプションと同じペイオフをもたらす合成オプションを原証券とリスクフリー資産で作成する。そのためには，以下の連立方程式を満たすように，原証券とリスクフリー資産をそれぞれΔ単位，B円購入すればよい。

$$\begin{cases} C_u = S_u \Delta + (1+r)B \\ C_d = S_d \Delta + (1+r)B \end{cases}$$

この連立方程式をΔ, Bについて解くと，次のようになる。

$$\varDelta = \frac{C_u - C_d}{S_u - S_d}$$

$$B = \frac{S_u C_d - S_d C_u}{(1+r)(S_u - S_d)}$$

オプションの現時点での価値は,この合成オプションの現在の価値に等しいから,

$$\begin{aligned}C &= S\varDelta + B \\ &= \frac{1}{1+r}\left(\frac{(1+r)S - S_d}{S_u - S_d}C_u + \frac{S_u - (1+r)S}{S_u - S_d}C_d\right)\end{aligned} \quad (2.7)$$

(2.7) 式には,二項モデルに価格ツリーにおけるアップとダウンの確率 $(p, 1-p)$ が入っていないことに注意すべきである。原証券価格のアップとダウンの確率は,原証券価格の決定には大きな影響を与える。しかし,オプションは原証券からの派生証券であるため,アップとダウンの確率はオプション価格の決定には直接影響を与えず,原証券価格 S を通じて間接的に影響を与えるにとどまるからである。

各時点における合成オプションの原証券の保有比率 $\varDelta$ は,「デルタ」と呼ばれる。これは,オプションを原証券とリスクフリー資産で複製する際に不可欠なパラメータである。また,デルタは原証券価格の変化に対するオプション価格の感応度と解釈することができる。原証券価格が1円変化すると,オプションの価格は $\varDelta$ 円変化するのである。ダイナミックなオプションの複製で示したように,デルタは原証券価格が変動するにつれて変化することに注意すべきである。コール(プット)・オプションの場合,デルタは原証券価格が行使価格を下回るアウト・オブ・ザ・マネー(イン・ザ・マネー)の状態では,ゼロ(−1)に近くなり,原証券価格が行使価格に等

しいアット・ザ・マネーでは 0.5（−0.5），原証券価格が行使価格を上回るイン・ザ・マネー（アウト・オブ・ザ・マネー）では 1（ゼロ）に近くなる。

(2.7) 式を整理すると，新たに定義された p^* を用いて以下のような二項モデルに基づくオプション価格公式を導出することができる。

二項モデルに基づくオプション価格公式（1期モデル）

$$C = \frac{1}{1+r}(p^*C_u + (1-p^*)C_d) \tag{2.8}$$

ただし，$p^* = \dfrac{(1+r)S - S_d}{S_u - S_d}$ はリスク中立確率。

---

p^* は原証券がアップとなる確率 p とは全く別のものであるが，確率のようにみなすことができる。この確率はとくに，**リスク中立確率**と呼ばれ，原証券の変動性（S_u と S_d）に依存し，原証券の期待収益率とは無関係である。このリスク中立確率は，リスク回避度の異なるすべての投資家に共通の数値であることに注意すべきである。このリスク中立確率を用いると，(2.8) 式のオプションの価格公式は以下のように解釈することができる。すなわち，オプションの価値は，リスク中立確率を用いて将来キャッシュフローの期待値を計算し，その期待値をリスクフリー・レートで割り引いたもの，すなわちあたかもアップの確率を p^* と想定するリスク中立的な投資家によって評価されたもの，ということになる。

デリバティブ価格の一般公式

原証券の価格変動プロセスが与えられたもとでは，任意のデリバティブの価格形成に (2.8) の公式を適用できる。デリバティブ

のペイオフ（C_u と C_d）はデリバティブのタイプごとに異なるが，適用されるリスク中立確率は原証券が同じであれば共通だからである。先ほどのコール・オプションの二項モデルに基づく一般公式は，任意の行使価格のコール・オプションにも適用できるし，任意の行使価格のプット・オプションにも適用できるのである。

また，リスク中立確率が存在して (2.8) 式が成立するならば，原証券とオプションの間に裁定機会が存在しない。このことは，公式 (2.8) の導出過程，すなわちオプションを原証券とリスクフリー資産によって複製することによって導出したことを思い出せば容易に理解することができるであろう。

1期間ではなく，T 期間になってもプライシングの基本的な考え方は変わらない。T 期間の場合には，(2.8) 式を繰り返し用いて，満期から後ろ向きに現在へとさかのぼっていけば求めることができる。ただし，各期の期待値を計算するときには，その期のリスク中立確率を用いる必要がある。

リスク中立確率を用いた，コール・オプションやプット・オプションを含めたデリバティブの一般公式をまとめると，以下のようになる。

デリバティブ価格の一般公式

$$P = \frac{1}{(1+r)^T} E^*(満期でのペイオフ) \qquad (2.9)$$

$E^*(\cdot)$：リスク中立確率を用いて算出された期待値
T：満期までの期間
r：リスクフリー・レート

デリバティブの種類によって満期でのペイオフは異なる。しかし，

それはすべて満期における原証券価格に応じて決定されるものである。たとえば、コール・オプションでは、満期でのペイオフは、行使価格と原証券の満期時の価格との差である。したがって、コール・オプションの価値は以下のようになる。

$$C = \frac{1}{(1+r)^T} E^*(\text{Max}[S_T - K, 0]) \tag{2.10}$$

この公式を用いて、先ほど算出した行使価格 100 円、満期が 1 期後のコール・オプションの価格を求めてみよう。図 2-5 から、リスク中立確率は、

$$p^* = \frac{1.05 \times 100 - 90}{110 - 90} = 0.75$$

このリスク中立確率を用いて (2.10) 式からコール・オプション価格を求めると、

$$C = \frac{1}{1.05}(0.75 \times 10 + (1-0.75) \times 0)$$
$$= 7.14$$

この値は、55 ページで算出した値と当然一致する。

ブラック＝ショールズ・モデルとは

ここまでの二項モデルを用いた説明では、原証券価格の変動プロセスを 1 期、2 期、……と離散的な時間で考えていた。それに対して、離散的な時間間隔を限りなくゼロに近づけた連続時間を考えることができる。連続時間型で考えることにより、確率解析のテクニック（伊藤の公式など）を用いることが可能となるなど、数学的に扱うことが容易になるという利点がある。連続時間型のオプション価格モデルのうち、最も代表的なものは、ブラック＝ショールズ・モデルである。

ブラック＝ショールズ・モデルとは，以下の仮定を満たすときのオプション価格の公式を導出するものである。その仮定とは，以下の5つである。

(1) 原証券価格が幾何ブラウン運動に従う。
(2) 取引コスト，税がない。
(3) リスクフリー・レートは一定で，無制限に貸借可能。
(4) 原証券には配当がない。
(5) オプションのタイプはヨーロピアンである。

(1)の仮定である幾何ブラウン運動とは，収益率が正規分布に従い，分布のパラメータである期待値および標準偏差（つまり，価格変動性＝ボラティリティ）が一定，という性質をもつ連続時間型のプロセスである。先の二項モデルで示した，アップとダウンの変化率が10％で一定であるケースは，収益率の期待値とボラティリティが一定となるため，ブラック＝ショールズ・モデルの近似と考えることができる。時間間隔をゼロに近づけると，アップとダウンの変化率が一定の二項モデルでは，オプション価格はブラック＝ショールズ公式に収束する。また，これらの5つの仮定により，コール・オプションやプット・オプションは，原証券とリスクフリー資産でポートフォリオを作成し，ダイナミックなリバランスを行うことによって，完全に複製することができる。

ブラック＝ショールズ公式

ブラック＝ショールズ・モデルに基づくコール・オプションの価格 C^{BS} は，ブラック＝ショールズ公式として次のように表される。

コール・オプションのブラック=ショールズ公式

$$C^{BS} = C^{BS}(S, K, r, T-t, \sigma)$$
$$= SN(d_1) - Ke^{-r(T-t)}N(d_2) \qquad (2.11)$$

S：原証券価格
K：行使価格
r：リスクフリー・レート
$T-t$：満期までの期間
$N(\cdot)$：標準正規分布の累積密度関数

$$d_1 = \frac{\log_e \frac{S}{K} + \left(r + \frac{1}{2}\sigma^2\right)(T-t)}{\sigma\sqrt{T-t}}$$

$$d_2 = d_1 - \sigma\sqrt{T-t}$$

σ：ボラティリティ

　ブラック=ショールズ公式は，ブラック（F. Black）とショールズ（M. Scholes）により，裁定機会は存在しないという条件から導かれたが，導出方法はこの教科書のレベルを超えているので，ここでは扱わない。興味のある方は上級テキストを参照してほしい。また，この公式は，ボラティリティ一定となる二項モデルの時間間隔をゼロに近づけた極限としても導出することができる。

　ブラック=ショールズ公式は，オプション価格がどのようなパラメータによってどのような影響を受けるかを明らかにしている。それらのパラメータは，①原証券価格 S，②行使価格 K，③リスクフリー・レート r，④満期までの期間 $(T-t)$，⑤原証券のボラティリティ σ，の5つである。一方，原証券の期待収益率は公式には出てこない。これは，二項モデルの場合と同様，オプションなどのデリバティブは原証券から派生したものであり，原証券とリスクフリー

資産で複製できるため、デリバティブのリスク・プレミアムはすべて原証券価格に反映されており、直接は表れないからである。

ブラック=ショールズ公式は、標準正規分布の累積密度関数 $N(\cdot)$ を用いた複雑な形をしているが、その意味するところを理解することは重要である。$N(d_1)$ は、「デルタ」と呼ばれ、オプションを原証券とリスクフリー資産で複製するときの、原証券のポジションを示している。

また、プット・オプションのブラック=ショールズ公式は以下のように表される。

$$P^{BS} = P^{BS}(S, K, r, T-t, \sigma)$$
$$= Ke^{-r(T-t)}N(-d_2) - SN(-d_1) \qquad (2.12)$$

(2.12) 式は、(2.5) 式のプット・コール・パリティにコール・オプションの公式 (2.11) を代入することによっても導くことができる。

ブラック=ショールズ公式は複雑であるため、算出するのに手間がかかる。そのため、表計算ソフトにおいて、パラメータを指定すればすぐに値が出てくるようにユーザー定義の関数として登録しておくと便利である。なお、実際にパラメータを入れるときには、単位に気をつけるべきである。通常、年率%を用いるのが一般的であり、リスクフリー・レート r、満期までの期間 $(T-t)$、ボラティリティ σ も年率に統一する必要がある。

ブラック=ショールズ公式の計算例

ブラック=ショールズ公式は、オプションのプライシングではしばしば用いられるため、その利用方法を理解しておくことは重要である。そこで、『日本経済新聞』に掲載されている日経平均オプションのデータを用いて、ブラック=ショールズ公式に基づくオ

プション価格を算出してみよう。具体的には，2002年9月2日現在でのパラメータに基づいて，2002年10月限月の行使価格9500円のコール・オプションおよびプット・オプションの価格を算出してみる。なお，9月2日の日経平均株価（終値）は9521円，満期までの期間は39日，リスクフリー・レートは0.1％（年率），またボラティリティσは，直接市場では観察できないため，過去の日経平均のデータからの推定値28％を用いた。具体的に公式にインプットすべきパラメータは，以下のとおりである。

$S=9521$

$K=9500$

$\sigma=0.28$ （=28％，年率）

$r=0.001$ （=0.1％，年率表示）

$T-t=0.107$ （$=\frac{39日}{365日}$，年表示）

用いたパラメータのうち，ボラティリティ，リスクフリー・レート，満期までの期間は，すべて年率表示に統一していることに注意すべきである。これらのパラメータをブラック＝ショールズ公式に代入すると，コール・オプションとプット・オプションの価格は以下のようになる。

$C^{BS}=358.2$ （当日終値=350）

$P^{BS}=336.2$ （当日終値=370）

ブラック＝ショールズ公式に基づくオプション価格は現実の市場で取引されているオプション価格にかなり近いことがわかる。

さまざまなオプション

オプションには，これまで説明したヨーロピアン・タイプのコール・オプションおよびプット・オプションだけではなく，さまざまなタイプのオプションが存在する。取引所で不特定多数間で取引されるオプションでは

契約内容が標準的にならざるをえないが，オプションを専門に扱う業者との相対(あいたい)取引の場合には，オプションの契約内容を自由に設定することができる。

アメリカン・オプションは，満期までの期間中の任意の時点で権利行使ができるオプションである。このような満期前行使の可能性がある場合には，ブラック＝ショールズ・モデルのような公式を導出することが困難となる。そのため，アメリカン・オプションの価格を算出するには，二項モデルを適用することになる。

また，満期でのペイオフが複雑なエキゾチック・オプションと呼ばれるタイプのオプションがある。たとえば，エキゾチック・オプションの代表例として，ノックアウト・オプションやノックイン・オプションがある。ノックアウト・オプションとは，原証券価格が満期までに事前に定められた値（バリア価格）に一度でも達するとオプションが消滅してしまうものである。それに対して，ノックイン・オプションは，原証券価格が満期までに事前に定められた値（バリア価格）に達して初めてオプションが効力を発生させるものである。他にも，満期までの期間中の最高値や最安値を行使価格とするようなルックバック・オプションや，原証券がオプションであるコンパウンド・オプションなど，枚挙にいとまがない。ブラック＝ショールズ公式に近い解析解をもつものもあるが，その公式はさらに複雑である。また，ペイオフがブラック＝ショールズ公式のような公式を求められないものもあり，その評価には，二項モデルなどを用いる必要がある。

オプションの評価は，株価指数オプション，通貨オプションなどの金融オプションだけではなく，本書で扱う企業金融の分野にもさまざまな形で応用ができる。たとえば，企業が発行する証券として，

ワラント（債）や転換社債がある。ワラントとは，あらかじめ定められた価格で新株を購入できる権利である。また，転換社債とはあらかじめ定められた価格（転換価格）で社債を株式に転換する権利（転換権）を有する社債である。したがって，これらはオプションそのもの，あるいはオプションを内在した証券である。また，経営者や従業員にインセンティブとして付与されるストック・オプションがあり，これはワラントの一形態である。さらに，リアル・オプションと呼ばれる，オプション性を内在した企業の投資プロジェクトがある。

これらは企業金融における重要なトピックであり，後の章で詳述する。これらのオプションに関連したトピックを正しく理解するためには，二項モデルやブラック＝ショールズ・モデルをはじめとしたオプション価格モデルが必要となる。したがって，この節で説明した無裁定条件に基づくオプションのプライシングの基本を理解しておくことが不可欠なのである。ただし，デリバティブの専門家でないかぎり，ブラック＝ショールズ公式の導出方法まで知る必要はなく，ブラック＝ショールズ公式の基本的意味を理解しておくことだけで十分である。

練習問題

1 CAPM
 (1) Yahoo！ファイナンスなどの Web サイトから，ある企業の株価および TOPIX，1 カ月金利の過去のデータ（3 年から 5 年間の月次データ）を収集して，当該企業のベータを推定せよ。
 (2) (1)で求めたベータを用いて，証券市場線から，当該企業の株式の期待収益率を推定せよ。
 (3) ポートフォリオのベータが個別銘柄のベータの加重平均となるこ

とを示せ。

2 二項モデルでのオプション・プライシング

図2-5の原証券価格ツリーのもとで，以下の問いに答えよ。ただし，リスクフリー・レートは5％とする。

(1) 公式 (2.9) を用いて，満期が2期後，行使価格が95円のコール・オプションの価格を求めよ。

(2) 満期が2期後，行使価格が95円のヨーロピアン・プット・オプションの価格はいくらになるか。

(3) 満期が2期後，行使価格が95円のアメリカン・プット・オプションの価格はいくらになるか。また，満期前に行使する可能性はあるであろうか。

3 ブラック＝ショールズ公式によるオプション価格の計算

表計算ソフトを用いて，61〜63ページで算出されているブラック＝ショールズ公式に基づくコール・オプションとプット・オプションの価格を自分で算出してみよ。その際，自然対数および標準正規分布の累積確率密度については，ワークシート関数（マイクロソフト社のExcelでは，それぞれLN関数およびNORMSDIST関数）を用いると計算が容易になる。

参考文献

池田昌幸［2000］『金融経済学の基礎』朝倉書店。

久保田敬一［2001］『よくわかるファイナンス』東洋経済新報社。

日本証券アナリスト協会編（榊原茂樹・青山護・浅野幸弘著）［1998］『証券投資論』第3版，日本経済新聞社。

第3章 投資政策

Summary 投資案の評価は，企業金融論において最も重要な問題の1つである。現実にはさまざまな評価方法が採用されているが，これは唯一絶対の評価方法がないことをいみじくも意味している。そこで第3章では，それらの評価方法を比較し，それぞれの長所・短所を確認する。また将来のキャッシュフローや投資環境が不確実な場合には，企業は投資のタイミングや規模などについて戦略的な意思決定を行うことが望ましい。本章後半ではリアル・オプションという概念を用いて，企業の戦略的投資判断について説明する。
Keywords 純現在価値（NPV），内部収益率（IRR），資本コスト，リアル・オプション

1 投資の意思決定

純現在価値（NPV：
net present value）

本節では，純現在価値，内部収益率，回収期間，会計収益率の4つの投資の意思決定基準について説明するが，**純現在価値**（以下，NPV）は最も経済合理性にかなった基準である。

いま，ある投資プロジェクトの投資所要額を I，t 期におけるキャッシュフロー（$t=1, 2, \cdots, T$）を x，金利を r とする（ただし金利は期間中一定）。つまり，これは今期（$t=0$）投資を実行すると，来期（$t=1$）以降利益が生じるプロジェクトである。このとき，このプロジェ

クトの NPV は次のように表すことができる。

$$\mathrm{NPV} = -I + \frac{x_1}{1+r} + \frac{x_2}{(1+r)^2} + \cdots\cdots + \frac{x_T}{(1+r)^T}$$

$$= -I + \sum_{j=1}^{T} \frac{x_j}{(1+r)^j} \qquad (3.1)$$

1行目の右辺は、1時点以降の各時点におけるキャッシュフローの割引現在価値の合計から0期の初期投資額を引いた値がNPVであることを示している。2行目の式は、これを整理して表現したものである。NPVによる投資の意思決定は、上式で定義されるNPVが正の場合は投資を実行し、負の場合は投資を実行しない、というものである。また、複数のプロジェクトの中から1つのプロジェクトを選択する場合には、すべてのプロジェクトについてNPVを求め、NPVが正かつ最大のプロジェクトを選択すればよい。

NPVを理解するために、次の例を見てみよう。いま、あるプロジェクトを実行するために、今期100億円の投資が必要だとする。このプロジェクトを実行すると、来期以降2年間にわたり60億円のキャッシュフローが発生するとしよう。表3-1は、金利が5％の場合と15％の場合について、NPVの求め方を示している。金利が5％の場合は、キャッシュフローの現在価値の合計は111.56億円で、投資所要額100億円よりも大きい。したがって、投資は実行すべきである。一方、金利が15％の場合は、キャッシュフローの現在価値の合計は97.54億円で、投資所要額100億円よりも小さい。したがって、投資は実行すべきでない。キャッシュフローの実現値が同じであるのに金利の値によって投資判断に違いが生じるのは、金利が高いほど将来のキャッシュフローが大きく割り引かれて評価されるからである。

表3-1 プロジェクトのキャッシュフローとNPV

	投資所要額	割引現在価値		NPV
		1期	2期	
$r = 5\%$	100	$\dfrac{60}{1.05} = 57.14$	$\dfrac{60}{(1.05)^2} = 54.42$	$-100+(57.14+54.42) = 11.56$
$r = 15\%$	100	$\dfrac{60}{1.15} = 52.17$	$\dfrac{60}{(1.15)^2} = 45.37$	$-100+(52.17+45.37) = -2.46$

内部収益率(IRR: internal rate of return)

NPVの場合と同様に、ある投資プロジェクトの投資所要額をI、t期におけるキャッシュフロー($t=1, 2, \cdots, T$)をxとする。このとき、**内部収益率**(以下IRR)は次式を満足するiで定義される。

$$-I+\frac{x_1}{1+i}+\frac{x_2}{(1+i)^2}+\cdots\cdots+\frac{x_T}{(1+i)^T} = 0 \tag{3.2}$$

この式の左辺は、現在価値を求める際に使う割引率がiの場合のNPVを示している。つまり、IRRとは、投資プロジェクトのキャッシュ・インフローとキャッシュ・アウトフローが与えられたときに、そのNPVをゼロにするような割引率である。

たとえば、あるプロジェクトの初期時点における投資所要額が100億円、2期間に渡って発生するキャッシュフローがそれぞれ60億円だとする。これはNPVを説明する前項で紹介した例と同じである。このときIRRは

$$-100+\frac{60}{1+i}+\frac{60}{(1+i)^2} = 0$$

を満足するiの値で、計算の結果13%となる。このようにして求められたIRRが、NPVを求めるために使う金利よりも大きい場合には投資を実行し、小さい場合には投資を実行しない、というのが

図3-1 IRRとNPV

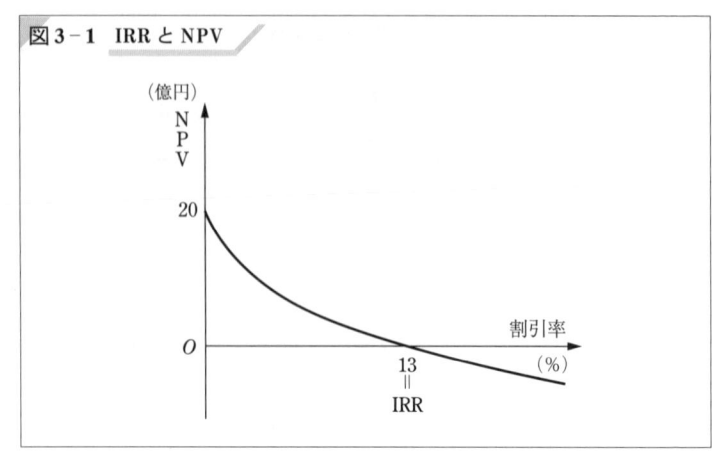

(縦軸: NPV (億円)、横軸: 割引率 (%)。NPVは割引率0のとき20で、割引率が増加するにつれて減少し、割引率13% (=IRR) でNPVが0となる曲線。)

IRRを活用した投資判断である。したがって、金利が5％の場合はIRRのほうが大きいので、投資を実行すればよい。また、金利が15％の場合にはIRRのほうが小さいので、投資は実行しないほうがよい。以上の結果は、前項のNPVを活用した意思決定の結果と同じである。

実は、初期時点に投資を実行し、それ以降キャッシュフローを回収するようなプロジェクトの場合は、IRRによる投資判断とNPVによる投資判断は完全に一致する。つまり、IRRが金利よりも大きいことはNPVが正であることの必要十分条件になっている。図3-1は、前述の例についてこのようなIRRとNPVの関係を示している。

IRRの限界

前項では、NPVが正の場合にかぎりIRRは金利より大きくなることを説明した。しかし、どんな場合にも、NPVとIRRの投資判断が一致するわけではない。つまり、NPVは経済合理性にかなった意思決定基準なのだから、IRRによる投資判断が誤ることがあるということである。

IRRが投資判断を誤る第1のケースは，将来時点でキャッシュフローが負になる場合である。次の例でこのことを確認しよう。いま，あるプロジェクトの0期における投資所要額が20億円，1期のキャッシュフローが52億円，2期のキャッシュフローが−33億円とする。すると，前項の定義に従うと，IRRは次式を満足するiの値になる。

$$-20+\frac{52}{1+i}+\frac{-33}{(1+i)^2}=0$$

　この式を満足するiの値は50％と10％である。このとき2つの問題がある。まず，経営者は計算の結果求められたIRRのどちらを採用したらよいかわからない。また，金利を0％とするとNPVは−1億円で負の値になるのに，IRRはいずれも正の値であるため投資を実行してもよいことになってしまう。このように，将来時点でキャッシュフローが負になるようなプロジェクトについては，IRRは適切な投資判断基準にならないのである。

　IRRを使うと投資判断を誤る第2のケースは，複数のプロジェクトを比較する場合である。次の例でこのことを確認しよう（表3-2）。いま，経営者は2つの潜在的投資機会（プロジェクトA，プロジェクトB）のどちらかを選択しなくてはならないとしよう。プロジェクトAの0期における投資所要額は100億円，1期におけるキャッシュフローは200億円である。一方，プロジェクトBの0期における投資所要額は1000億円，1期におけるキャッシュフローは1500億円である。したがって，プロジェクトAとプロジェクトBのIRRはそれぞれ100％，50％である。いま金利が20％だとすると，どちらのプロジェクトのIRRも金利を上回っているが，プロジェクトAのほうがプロジェクトBに比べて収益率が高いた

1　投資の意思決定

表 3-2　規模の異なるプロジェクトを比較する場合の問題点

(金利は 20 % とする。単位：億円)

	0 期	1 期	IRR	NPV
プロジェクト A	−100	200	100 %	67
プロジェクト B	−1000	1500	50 %	250

めに選択されることになるだろう。しかし，このような投資判断は正しくない。表3-2が示すように，プロジェクトAとプロジェクトBのNPVはそれぞれ67億円，250億円である。したがって，プロジェクトBのほうがNPVが大きく，こちらを選択しなくてはならない。規模の異なるプロジェクトを比較する場合には，このような問題が生じる。

複数のプロジェクトを比較する場合には，次のような問題もある。いま，経営者がプロジェクトCとプロジェクトDのいずれかを選択しなくてはならないとしよう。プロジェクトCは0期に100億円の投資を行い，1期に100億円，2期に40億円のキャッシュフローをもたらす（表3-3）。一方，プロジェクトDは0期に100億円の投資を行うが，1期にはキャッシュフローが発生せず，2期に40億円，3期に150億円のキャッシュフローをもたらす。この2つのプロジェクトについてそれぞれIRRを求めると，プロジェクトCは31 %，プロジェクトDは26 %になることがわかる。したがって，IRRで投資判断をするならば，経営者はプロジェクトCを選択すればよいことになる。

さて，ここで金利が10 %の場合と25 %の場合について，プロジェクトCとプロジェクトDのNPVを計算してみよう。すると金利が10 %の場合，プロジェクトCのNPVは24億円，プロジ

表3-3 キャッシュフローの異なるプロジェクトを比較する場合の問題点

(単位：億円)

	0期	1期	2期	3期	IRR	NPV($r=10\%$)	NPV($r=25\%$)
プロジェクトC	−100	100	40	0	31%	24	6
プロジェクトD	−100	0	40	150	26%	46	2

ェクトDのNPVは46億円になる。一方金利が25％の場合は，プロジェクトCのNPVは6億円，プロジェクトDのNPVは2億円になる。したがって，金利が10％の場合はプロジェクトD，金利が25％の場合はプロジェクトCを選択しなければならない。すなわち規模が同じプロジェクトであっても，IRRのランキングはNPVのランキングと一致しない。このような結果が得られるのは，割引率が高い場合（低い場合）には早い時点（遅い時点）でキャッシュフローが発生するプロジェクトの現在価値が高くなるからである。

以上の例からわかるように，IRRは限られた場合にしか利用できないことを忘れてはならない。

> **回収期間**

回収期間は次の不等式を満足するjの最小値で定義される。

$$-I + \frac{x_1}{1+r} + \frac{x_2}{(1+r)^2} + \cdots\cdots + \frac{x_j}{(1+r)^j}$$
$$= -I + \sum_{k=1}^{j} \frac{x_k}{(1+r)^k} > 0 \qquad (3.3)$$

つまり，キャッシュフローの割引現在価値の合計によって，初期投資額が回収されるまでの最短期間が回収期間である。計算の結果求められた回収期間が，あらかじめ決められている目標回収期間よりも短ければ投資は実行，回収期間が目標回収期間よりも長ければ投

表3-4　回収期間基準の問題点

（目標回収期間は2期間とする。単位：億円）

	0期	1期	2期	3期	NPV
プロジェクトE	−100	50	50	50	50
プロジェクトF	−100	50	40	100	90

資を実行しない，というのが回収期間による投資判断である。回収期間が合理的な投資の意思決定基準とされる根拠は，投資資金回収後に発生するキャッシュフローはすべて利益になるため，回収期間が短いほど投資プロジェクトの収益性は高いと考えられる点にある。

　しかし，このような考え方は正しくない。このことを次の例で確認しよう。いま，プロジェクトEとプロジェクトFがあり，どちらか一方を選択しなくてはならないとしよう（表3-4）。ただし，プロジェクトEは0期に100億円の投資を行い，1期から3期のそれぞれに50億円のキャッシュフローをもたらすとする。また，プロジェクトFは0期に100億円の投資を行い，1期に50億円，2期に40億円，3期に100億円のキャッシュフローをもたらすとする。ここで簡単化のために，金利はゼロであるとしよう。また，経営者が恣意的に決めた目標回収期間が2期間だとする。ここでプロジェクトEの回収期間が2期間であるのに対し，プロジェクトFの回収期間は3期間であるため，回収期間で投資判断するならばプロジェクトEが選択される。しかし，プロジェクトEとプロジェクトFのNPVはそれぞれ50億円，90億円であり，プロジェクトFのほうが望ましい。このような問題が生じるのは，回収期間による投資の意思決定では目標回収期間の決め方が恣意的であり，しかも目標回収期間以降に発生するキャッシュフローに対する配慮が欠

落しているからである。

> 平均会計収益率

平均会計収益率は，プロジェクト実施期間中の会計上の平均利益と平均投資額の比率である。この投資基準は会計情報を使って簡単に計算できることもあり実務上使われる機会が多いが，適切な意思決定基準でないことはここまでの説明で明らかである。

第1に，会計数値の単純な平均値の比率であるため，異なる時点で発生するキャッシュフローを時点を統一して評価していない。つまり，現在価値という概念が全く使われていない点に問題がある。

第2に，そもそもキャッシュフローではなく会計上の利益で企業収益を捉えている点に問題がある。企業の財務内容を的確に判断するためには，キャッシュフローを使う必要があるだろう。このことは，減価償却ひとつとってみても明らかである。企業が資産を購入した場合，会計上はたとえば購入価格を法定償却年限に応じて分割して費用として計上し，各年度にそれを控除して利益を計算する。しかし，減価償却費は実際の支出をともなわないため，収入として扱ったほうが企業の実態をより的確に把握することができる。会計上の利益を使う場合には，たとえばこのような問題がある。

以上のように，会計収益率には問題があり，利用する場合には相当の注意が必要である。

2 資本コスト

> 株主資本コスト

資本コストとは，株主や債権者など資金提供者全体の企業に対する要求収益率であり，

企業にとっては投資を実行するかどうかを決めるハードル・レートである（この点に関しては第4章も参照）。したがって，各資金提供者に個別にインタビューして，それぞれの要求収益率を確認することができればよい。ただ，現実には多数の株主や債権者に個別に問い合わせることはできないので，株価や債券価格など市場の評価を活用して資本コストを推計しなくてはならない。あるいは社債のように市場で取引があまり行われない場合は，簿価で市場価値を代替して資本コストを推計する。

まず，株主の要求収益率（以下，株主資本コストと呼ぶ）の求め方を説明しよう。株主資本コストを推計するための代表的な方法は，第2章で説明した以下のCAPM（資本資産評価モデル）である。

$$E(R_i) = r_F + \beta_i[E(R_M) - r_F] \qquad (3.4)$$

ただし，$E(R_i)$ は企業 i の期待収益率，r_F は安全利子率（リスクフリー・レート），$E(R_M)$ は市場ポートフォリオの期待収益率である。また，β_i は $\dfrac{Cov(R_i, R_M)}{\sigma_M^2}$ で定義されるベータで，分子は企業 i の株式収益率と市場ポートフォリオの収益率の共分散，分母は市場ポートフォリオの収益率の分散である。ベータは過去の当該銘柄の株価インデックスのデータを準備すれば，図2-3のように推計することができる（第2章第1節参照）。また，国債の利回りを安全利子率とすれば，企業 i の期待収益率，つまり株主の要求収益率を求めることができる。なお，第2章で説明したように株式の期待収益率はAPT（裁定価格理論）によって求めることもできる。本節の議論はCAPM（資本資産評価モデル）のかわりにAPTを用いて期待収益率を求めたとしても，基本的に変わらない。

さて，以上の方法でベータを求めたとしても，ベータの推定値の信頼性が低くては困る。つまり，ベータの推定値の標準誤差があま

りに大きいようではベータの推定値を信用することは難しい。そのような場合には，産業のベータを利用するという代替的方法が考えられる。つまり，自社を含む同業他社のベータを推計し，各企業の市場価値によるベータの加重平均を求めて，それをベータとして用いるのである。このような方法で求めた産業のベータは，個別企業のベータに比べて信頼性が高い（推定値の標準誤差が小さい）ことが知られている。

新規事業に参入する場合の株主資本コスト

次に，企業がこれまでの事業内容とは異なる新しい事業への参入を検討する場合には，どのように株主資本コストを推計したらよいか考えてみよう。そのような場合，新規事業と既存事業の事業リスクが異なるため，過去のデータで推計したベータを使って新規事業に対する投資家の要求収益率を求めることはできない。この問題に対処するためには，新規プロジェクトと事業内容が近い別の企業のベータを推計して代用するという方法が考えられる。しかし，この方法を用いる場合には負債比率の違いに十分配慮する必要がある。なぜなら株主の要求収益率は株式のリスクによって決まるが，リスクは事業に固有の事業リスクと資本構成に依存して決まる財務リスクによって構成されるからである。一般に，負債比率が高いほど株主が負担するリスク，つまり財務リスクは高くなり，要求収益率も高くなる。したがって，当該企業と類似企業の負債比率が異なる場合は，財務リスクを調整したうえで当該企業のベータを推計しなくてはならない。

いま，類似企業 j の期待収益率は次の式で表すことができる。

$$E(R_j) = r_F + \beta_j [E(R_M) - r_F] \tag{3.5}$$

$$= r_F + \hat{\beta}\left(1 + \frac{B}{S}(1-\tau)\right)[E(R_M) - r_F] \qquad (3.6)$$

(3.5) 式は CAPM の式で,財務リスクを調整するためにこれを書き直したのが (3.6) 式である。ここで,$\frac{B}{S}$ は負債 (B)・株式 (S) 比率（レバレッジと呼ばれる），τ は法人税率,$\hat{\beta}$ は負債比率がゼロ（つまり財務リスクがゼロ）の場合の当該企業および類似企業のベータである。(3.6) 式は負債比率が高いほど期待収益率が高いことを示しているが,これは負債比率が高いほど財務リスクが高くなるからである。また,(3.6) 式は法人税率が高いほど要求収益率が低くなることを示しているが,これは負債に対して支払われる金利には法人税が課せられず節税効果が期待されるからである。

以上の準備のもと,企業 i に対する要求収益率は次のように求めることができる。まず,図 2-3 に従って (3.5) 式の β_j を推定する。次に,類似企業の負債比率と法人税率を使って,財務リスクがゼロの場合のベータ,$\hat{\beta}$ を求める。(3.5),(3.6) 式から $\hat{\beta}$ は次式で計算される。

$$\hat{\beta} = \frac{\beta_j}{1 + \frac{B}{S}(1-\tau)} \qquad (3.7)$$

$\hat{\beta}$ を求めたら,次は企業 i の負債比率と法人税率を使って,次式にしたがって企業 i のベータを求める。

$$\beta_i = \left(1 + \frac{B}{S}(1-\tau)\right)\hat{\beta} \qquad (3.8)$$

β_i を求めたら,市場ポートフォリオの期待収益率と国債の利回りを使って企業 i の期待収益率,つまり要求収益率を求めればよい。

負債コスト　　われわれが資本コストを求めようとしている企業が普通社債を発行しており、これ以外に負債は発行していないとしよう。このとき税引き後負債コスト r_B は次式で表される。

$$r_B = r(1-\tau) \tag{3.9}$$

ここで、τ は法人税率、r は次式で定義される社債の最終利回りである。

$$P = \frac{C}{1+r} + \frac{C}{(1+r)^2} + \cdots\cdots + \frac{C}{(1+r)^n} + \frac{F}{(1+r)^n} \tag{3.10}$$

ただし、P は社債の市場価格、C は社債のクーポン（年1回支払われるとする）、F は満期時に償還される社債の額面である。法人税率が高くなると債権者の要求収益率が低くなるのは、負債の金利に対して法人税が課せられないことによる。

さて、負債コストを求めようと思っても、企業が発行する社債の多くは流動性が低く市場価格を知ることができない。そのような場合には、時価を観察することができる類似企業が発行した社債の市場価格で代替するという方法が考えられる。あるいは債務不履行リスクが十分に低い（つまり格付けが十分に高い）場合には、社債の時価は簿価からあまり乖離しないと考えられるので、簿価で代替することもできる。

加重平均資本コスト　　以上で、株主と債権者の要求収益率が求められた。いま、株主資本コストを r_S、負債コストを r_B、株式と社債による資金調達割合をそれぞれ、$1-b$、b で表すことにしよう。ただし、資金調達割合は市場価値で評価した割合である。先ほど説明したとおり、社債の債務不履行リスクが小さい場合には社債の価値に関しては簿価で評価してもよい。する

と，資本コスト ρ は，株主資本コストと負債コストを株式と社債の調達割合で加重平均した次式で求められる。

$$\rho = (1-b)r_S + b(1-\tau)r_B$$

このようにして求めた資本コストを加重平均資本コスト，あるいはWACC (weighted average cost of capital) と呼ぶ。

以上では簡単化のため株式と社債以外の資金調達手段は捨象したが，優先株や転換社債，ワラント債などその他の資金調達手段を利用している場合も同様の方法で加重平均資本コストを求めることができる。つまり，各資金調達手段について投資家の要求収益率を求め，資金調達割合で加重平均して求めればよい。

【例】企業 A は株式と普通社債で資金を調達している。発行済み株式数は 10 万株，株価は 6000 円としよう。したがって，株主資本の時価総額は 6 億円である。一方企業 A の負債総額は簿価ベースで 4 億円である。いま CAPM で求めた企業 A の期待収益率，つまり株主資本コストが 10 %，社債の最終利回りが 8 %，法人税率が 50 % とすると，加重平均資本コストは次の式で求めることができる。

$$\text{WACC} = \frac{6}{10} \times 10 + \frac{4}{10} \times (1-0.5) \times 8 = 7.6 \ (\%)$$

したがって，企業 A の加重平均資本コストは 7.6 % であることがわかる。

Column ③ EVA

EVA (economic value added:経済的付加価値) は、アメリカのコンサルティング会社スターン・スチュアート社が開発した業績評価指標である。1990年代に、コカ・コーラ、コダック、AT&Tなどの企業がEVAを採用して業績をあげたことで注目されるようになった。日本でもソニーや花王などの有力企業が導入したため、にわかに注目を集めている。

EVAは税引き後営業利益から資本コスト総額を差し引いたもので、次の式で定義される。

EVA ＝ 税引き後営業利益－資本コスト総額
　　 ＝ 税引き後営業利益－加重平均資本コスト×投下資本

つまり、営業活動をつうじて生み出した利益と原材料費、経費、人件費、政府・地方公共団体に支払う税金の差額から、さらに債権者や株主などの資金提供者に対するリターンを引いたものがEVAである。したがってEVAは資金提供者の要求収益率を上回る超過収益を示していることになる。

会計的利益と比較した場合のEVAの革新性は以下の2点にある。第1に、EVAは株主に対する資本コスト、つまり株主の要求収益率を明示的に考慮に入れている。会計的利益では、支払利息を費用として計上し債権者に対する資本コストを考慮しているが、株主の要求収益率に応えることができるかどうかは勘案されていない。したがって、EVAは企業に対する市場の評価を意識した業績評価指標と言える。第2に、税引き後営業利益の計算に際し、EVAは会計上の利益ではなくキャッシュフロー・ベースの修正営業利益を用いている。経営者の裁量による決算操作の余地が残る会計上利益ではなく企業のありのままの姿を映すキャッシュフローを活用することによって、EVAは投資家に対して説得的に業績評価を示すことができる。

EVAは経営パフォーマンスを評価するための指標として有用であるだけでなく、報酬制度のデザインに活用できることも指摘されている。

ストック・オプションに代表される株式ベースの報酬は経営者に株主の視点に立った経営を行う誘因を与えるが、そのために過剰なリスクをとって債権者に不利益を与える可能性がある。EVAは株主と債権者双方の利益（要求収益率）を勘案して算出されるため、EVAとリンクした報酬制度を導入することによって、経営者に企業価値を向上させる誘因をより適切に与える可能性もある。ただし、EVAが単年度の業績評価指標であることを忘れてはならない。売上高や利益と同様、ある年のEVAにとらわれて経営を行ったのでは、長期的な企業価値を損なうことになる。今後、コーポレート・ガバナンスの観点から、EVAおよび将来のEVAの割引現在価値であるMVA（market value added: 市場性付加価値）をどのように活用するか検討の必要がある。

3 リアル・オプション

リアル・オプションとは

前節までは、ある時点に投資を実行したらプロジェクトが終了するまで当初の計画を変更しないことを仮定していた。しかし、このような仮定は必ずしも現実的ではない。将来が不確実な場合には、いったん投資が実行されたあとで、状況の変化に応じて計画が変更されるほうが一般的である。もしそうならば、将来における計画変更の可能性を想定したうえで、投資プロジェクトの価値を評価する必要がある。**リアル・オプション**とは、投資政策の変更がありうる場合にプロジェクトを評価するための方法である。リアル・オプションの「オプション」とは、投資政策変更の選択肢を指している。以下では代表的な3つのリアル・オプションについて説明しよ

う。

　第1は追加投資オプションである。企業の現時点での投資が，将来におけるさらなる事業展開（つまり追加投資）を容易にすることがある。そのような場合には，たとえ現時点での投資のNPVが負であっても，追加投資を実行するオプション価値が十分に高ければ現時点で投資を実行したほうがよい。たとえば，追加投資を実行する時点が3年後，投資所要額が1億円，投資時点で評価した追加投資の現在価値が8000万円だとすると，この投資機会は8000万円の価値をもつ資産に対する行使価格1億円，3年物のコール・オプションと理解することができる。第2章で確認したように，原資産価格のボラティリティが高いほどオプション価値は高くなる。いまの場合，追加投資プロジェクトが生み出すキャッシュフローの不確実性が高いほどオプション価値は高くなる。一般にバイオテクノロジーなどの先端技術分野では，将来時点のキャッシュフロー予測は難しい。このような分野では，仮に現時点で赤字を計上することになっても，将来の事業展開を実現するために赤字覚悟の投資を実行することがしばしば合理的な意思決定となる。

　第2は中止オプションである。事後的にプロジェクトに見込みがないと判断された場合には，企業はプロジェクトを中止する。いま，企業に新商品を製造する方法が2種類あるとしよう。1つは低コストの生産を可能とするが，汎用性が低いため生産を中止した場合には転売できない生産技術A，もう1つは生産コストは生産技術Aよりも高いが，汎用性が高いため生産を中止した場合に転売可能な生産技術Bの2種類である。こうした状況では，自社製品に対する需要状況が不確実な場合に，あえて生産コストの高い生産技術Bを選択することが企業にとって望ましいことがある。生産技術B

の転売価格が1億円とすると、この中止オプションは行使価格1億円のプット・オプションと理解できる。

第3は延期オプションである。企業収益に関わる将来の環境が不確実な場合には、状況を見極めるために企業はプロジェクトの実行を延期することがある。たとえばプロジェクトの収益性が近い将来に決定される税制度に依存するような場合には、プロジェクトは今実行するよりも税制度を見極めてから実行するかどうか判断するほうがよいかもしれない。プロジェクトの所要資金を1億円とすると、この延期オプションは行使価格が1億円のアメリカン・コール・オプションと理解することができる。キャッシュフロー予測に役立つ追加情報を入手するためには投資時期を遅延することが望ましいが、いったいいつまで遅延することが望ましいのか、つまり最適な投資時点はいつなのかを決定するためには延期オプションの考え方が有用となる。

オプション価値の求め方

リアル・オプションを考慮した場合のプロジェクトの価値は、リアル・オプションがない場合のプロジェクトの価値とリアル・オプションの価値の合計となる。では、リアル・オプションの価値はどのようにして求めればよいだろうか。本項では、中止オプションを例にリアル・オプションを考慮する場合についてプロジェクトの価値を求めてみよう。

いま、ある企業が不確実なプロジェクトの実施を検討しているとする。このプロジェクトは0期に投資を実行すると1期に需要状況が好転した場合には200億円、悪化した場合には80億円のキャッシュフローが発生する。ただし、この企業は1期にプロジェクトを中止し、1期において100億円の価値をもつ別のプロジェクトに生

産設備を転用することができるとしよう。この場合，プロジェクトの中止オプションは行使価格100億円のプット・オプションと理解することができるだろう。そしてこのプット・オプションは，需要状況が悪化した場合には行使されることになる。

ここで，このプロジェクトの0期における価値を120億円，リスクフリー・レートを5％としよう。このときリスク中立確率をp^*とすると，期待収益率は次式で表すことができる。

$$\text{期待収益率} = p^* \times \left(\frac{200}{120} - 1\right) + (1 - p^*) \times \left(\frac{80}{120} - 1\right)$$
$$= p^* \times 66.7(\%) + (1 - p^*) \times (-33.3(\%))$$

リスク中立確率を求めるためには，この期待収益率とリスクフリー・レートを等しくおいてp^*について解けばよい。

$$p^* \times 66.7 + (1 - p^*) \times (-33.3) = 5 \ (\%)$$

この式の解は0.38である。中止オプションのペイオフは，需要が好転した場合はゼロ，需要が悪化した場合は100億円なので，オプションの価値は次式で求めることができる。

$$\text{オプション価値} = 0.38 \times 0 + 0.62 \times 100 = 62$$

したがって，オプションの現在価値は

$$62 \times \frac{1}{1 + 0.05} = \text{約}59 \ (\text{億円})$$

プロジェクトの価値はオプションがない場合のプロジェクトの価値とオプションの価値の合計になるので，120＋59＝179（億円）が求める値である。

練習問題

1 企業Aが，既存の事業内容とは異なる新規プロジェクトを実行す

3 リアル・オプション

べきかどうか検討している。新規プロジェクトは企業Bの事業内容に類似している。企業A, 企業Bの負債比率はそれぞれ0.6, 0.5とする。また, 両社に適用される法人税率はいずれも40%, 企業Bのベータは1.4, 市場ポートフォリオの期待収益率は5%, 安全利子率は3%とする。企業Aの株主資本コストを求めよ。

2 現在C社は新商品を生産して, 関西地域限定で販売する予定である。その場合に必要な初期投資額は10億円だが, 来年から7年間にわたり毎年2億円のキャッシュフローが期待される。さらに, C社は5年後に生産設備を拡大し, この商品を全国で販売することもできる。その場合は, 5年後にさらに10億円の投資が必要になる。この場合, 6年後から5年間にわたり確率$\frac{1}{3}$で2億円, $\frac{2}{3}$で4億円の追加的キャッシュフローが発生する。投資家の要求収益率（割引率）が12％のとき,

(1) 規模拡張オプションがない場合のプロジェクトの現在価値を求めよ。

(2) 規模拡張オプションの価値を求めよ。(1), (2)の結果を総合し, 投資を実行すべきか否か判断せよ。

参考文献

刈屋武昭監修・山本大輔著［2001］『入門 リアル・オプション：新しい企業価値評価の技術』東洋経済新報社。

小林啓孝［2003］『MBAビジネス金融工学 デリバティブとリアル・オプション』中央経済社。

コープランド, T.＝V. アンティカロフ［2002］『決定版 リアル・オプション：戦略フレキシビリティと経営意思決定』東洋経済新報社。

第4章 資金調達政策

Summary 第3章では企業価値を高めるための投資政策について説明した。しかし，投資を実行するためには資金を調達しなくてはならない。資金調達の方法には，内部資金，株式，銀行借入れ，社債などがある。本章第1節と第2節では，主要な資金調達方法の特徴を内部資金と外部資金に分けて説明する。続いて第3節では，資金調達方法を株式と負債に大別し，これらをどのように組み合わせれば企業価値を高めることができるのか説明する。
Keywords 格付け，資本構成，MM定理，エージェンシー・コスト，ペッキング・オーダー仮説

1 内部資金による資金調達

　資金調達の方法は，内部資金と外部資金に大別される。外部資金とは，株式や社債の発行，銀行借入れなど，外部の投資家もしくは金融機関からの投融資によって獲得した資金である。これに対して内部資金とは，企業内部で融通される資金で，内部留保と減価償却費，各種引当金が該当する。

　貸倒引当金・退職給与引当金などの引当金や減価償却費が内部資金とみなされるのは，これらは会計上の利益を計算する際には費用として引かれるが，実際にその期に支出があるわけではなく，その分企業には資金が残るからである。たとえば，企業がある年に100

万円でOA機器を購入したとしよう。このOA機器の法定減価償却年限が5年だとすると,会計上は費用を毎年20万円ずつ5年間計上することになる。このような会計処理をするのは,購入したOA機器がもたらす便益が5年間に渡るため,費用対効果に配慮すると毎年等しく費用が発生すると解釈することが妥当と考えられるからである。しかし,現実には購入した年に100万円の支出が行われ,それ以降支出は発生しない。したがって,2～4年目の各年に計上される費用20万円は,企業が自由に使うことができる内部資金となる。

一方,内部留保とは,税引き後利益から株主へ分配する配当を引いた差額である。企業は通常,税引き後利益の一部を企業の所有者である株主に対して持ち分に応じて配当し,残りを将来の活動資金として企業内部にとどめておく。企業にとって内部留保は,次節で説明する外部資金に比べて低コストの資金調達手段である。たとえば,社債で資金調達する場合を考えてみよう。社債を発行する場合,企業は直接投資家に対して売り出すわけではない。通常,企業は発行する社債のすべてを証券会社に一括して買い取ってもらい,企業に代わって証券会社(引受会社と言う)が投資家に販売する。そして,売残りが生じた場合には,証券会社がそのまま買い取らなくてはならず,売残りリスク(引受リスクと呼ぶ)を負うことになる。このリスクを補償するために,企業は証券会社に対して引受手数料を支払わなくてはならない。また,社債を発行する場合には,多くの場合格付け会社に依頼して格付けを取得するが,これにも費用がかかることは言うまでもない。このように,外部から資金調達するためにはさまざまな費用がかかるので,企業には内部資金を活用する誘因がある。

2 外部資金による資金調達

> 増　資

株式発行による資金調達を増資という。増資は投資家に対して会社の持ち分を付与するもので、具体的には利益分配権と共益権が与えられる。利益分配権とは、持ち分に応じて配当を受ける権利である。法人税の支払い、生産要素に対する支払い、負債償還・金利支払い等を済ませてなお残る残余利益に対して、株主は請求権を持つ。共益権とは経営に参加する権利である。株主は、持ち分に応じて株主総会における議決権が与えられ、配当や取締役の決定などの重要な案件について意思決定に参加することができる。

増資は大きく、株主割当増資、公募増資（時価発行増資）、第三者割当増資に分けることができる。株主割当増資とは、既存株主に持ち分に応じて新株引受権を与えて発行するものである。しかし、既存株主が新株引受権を行使しない場合は、会社が予定していた資金調達ができない。こうして売れ残った株式を失権株というが、失権株が生じた場合には証券会社などに買い取ってもらうことになる。割当増資が既存株主を対象にするのに対し、公募増資は不特定多数の投資家に対して時価に近い価格で発行される。1970年代半ばでは割当増資が主流であったが、その後時価発行増資が増え、現在では増資の大半が時価発行増資になっている。第三者割当増資とは、特定の第三者に対して発行する増資方法である。たとえば、経営が悪化した企業が再建資金を調達する場合、取引先企業や銀行に対して発行されることがある。また、取引先との関係強化や乗っ取り対

策として第三者割当増資が行われることもある。

　通常，株式という場合それは普通株を指すが，株式には優先株や劣後株もある。配当や残余財産を普通株主に対して優先的に分配するのが優先株，逆に劣後させるのが劣後株である。一般に，経営状況が芳しくないため普通株を発行しても消化に不安のある企業が優先株を発行する。優先株では，利益の配当を優先する一方で議決権を与えない無議決権株になっていることが多い。1990年代半ば以降，自己資本を充実させるために銀行が相次いで優先株を発行した。不良債権処理に疲弊する銀行に対して1999年に公的資金が注入されたが，その際にも政府が優先株を購入するという形で行われた。

　2002年4月には改正商法が施行され，従来の普通株や優先株よりも自由度の高い多種多様な種類株の発行が可能となった。種類株とは，株主総会における議決権行使の範囲および内容などが普通株と異なる株式のことである。具体的には，議決権のない普通株や，議決権を利益処分など一部の議案に限定した株式の発行が可能になった。アメリカではベンチャー・キャピタルに対して取締役の選任権を認める種類株の発行がしばしば行われている。こうした種類株に対する投資をつうじて，ベンチャー・キャピタルは投資先企業の経営をコントロールすることが可能になる。近年，日本でもベンチャー・キャピタルの投資先企業に対する経営関与が進んでいるが，今後は取締役選任権をともなう種類株を活用した経営のコントロールが進展する可能性もある。

　また同じく2002年4月の商法改正により，トラッキング・ストック (tracking stock，以下TS) の発行が制度化され，企業にとって発行しやすくなった。TSとは，子会社の業績に連動する株式である。従来投資家は，企業の特定事業内容に将来性を感じても，そ

の企業の株式に投資するしか方法がなかった。したがって，もしその企業の他部門において業績悪化が懸念される場合には，しぶしぶ投資をあきらめなくてはならなかったのである。TS の導入はこうした問題を解消する。企業も経営権を確保したまま，資本政策の選択肢を拡げることが可能になった。

社　債

社債とは，あらかじめ約定されたクーポンを定期的に支払い，また満期時には元本を償還する負債である。ただし，約束どおりクーポンが支払われ元本が償還されるかどうかは，企業の業績次第である。業績が悪化して倒産してしまえば，最悪の場合その後のクーポンが支払われず元本も償還されない可能性もある。そうでなくても，投資家であれば，金利減免や元本の一部不償還の可能性は想定しなくてはならない。

社債は有担保債と無担保債に分類することができる。典型的な有担保債は，商法・担保附社債信託法に基づいて発行される物上担保付き社債である。日本では，昭和初期に社債のデフォルトが多発したために社債浄化運動が起こり，それ以降社債は原則として担保付きで発行されることになった。

社債は公募債と私募債に分類することもできる。公募債とは，一般投資家に対して広く募集される社債である。応募額が発行総額に満たない場合は社債の発行自体が不成立になるため，一般に中心となる証券会社（主幹事証券会社）が引受シンジケートを組織して募集の取扱いを行い，万一応募額が発行額を下回った場合は募集残高を買い取る「シ団引受方式」が採用される。

これに対して私募債は，特定少数の機関投資家を対象に発行される社債である。1987 年に公募債の発行企業に対して私募債の発行を禁止するノーリターン・ルールが撤廃されてから，私募債の発行

額は増加した。私募債は証券取引法上の情報開示義務が免除されるほか、公募債に比べて発行手続きも簡単である。そのため、社債とはいっても不特定多数の投資家に対して発行する公募債とは大きく性質が異なり、長期の負債であることを除けばむしろ銀行借入れに近い資金調達手段である。

1年未満の短期の社債としては、コマーシャル・ペーパー（commercial paper, 以下CP）がある。CPは信用力のある企業が短期資金を無担保で調達するための証券だが、万一償還原資が不足した場合の備えとして銀行借入枠（バックアップ・ライン）の設定や金融機関の保証が原則として求められる。1987年のCP市場創設当初は、CPで調達して大口定期預金で運用するという財テク目的の発行が多かったが、最近は実需での発行が増えている。

以上に加えて転換社債やワラント付社債のように、株式と社債の中間的な性格の社債がある。これらの社債に関しては、後述することとする。

格付け

企業が社債を発行する場合には、通常格付けを取得する。**格付け**とは債券のデフォルト・リスク（債券の償還が滞るリスク）を示す指標で、投資判断に際して重要な情報を提供する。企業の健全性に関する情報の中には公開されているものも多く、われわれ個人が入手できるものも少なくない。しかし、それらの情報をどこで入手したらよいかわからなかったり、また情報が入手できたとしてもそれらに基づいて債券の安全性を評価することは難しい。また、情報収集には費用がかかるため、そもそも個人投資家にとっては公開情報の入手すらままならない。

このような情報劣位におかれた投資家に対して、格付けは有用な

投資判断の材料を提供する。現在，日本格付投資情報センター，日本格付研究所，ムーディーズ，スタンダード＆プアーズ（S&P）社などが格付け情報を提供しており，たとえば『日本経済新聞』の企業財務面にそれらの情報が掲載されている。

表4-1は，スタンダード＆プアーズ社による格付け表記を示している。リスクの最も低い債券はAAAと表記され，以下リスクが高まるにつれAA, A, BBB, ……, Dと表記される。BBBよりも上位に格付けされた債券は「投資適格債券」，BBよりも下位にランクされた債券は「投資不適格債券」あるいは「ジャンク・ボンド」と呼ばれる。ただし，投資不適格といっても投資をしないほうがよいというわけではなく，リスクが高いことを意味しているにすぎない。

戦後の日本では，ごく最近まで企業が破綻しても社債がデフォルトすることはなかった。企業が破綻すると，多くの場合受託銀行が破綻企業が発行した社債を一括して買い取るという形で，代位弁済されたのである。しかし，1990年代半ば以降，企業が破綻した際に社債が償還されないケースも散見されるようになり，投資家にとって格付けの重要性は高まっている。

銀行借入れ

戦後の日本では，企業の資金調達に占める銀行借入れの割合が非常に高かった。そのため，日本の金融システムは「銀行中心型金融システム」（bank-centered financial system）あるいは「間接金融優位の金融システム」と言われている。間接金融とは，株式や社債など資本市場をつうじた直接金融に対する言葉で，銀行からの借入れを意味している。このような日本の金融システムで，とくに企業との関係が緊密な銀行はメインバンクと呼ばれる。通常メインバンクには，①貸出シェ

表4-1 格付けの定義──スタンダード&プアーズ社の例

AAA	予定期日に当該債務を履行する能力がきわめて高い。
AA	当該債務を履行する能力は非常に高く,最上位の格付けとの差は小さい。
A	当該債務を履行する能力は高いが,上位2つの格付けに比べ,状況の変化や経済環境の悪化からより影響を受けやすい。
BBB	キャッシュフロー指標は十分であるが,経済環境の悪化や状況の変化などにより,上位の格付けに比べ債務履行能力が低下する可能性がより強い。
BB	他の「投機的」格付けに比べ,近い将来に債務が不履行になる可能性は低いが,事業状況,財務状況,経済状況が悪化した場合に,当該債務を期日どおりに履行する能力が不十分となる可能性をもたらす,大きな不確定要素やリスクにさらされている。
B	現在は債務履行能力を有しているが,「BB」の格付けよりも,当該債務が不履行となる可能性はより高い。事業,財務,経済状況の悪化により債務履行能力や意欲は損なわれやすい。
CCC	債務不履行となる可能性があり,債務履行能力は良好な事業状況や財務,経済状況に依存している。事業状況,財務状況,経済状況が悪化した場合に,当該債務を期日どおりに履行する能力がなくなる可能性がある。
CC	当該債務が不履行となる可能性が非常に高い。
C	現在,破産法に基づく申請を行っているが,当該債務は引き続き履行されている場合に用いられることがある。
D	債務不履行に陥っている,利払いや元本の返済が期日どおりに行われていない場合に用いられる。支払猶予期間中であっても,支払猶予期間中に支払いが行われないとスタンダード&プアーズが判断した場合には,「D」が用いられる。また,破産法に基づく申請などが行われ,なおかつ元利払いが危ぶまれる場合にも用いられる。

(出所) スタンダード&プアーズ社のWebサイトより筆者作成。

アが最大である，②銀行のなかで持株比率が最大である，③内外国為替取引や決済勘定の管理等総合的取引関係を持つ，④役員を派遣している，などの特徴がある。メインバンクはこれらのチャネルを活用して企業の内部情報を獲得し，経営を規律付けてきたと言われている。また，企業が財務危機に陥ったときには，融資や第三者割当増資の引受け等をつうじて，企業を救済することもあった。

しかし，メインバンク・システムにはさまざまな欠点があることも指摘されている。第1に，メインバンクは主として債権者の立場から企業経営に関与するため，必ずしも企業の株主の利益を最大化しない可能性がある（株主と債権者の間の利害対立については第7章第2節を参照）。第2に，メインバンクによる財務危機企業の救済は，効率的ではない可能性がある。将来性のない財務危機企業は，当座しのぎの追加融資（いわゆる「追貸し」）で延命を図るよりも，資金供給を断ち企業を破綻に導くほうが債権者の利益にかなっている。単なる延命策の適用は，銀行自身の回収不能債権を増やし，自分の首を絞めることにもなる。第3に，銀行と企業の関係が緊密になると，銀行が企業に対して過剰な独占力を発揮するという弊害が起こりやすくなる。たとえば，企業が社債の発行を計画しているとしよう。このとき，仮に専業の証券会社のほうが効率的な社債引受業者だとしても，融資関係という「しがらみ」があるために相対的に非効率的な銀行系証券子会社を社債引受会社に選定することになるかもしれない（詳細は本章のコラム④を参照）。

ワラント債　ワラント債は，あらかじめ決められた期間内に，所定の数または額の新株発行を請求する権利付きの社債である。たとえば，額面100万円の社債に，1株1000円で1000株を購入する権利が付与されて発行される。ワラ

ントとは，このような新株発行を請求する権利を指す。権利を行使するかどうかの選択（オプション）は投資家の裁量に任されているという意味で，ワラント債はオプション・ファイナンシング（選択権付き資金調達手段）と呼ばれることもある。権利が行使されると，当初発行された社債は残されたまま新株が発行されることになる。

先ほどの例では，所定期間中の起債企業の株価が1000円を上回れば，投資家は新株引受権を行使することでキャピタル・ゲインを得ることができる。つまり，ワラント債には株価が上昇した場合にはキャピタル・ゲインを得るというメリットがある。このため，ワラント債のクーポン・レートは一般に同時期に発行される普通社債よりも低く設定され，起債企業にとっては資金調達コストが低くなる。

ワラント債には，社債発行後ワラント部分が分離されて流通する分離型ワラント債と，発行後もワラント部分が社債から切り離されない非分離型ワラント債がある。ワラント債は1981年の商法改正にともない発行できるようになったが，国内では分離型ワラント債の発行が禁止されていたため，当初は分離型の発行が可能である海外での起債が大半であった。しかし，1985年より分離型ワラントの発行が可能となり，国内での起債も増えている。もっとも，バブル経済崩壊後は株価低迷の結果，ワラント債の発行は減少している。

さて，ワラント債の価値はどのように評価されるのだろうか。まず，ワラントは起債企業の株式を所定の期間に所定の価格で購入する権利であるから，第2章で説明したコール・オプションの評価方法を応用することができる。

図4-1は発行企業の株価とワラントの価値との関係を示している。実線はワラント価格の下限，破線はワラントの理論価格である。

図4-1　ワラント債の価値

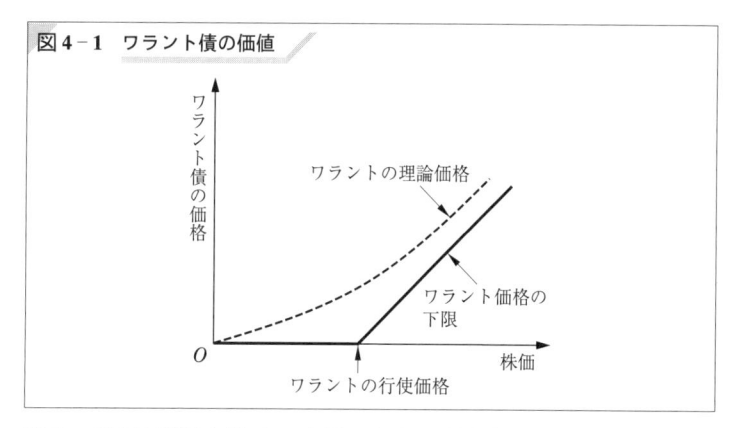

（図：縦軸「ワラント債の価格」、横軸「株価」。破線が「ワラントの理論価格」、実線が「ワラント価格の下限」、横軸上に「ワラントの行使価格」を示す。）

現在の株価が行使価格よりも低いときは現時点でのワラントの価値はゼロである。しかし，株価が上昇すればワラント価値が高まるのに対し，下落しても価値に影響はないので，将来の株価変動がワラントに価値を与えることになる。理論価格は，権利行使期日までの時間が長いほど，また株価のボラティリティ（価格変動率）が大きいほど高くなる。つまり，図で示されるようなワラントのプレミアムは大きくなる。

一方，社債部分の価値は，将来支払われるクーポンと満期時に償還される額面の割引現在価値を合計すれば求められる（第3章第2節参照）。したがって，ワラント債の価値は，社債の価値とワラントの価値を合計して求めることができる。

転換社債　　転換社債は，発行後あらかじめ決められた期間内に，あらかじめ定められた転換条件のもとで株式と交換する権利付きの社債である。ここで転換条件とは転換価格のことで，たとえばある転換社債の券面額が50万円，発行時の株価を基準に設定された転換価格が10万円としよう。この場合，権利が行使されると転換社債は5株に転換されることにな

Column ④ 社債市場改革と資金調達手段の変化

　従来，多くの日本企業にとって主要な資金調達手段は銀行借入れだった。しかし1990年代に社債発行の自由化が進展した結果，とくに大企業の資金調達方法は変化しつつある。1993年には，商法改正にともない社債発行限度額が撤廃されると同時に，償還期限についても完全自由化され，従来は金融債との競合が懸念されたために発行できなかった5年物社債が発行されるようになった。また，1996年には適債基準や財務制限条項が撤廃されるなど，社債の発行が完全に自由化された。現在では格付けを取得しなくても社債を発行することさえ可能になった。このような制度改革に加えて低金利という経済環境で社債発行コストが低下したこともあり，1990年代は多くの優良企業（つまり高い格付けを取得できる企業）が社債を発行して長期資金を調達した。その結果，とくに一部の大企業において負債構成が大きく変化している。

　ところで，優良企業の「銀行離れ」の進展に貢献したのは，皮肉にも銀行自身であった。1993年に金融制度改革法が施行された結果，銀行は子会社を経由して社債引受業務へ参入することが可能となった。すると大手銀行は相次いで証券子会社を設立し，次々と社債引受主幹事のポジションを獲得したのである。また銀行が引受主幹事を獲得すると，あたかも貸出シンジケートを組むかのように，多くの銀行の証券子会社が引受シンジケートに参加した。その結果，早くも1996年度には36.2％，97年度には55.7％のマーケットシェアを獲得している。

　では，いったいなぜ銀行系証券子会社はこれほど急速にマーケットシェアを獲得したのか。その理由はメインバンク関係に求められる。銀行離れはメインバンク関係の崩壊を意味するかのように指摘されることがあるが，それは必ずしも正しくない。企業と緊密な関係を持つ銀行は，新規参入した証券業務においても顧客企業との関係を維持していたのである。つまり，起債企業がメインバンクの証券子会社を社債引受主幹事とし，また融資関係を持つ銀行の証券子会社を引受シンジケートのメンバーに選定した。このように銀行が本来業務での関係を利用して他分野

で業務を獲得することを「タイイング」(tying) という。アメリカでは，融資を行った見返りに収入の大きい投資銀行業務（たとえば社債引受け・販売）を獲得するといった総合金融機関の経営が問題になっている（『日本経済新聞』2002年9月21日）。金融のグローバル化が進展するなか，今後は日本の銀行に対しても同様の批判が向けられることになるかもしれない。

る。投資家は，転換期間中の発行企業の株価が転換価格を上回っていれば，転換権を行使して株式を取得し市場で売却すればキャピタル・ゲインを得ることができる。転換社債も，ワラント債と同じように転換の権利が投資家に付与されており，権利の行使は投資家の自由であるためオプション・ファイナンシングと呼ばれることもある。また，転換権が付与されているため，起債企業にとっては同時期に発行される普通社債に比べると低いクーポン・レートで発行することが可能になる。株式市場が活況を呈した1980年代後半には，転換社債は大量発行され流通市場も急速に拡大した。

　さて，転換社債の価値はどのように評価されるのだろうか。図4-2は発行企業の株価と転換社債の価値との関係を示している。ワラント債と違って転換社債は権利行使後に社債が残らないため，転換社債の価値は，①転換権を行使せず社債として保有した場合の価値と②転換権を行使した場合のキャピタル・ゲイン（つまり市場価格と転換価格の差）の大きいほうに転換オプションの価値を加えたものになる。まず社債価値について見てみよう。株価が低い領域では，株式の下落は発行企業の倒産リスクを高めるため社債価値は低下する。一方，転換価値は市場価格と転換価格の差であるため，図では原点を通る右上がりの直線で示される。図で示したように，転

図4-2 転換社債の価値

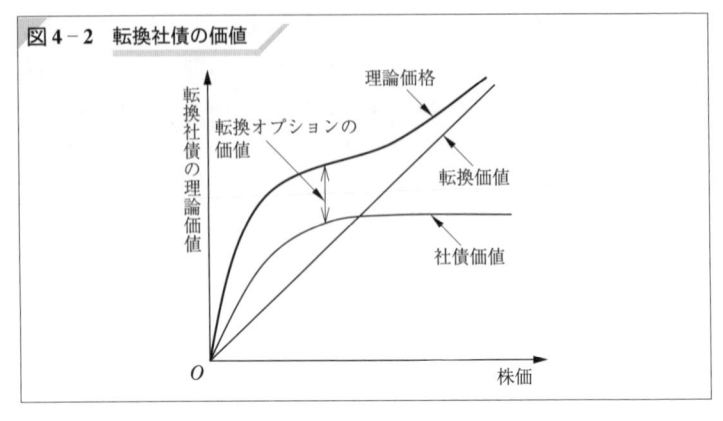

（図：縦軸「転換社債の理論価値」、横軸「株価」。曲線「理論価格」、直線「転換価値」、水平に近い曲線「社債価値」、および「転換オプションの価値」を示す矢印）

換社債の価値は

$$\text{転換社債の価値} = \text{Max}[\text{社債価値}, \text{転換価値}] + \text{転換オプションの価値}$$

で表すことができる。

　最後に，転換社債に期待される役割について考えてみよう。いま企業が株式と社債で資金を調達しているとする。また経営者は株主の忠実な代理人であり，株主の利益を優先するとしよう。このときリスクが高い投資プロジェクトを選択するほど株主の収益の期待値は高くなるため，企業は過剰にリスクを負担してしまう（本章110ページおよび第7章第2節参照）。このような状況で転換社債を発行して資金調達すると，経営者がハイリスク・ハイリターンの投資プロジェクトを選択した結果運良くハイリターンが実現しても，実現した収益のすべてを既存株主が享受することはできない。これは高収益が実現し株価が上昇すると，転換社債の保有者は社債を株式に転換するために株式の希薄化が生じるからである。したがって，転換社債は経営者が過剰にリスクをとる誘因を緩和するはたらきがある。

3 資本構成の理論

MM定理

以下では簡単化のために、自己資本としては株式、負債としては普通社債を念頭に、企業が選択すべき最適な**資本構成**について考えてみよう。

まず、モジリアーニ (F. Modigliani) とミラー (M. H. Miller) が示した、資本構成の無関連性定理 (以下**MM定理**と呼ぶ) について説明する。

> **MM定理**
> いま、①投資がもたらす総キャッシュフローは資本構成の影響を受けない、②取引費用はゼロ、③裁定は完全であるとする。このとき、企業価値は、企業が選択する資本構成の影響を受けない。

いま、A社とB社が1年後に同一のキャッシュフローXを生み出すプロジェクトを実行しているとしよう。両社は1年後に清算されるため、1年後に発生したキャッシュフローはすべて投資家に分配される。A社とB社で異なるのは資本構成である。A社は一切負債を発行していないが、B社は金額Bの社債を発行しており、現時点におけるA社とB社の企業価値はそれぞれV_A, V_Bであるとしよう (以下表4-2を参照)。簡単化のために負債は1年後に確実に償還されるとすると、B社の債権者は1年後に$(1+r_F)B$を受け取る (ただしr_Fは安全利子率)。株主は社債償還後の残余価値に対して請求権を持つので、B社の株主は$X-(1+r_F)B$を受け取ることになる。この株主に帰属する利得の現在価値をSとすると、B社の

表4-2 異なる資本構成のもとでの企業価値

	A社		B社	
	キャッシュフロー	現在価値	キャッシュフロー	現在価値
負債	0	0	$(1+r_F)B$	B
株式	X	V_A	$X-(1+r_F)B$	S
合計	X	V_A	X	$V_B(=B+S)$

企業価値 V_B は社債と株式の現在価値（＝株式時価総額）の合計に等しくなる。つまり $V_B=B+S$ が成立する。

MM定理の主張は、A社とB社の企業価値が等しいということ、つまり $V_A=B+S$ が成立するということである。これを証明するために、完全な裁定取引が行われる場合には $V_A>B+S$ とすると矛盾が生じることを示そう。いま $V_A=100$ 億円、$B=30$ 億円、$S=60$ 億円とする。このとき、投資家がたとえばA社株を発行済み株式の10％（10億円）を空売りして、それを元手にB社株の10％（6億円）とB社が発行する社債の10％（3億円）を購入したとしよう。すると、現時点ではこの投資家の手元に1億円が残ることになる。一方、1年後にこの投資家が得る収益は、B社株所有に対する配当とB社の社債の償還にともなう収入から、A社株の買戻しに要する金額を引いて求めることができるが、これは簡単な計算によりゼロになることがわかる。つまり、$V_A>B+S$ の場合、投資家には依然裁定取引をつうじた確実な収益機会があるため、裁定機会がないというMM定理の想定と矛盾する。$V_A<B+S$ の場合についても、同様に裁定の結果不等号が成立しないことが示される。つまり、資本構成は企業価値に影響を与えないことがわかる。

MM 定理と資本コスト

この MM 定理と第 3 章の資本コストとの関係を明らかにしておこう。企業価値 V は次のように企業の将来期待キャッシュフロー（税引き前営業利益＋減価償却費，投資がある場合にはこれから投資額を控除したフリー・キャッシュフロー）$E(X)$ を資本コスト ρ で割り引いた現在価値として決まる。期待キャッシュフローが一定のもとでは次のようになる。

$$V = \frac{(1-\tau)E(X)}{1+\rho} + \frac{(1-\tau)E(X)}{(1+\rho)^2} + \cdots\cdots$$

$$= \frac{(1-\tau)E(X)}{\rho} \tag{4.1}$$

ここで，資本コストは次式の加重平均資本コスト（WACC）

$$\rho = (1-b)r_S + b(1-\tau)r_F \tag{4.2}$$

であり，ここの r_S に第 3 章の (3.6) 式を代入することによって，

$$\rho = (1-b\tau)(r_F + \hat{\beta}[E(R_M) - r_F]) \tag{4.3}$$

となる。ただし，$b \equiv \dfrac{B}{V}$ であり，r_F は安全利子率（リスクフリー・レート）である。この式からわかるように，法人税 τ がゼロの場合には資本コストは負債比率 b に依存しないことがわかる。

次に資本コストの経済的な意義を明らかにしておこう。第 3 章では新規事業へ参入する場合の資本コストを説明したが，本章では設備投資を行う際の資本コストの説明を行う。両者は設備がゼロから出発するか否かの違いだけであり，基本的には同じ概念である。

設備投資を行ったからといって必ず株価が上昇するわけではない。期待利潤率の低い設備投資を行えば株価は下がるのである。そこで限界的な（ハードル・レートとしての）期待利潤率としての資本コストを明らかにする目的から，設備投資 I を行って株価が上昇する条件を求めよう。簡単化のため，法人税はないケースを想定する。初

期の X は設備投資 I からは影響を受けないので所与とすると、その条件は、

$$V' = -I + \frac{E(X+RI)}{\rho} > \frac{E(X)}{\rho} \equiv V \tag{4.4}$$

となる。V' は設備投資発表後の純企業価値、V は設備投資発表前の企業価値である。ここで、R は設備投資からの利潤率であり、設備投資後のキャッシュフローは $X+RI$ となる。ここで、RI は既存のキャッシュフロー X とは相関がないとする。

この条件 (4.4) 式を書き直すと、

$$E(R) > \rho \tag{4.5}$$

となり、この条件が満たされれば株価が上昇することがわかる。したがって、$E(R)$ の下限である ρ を資本コストと定義したのである。たとえば資本コストが 10 ％ と計算された場合には、設備投資からの R が 10 ％ より高くなければ株価は上昇しないことになる。ρ が資本構成に依存しないかぎり、この結果は設備投資の資金調達方法に依存しないことがわかる。

資本コスト・資本構成に影響を与える要因

(1) 法人税と倒産コスト

前項では投資家による裁定取引の結果、資本構成は企業価値に影響を与えないことが示された。しかし、現実の企業にとってさまざまな資金調達方法は無差別ではなく、企業価値を最大化する最適な資本構成が存在すると考えられる。以下では、モジリアーニ＝ミラーが想定した非現実的な仮定を修正し、最適資本構成が存在する根拠を明らかにしよう。

第 1 に、MM 定理を導出した前項では税金が資金調達の意思決定に与える影響を捨象したが、これは現実的ではない。現実には利払い後の利益に対して法人税が課される。したがって、負債発行は

企業にとって節税のメリットがあり，法人税の存在は負債による資金調達を株式に比べて有利なものとする（練習問題2参照）。この関係は（4.3）式からも明らかであり，b を高めることによって資本コストを低くすることが可能となる。

第 2 に，負債発行は倒産コストをともなう。ここで倒産コストとは，倒産にともなう裁判手続きや弁護士に支払う報酬などの倒産処理コストや，企業の清算価値が存続価値を下回るために生じるコストなどである。後者のコストは，これまでに構築した販売経路や取引関係など，企業が存続している場合には価値をもつ清算した場合の金銭的価値がゼロになってしまうものである。さて，倒産とはそもそも負債が償還できない状態を指し，負債による資金調達が大きいほど倒産確率は高くなる。したがって，法人税の節税の便益と倒産コストを勘案しながら最適な資本構成が決定されると考えられよう。

【例】法人税がない場合の企業価値を V とすると，法人税が課されたもとでのそれは $V-\tau(V-B)$ となる。ここで B は負債価値である。来期，企業の存続価値が p の確率で V_H に，$(1-p)$ の確率で $V_L(<V_H)$ になると予想される企業を考える。簡単化のため，割引率をゼロと仮定する。また倒産した場合の清算価値を K とし，$K<V_L$ を仮定すると，倒産コストは $C_H(\equiv V_H-K)$，あるいは $C_L(\equiv V_L-K)$ となる。

このもとでの負債水準と節税効果の価値，および倒産コストの価値（$PV(BC)$）との関係を整理すると表 4-3 のようになる。

①の範囲では $B=V_L$ が，②の範囲では $B=V_H$ がそれぞれ倒産コストを増大させることなく節税効果を最大化するので V を最大化する最適負債となることがわかる。しかしこの両最適

表 4-3　負債の水準とその節税効果および倒産コスト効果

負債の水準	節税効果の価値	倒産コストの価値
① $B \leq V_L$	τB	0
② $V_L < B \leq V_H$	$\tau(pB+(1-p)V_L)$	$(1-p)C_L$
③ $V_H < B$	0	$pC_H+(1-p)C_L$

な企業総価値のうち，どちらがより大きいかは，法人税率，倒産確率，および倒産コストの水準に依存し，一般的には決まらない。たとえば①の $B=V_L$ のもとでの「節税効果価値－倒産コスト価値」が②の $B=V_H$ のもとで同値より大きくなる条件を記すと

$$\tau V_L > \tau(pV_H+(1-p)V_L)-(1-p)C_L$$

となり，これより

$$(1-p)C_L > \tau p(V_H-V_L)$$

となる。この場合は，倒産コストが大きいので倒産の確率をゼロとし，しかしその中で最大限節税効果を享受する負債水準 $B=V_L$ が最適となる（不等号が逆の場合は，$B=V_H$ が最適な負債水準となる）。

(2) シグナリング・コスト

ここまでは，すべての市場参加者が等しく情報を保有していることが暗黙のうちに仮定されていた。しかし，現実には日常的に経営に従事する経営者と投資家が，企業に関する情報を完全に共有しているとは思えない。通常は経営者のほうがより多くの情報を持っているだろう。このような場合には，資本構成が経営者の所有する情報を投資家に向けて発信するための手段になる。

いま，収益性の高い企業と低い企業が混在し，その収益性はそれ

それの企業経営者だけが知ることができる私的情報であるとしよう。このとき、経営者にとって倒産の費用が十分に大きければ、収益性の大小にかかわらず、どの経営者も負債の発行額を低くしようとするだろう。しかし、それでは投資家は収益性の高い企業と低い企業を識別することができず、市場ではどちらのタイプの企業の企業価値も平均的に評価されることになる。その結果、市場では優良企業は過小評価され、劣悪企業は過大評価されることになる。

優良企業がこうした状況を打開するためにはどうしたらよいだろうか。実は優良企業があえて負債発行額を増やせば、投資家に対して説得的に自分のタイプを伝達することができる。その理由は以下のとおりである。劣悪企業は投資家に自分のタイプを知られたくないので、当初は優良企業が負債発行額を増やすと自分も増やそうとするだろう。しかし、優良企業がさらに負債を増やすとどうだろう。劣悪企業は負債発行額が一定の水準を超えると、市場で過大評価されることから得る便益が倒産確率上昇にともなう期待倒産コスト増大の費用（この費用をシグナリング・コストと呼ぶ）を下回り、優良企業の模倣をあきらめるだろう。では、なぜ優良企業は劣悪企業にとって禁止的水準まで負債発行額を増やすことができるのか。それは、優良企業の収益性が劣悪企業よりも高いため、優良企業のほうが同額の負債に対する倒産確率が低いからである。以上のように、投資家・企業間の情報格差が原因で、企業間に資本構成の違いがあると考えることができる。

(3) **エージェンシー・コスト**

株式会社では所有者である株主と経営者は必ずしも一致しない。規模の大きい企業では、所有と経営が分離している状態がむしろ一般的である。そのような場合、経営者と株主の考え方は一致しない

ため、経営者が企業価値の最大化を目標に日々の経営に従事するとは限らない。たとえば、経営者は自らの社会的評価を高めるために、企業規模を拡大し業界トップの座を射止めることを一義的な目標にするかもしれない。あるいは専用のジェット機を購入したり、オフィスに必要以上に華美な装飾をほどこすなど、経営者個人の便益を優先して株主の利益を損なうかもしれない。このような企業の利潤に対する請求権者間の利害対立に起因する企業価値の減少は、**エージェンシー・コスト**と呼ばれる。いまの場合、株主・経営者間の利害対立が原因でエージェンシー・コストが発生している。このようなエージェンシー・コストは、経営者が自分の企業に対する持株比率を高めることで削減することができる。あるいは同じことだが、経営者の持株を所与とすると、社債を発行して自社株を買い戻したうえ償却するなどの方法で負債比率を高めることによってエージェンシー・コストは軽減される（この点に関しては第7章も参照）。

ところが、株主と債権者の利害対立を考慮すると、必ずしも自己資本比率を低めることが望ましいとは言えない。いま、企業価値をV、そのうち株主に帰属する価値をS、負債の額面をBとする。すると、株主は負債償還後の残余利益に対して請求権を持つため、次式が成立する。

$$S = \mathrm{Max}[V-B, 0]$$

図4-3は、SとBの関係を示している。上式および図4-3から明らかなように、株主に帰属する価値Sは行使価格が負債の額面Bのコール・オプションの価値に等しい。第2章第2節で確認したように、原資産価格のボラティリティが高いほどオプション価値は高くなる。いまの場合、企業価値が原資産価格に相当するので、株主にはリスクの高いプロジェクトを選択する誘因があることがわ

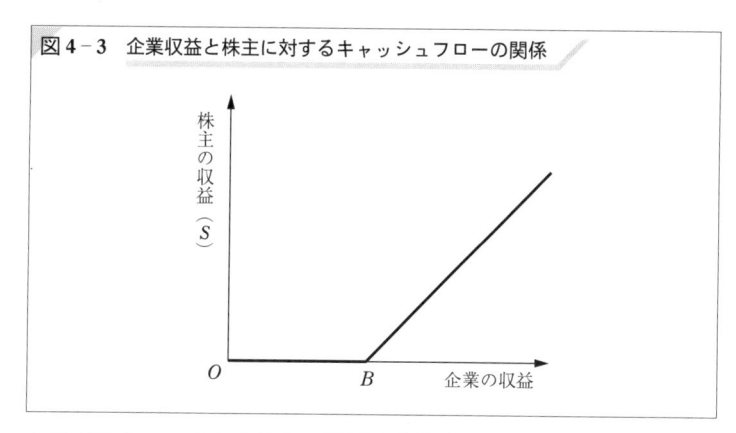

図4-3 企業収益と株主に対するキャッシュフローの関係

かるだろう。こうした株主の選好を債権者があらかじめ予想するならば、負債発行コストは高くなり企業価値は低下（エージェンシー・コストは上昇）することになる。ところで、このような株主のリスクを高める誘因は負債比率が高いほど強くなるので、負債比率を低めることによってエージェンシー・コストは軽減される。

図4-4は、以上で説明した負債比率とエージェンシー・コストの関係を示している。右上がりの曲線は株主・債権者間の利害対立によって発生するエージェンシー・コスト、右下がりの曲線は株主・経営者間の利害対立によって発生するエージェンシー・コストを示している。また、U字型の曲線は2つのエージェンシー・コストを加えたうえで、負債比率とエージェンシー・コストの関係を示している。エージェンシー・コストを最小化する水準が企業にとっての最適な資本構成である。

(4) ペッキング・オーダー仮説と動学的な最適資金調達

経営者、あるいは既存株主と新資金供給者との間に将来業績に関する情報に格差があり、それに基づく利害対立が生じると、情報的に不利な外部資金提供者は要求する資本コストを高く見積もること

図4-4 エージェンシー・コストと最適資本構成

縦軸：エージェンシー・コスト
横軸：負債比率（0から1）

- 株主・経営者の対立によるエージェンシー・コスト
- エージェンシー・コストの合計
- 株主・債権者の対立によるエージェンシー・コスト
- 最適資本構成

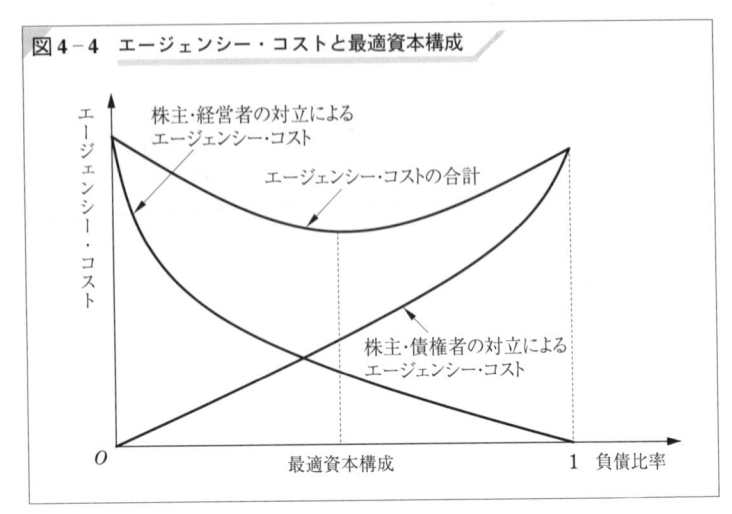

によって防御するので，外部資金調達の資本コストは高くなる。情報格差が最も少ない（同じ既存株主）内部留保が最も低く，次が借入れ，情報格差が最も大きくなる増資が最も高くなる。この各資本コストの中から低い順番で資金を調達することが動学的に最適な資金調達となり，これを**ペッキング・オーダー仮説**と呼んでいる。

しかし，内部留保には上限（税引き後利益）があり，また借入れにも限度があるのが一般的である。この場合には企業は資本コストが最小となるように資金調達を行わなければならない。すなわち，必要投資額を，まず資本コストが最も低い内部留保で調達し，さらに不足する場合には借入れで調達し，それでも不足する場合には増資を行うのがペッキング・オーダー仮説の内容である。ストックの資本構成はこれらフローでの最適化が積み重なった結果としての構成である。

他の条件が同じ場合，設備投資額が多く，成長率の高い企業は外部資金調達の比率が高まるので，ストックとしての負債比率は高く

なる。ただし、資本利潤率の高い企業は内部留保額を高めるので負債比率の上昇を抑えることになる。

しかし、負債比率の上昇を放っておくことは適当ではない。倒産のコストがかかるからであり、いくら高成長の企業でも一定比率以上の負債にならないように日頃調整を行う必要がある。すなわち、最適資本構成は長期的な「目標」として位置付ける必要があり、それから大きく乖離する場合、たとえば負債比率が高すぎる場合には次に説明するように配当性向を低めて内部留保を増やし、必要があれば増資を行わなければならない（この点に関しては第5章も参照）。

練習問題

1 企業Aは$\tilde{C}$のキャッシュフロー（ただし$\tilde{C}$は不確実）が見込まれるプロジェクトを実行中である。企業Aの株価は100円、発行済み株式数は1万株、10万円の社債（ただし金利はr、リスクフリーとする）を発行しているとしよう。一方、投資家IはA社株を1000株所有している。いま企業Aは、新たに50万円の社債を発行して自社株5000株を買い戻す資本構成の変更を計画している。このとき以下の問いに答えよ。

(1) 資本構成変更前の投資家Iの収益を求めよ。

(2) 資本構成変更後も、投資家Iは保有株の一部を売却して社債を購入することで、変更前と同じ収益を得ることができる。投資家はどのようにポートフォリオを変更すればよいか。

2 問題**1**と同じ企業Aと投資家Iを考えよう。いま法人税率がτだとする。このとき以下の問いに答えよ。

(1) 資本構成変更前の投資家Iの収益を求めよ。

(2) 問題**1**(2)で求めたポートフォリオのもとでの投資家Iの収益を求め、法人税が課される場合には負債発行をつうじて投資家Iの収

益を高めることができることを確認せよ。

参考文献

辻幸民 [2002]『企業金融の経済理論』創成社。

Amaro de Matos, J. [2001] *Theoretical Foundations of Corporate Finance*, Princeton University Press.

Hart, O. [1995] *Firms, Contracts, and Financial Structure*, Oxford University Press.

Myers, S. [2003] "Financing of Corporations," in Constantinides, G. M., M. Harris and R. M. Stulz eds., *Handbook of the Economics of Finance: Corporate Finance*, Elsevier Science.

第5章 配当政策と新しい資金調達

Summary 本章の前半では配当政策を，後半は証券化を中心とした新しい資金調達手段を解説する。配当政策とは法人税を払った後の税引き後利益のうちどの程度を配当として株主に支払うかを決める政策であり，企業財務政策の中でも資金調達政策と並んで最も重要な政策の1つである。他方，新しい資金調達手段としては，ローン・セール，シンジケート・ローン，プロジェクト・ファイナンス，資産担保証券の発行，などを取り上げ，発行の意図とこれら金融の機能を解説する。

Keywords MMの配当政策に関する定理，自社株買い，証券化の意義，証券化と株価，プロジェクト・ファイナンス，ノン・リコース・ローン

1 配当政策と資金調達

配当政策とは

配当政策とは法人税を払った後の税引き後利益のうちどの程度を配当として株主に支払うかを決める政策であり，企業財務の政策の中でも最も重要な政策の1つである。税引き後利益のうち配当として支払われる割合を配当性向と呼んでいる。配当性向を決める配当政策は大きく2つのことを同時に決めることになる。1つは株価の形成要因である配当水準を決めることであり，もう1つは税引き後利益から支払配当総

額を引いた内部留保を決めることである。内部留保は企業の資金調達手段の1つであり、経営者から見れば自由度の高い資金源である。

内部留保を決める側面をもっているので、配当政策は裏から見ると内部留保による資金調達政策である。たとえば設備投資を必要としていないときは内部留保の必要性は低いので税引き後利益のほとんどを配当として支払うことが合理的であるとか、逆に設備投資需要が旺盛な時期には可能なかぎり内部留保を多くする目的から配当を抑えることが適当であるなどである。

しかし、設備投資資金需要は内部留保のみで行う必要はない。借入れ、増資も考えられる。配当政策と資金需要源である企業の設備投資政策とは密接に関連するものの、増資等の他の資金調達手段を考慮するならば両者は独立した政策となる。たとえば設備投資需要の多い企業においても仮にそれを増資によって資金調達をすれば、内部留保をゼロとして全額配当することが可能である。すなわち、企業の予算制約は

$$\text{設備投資額} = \text{企業利益} - \text{配当総額} + \text{増資額} \tag{5.1}$$

であり、企業利益−配当総額＝内部留保、からこのことが確かめられよう。

この自由度のもと、配当政策を設備投資政策から完全に分離することができ、企業金融論では純粋に配当政策の効果を見る目的から、配当政策と言った場合には「企業の利益および設備投資計画が与えられたもとでの政策」と定義されるのが一般である。

ただし、企業の利益から株主に資金を配分する方法としては配当がすべてではない。後ほど説明する自社株買いも同じである。したがって、配当政策を議論する場合には、支払われる配当額の決定要因も重要であると同時に「それがなぜ、自社株買いではなく配当で

行われるのか」も明らかにされなければならない。

配当政策と株価――直観的な説明

株式市場が効率的な場合，株価は将来の期待配当流列の現在価値（第1章 (1.6) 式）として決定される（配当割引モデル：DDM）。では，企業は配当を増加させることによって，株価を高めることができるのであろうか。この点を明らかにするためには，すでに述べたように企業利潤，設備投資を所与としたもとで，現在の配当の増加のみの効果を検討する必要がある。

(5.1) 式から明らかなように配当を増加させると増資を同額増加しなければならない。増資を行う場合，既存株主の将来利益に対する配分比率（権利）はその増資に応じないかぎり減少することになる。この配分比率の減少のことは「希薄化」と呼ばれている。希薄化による，以降の受取配当減の現在価値は，結局のところ現在の配当増と等しくなることがミラー（M. H. Miller）とモジリアーニ（F. Modigliani）とによって証明されている。配当増が完全に相殺されるので株価も変化しないこととなる。この株価への中立性は**MMの配当政策に関する定理**として知られている。

MMの配当政策に関する定理
　企業の将来利益，必要設備投資額が決まっている場合，現在の一時的配当増およびそれにともなう増資増によってもたらされる来期以降の受取配当減の現在価値は，同額のキャピタル・ゲインを減少させるので，現在の配当とキャピタル・ゲインとを加えた総収益は配当政策に依存することなく一定となる。したがって，現在の株価も不変である。

このように，株価，あるいは資金調達に与える効果に関しては，

配当はマイナスの増資にほかならず，事実，配当減は増資と同等の効果をもっていることがわかる。

　【例】今期の税引き後利益を 1000 万円，設備投資額を 800 万円，配当落ち後の企業価値（＝株式時価総額）が 9800 万円，現在の株数が 100 万枚の企業の配当政策を考える。

(1) 配当を 1 株当たり 2 円とすると配当総額は 200 万円であるので増資を行う必要がなく，配当落ち後の株価は 98 円となる。したがって配当権利付きの株価は 98 円＋2 円＝100 円となる。

(2) 配当を 1 株当たり 6 円とすると配当落ち後の株価は 94 円となる。この場合も配当権利付き株価は 94 円＋6 円＝100 円となることがわかる。しかし配当総額は 600 万円となるのでこの場合は 400 万円の増資が必要となる。

この例からわかるように，今期税引き後利益，設備投資額，および配当落ち企業総価値が所与のもとでは，配当をいかに変化させても配当権利付き株価は不変であることがわかる。これが MM の配当政策に関する定理である。

この点を詳しく見ておこう。この企業の必要資金は設備投資の 800 万円であるが，これをいかに調達するかも配当政策の重要な機能である。(1) のケースではそれを全額内部留保で調達しているので別途増資は必要でなくなり，株数の増加もない。残余を配当として投資家に分配している。それに対して (2) のケースでは内部留保は 400 万円であるので増資で残り 400 万円を調達しなければならない。これを配当権利落ちの時価 P 円で公募すると，

$$P(\Delta N+100) = 9800 \text{万 (円)}$$
$$P\Delta N = 400 \text{万 (円)} \tag{5.2}$$

となる ΔN 枚を増資しなければならない。これより $P=94$ 円となることが確かめられ、同様に $\Delta N \fallingdotseq 4.26$ 万枚となることがわかる。要するに、このケースでは受け取る配当は多いが、その分増資を余儀なくされ、したがって株数が増えている。たとえば以前この株式を 90 円で購入した株主は、(1)のケースでは 8 円のキャピタル・ゲインが得られるのに対し(2)のケースでは 4 円のキャピタル・ゲインしか得られない。このようにキャピタル・ゲインが減ることによって配当増の効果がちょうど相殺されることになる。

配当政策と株価——一般的な説明

これまでの説明をより一般的なもとで行おう。配当落ち日前日の配当受取権利付き株式の株式を P_B、落ち日の株価を P_A とすると、

$$P_B = P_A + D \tag{5.3}$$

とならなければならない。ここで D は 1 株当たりの配当である。

【例】前例で示すと、100 円 = 94 円 + 6 円である。

(5.3) 式の両辺に権利付き日における発行済み株数 N を掛けると

$$P_B N = P_A(N+\Delta N) + DN - P_A \Delta N \tag{5.4}$$

となる。ここで、権利付き株式時価総額は $S_B = P_B N$、権利落ち株式時価総額は $S_A = P_A(N+\Delta N)$、配当総額は DN、増資は権利落ち日に行われると仮定すると、増資額は $F = P_A \Delta N$ である。

【例】前例で示すと、$S_B = 1$ 億円、$DN = 600$ 万円、$F = 400$ 万円、$S_A = 9800$ 万円、となる。

(5.4) 式を書き換えることによって,
$$S_B = S_A + DN - F \tag{5.5}$$
となる。

他方, 権利落ち日における設備投資 I の資金調達は
$$I = X - DN + B + F \tag{5.6}$$
と表すことができる。過去に負債を発行していなかったとすると, B が新たな負債による調達, F が時価発行増資による調達, X を権利落ち日に実現する営業利益とすると, $X-DN$ が内部留保による調達となる。これは設備投資資金の調達における予算制約式でもあり, (5.1) 式に対応する。これを (5.5) 式に代入することによって,
$$\begin{aligned} S_B &= X - I + B + S_A \\ &= X - I + V(I) \end{aligned} \tag{5.7}$$
となる。ここで, X, I は約束したように所与であり, $X-I$ がフリー・キャッシュフローと呼ばれる概念である。この (5.7) 式に配当 DN が登場しないので, 配当政策が株価 S_B に影響を与えないことを形式的に理解できよう。さらに, $V(I) \equiv S_A + B$ は権利落ち企業価値 (それは今期実施される設備投資 I の増加関数であると考えられる) であり, これも MM 定理によって V は負債 B に依存しないことがわかっている。以上から, 配当政策, 資本構成政策が株価 S_B に影響を与えないことがわかる。

【例】前例によると $B=0$ であるので, $V(I)=S_A=9800$ 万円, $X-I=1000$ 万円 -800 万円 $=200$ 万円となり, この合計は1億円となり S_B と一致することがわかる。

最適な配当政策　静学的な最適な資本構成 (負債比率) がある以上, 配当政策もこれに合わせて行う必

要がある。そのルールは,
(1) 現在,負債比率が最適な負債比率より高い場合,必要な設備投資資金は可能なかぎり内部資金(減価償却+内部留保)で調達し,残余があればそれを配当に回す。
(2) 現在,負債比率が最適な負債比率より低い場合,必要な設備投資資金は負債で調達し,利益は全額配当に回す。

となろう。要するに,自己資本を増加させなければならない場合,可能なかぎり増資は抑えて内部留保で行うのが適当となり,配当政策もこの視点から行う必要がある。

【例】たとえば内部留保と借入れのみで資金調達を行う企業を想定しよう。企業成長率を g,ROA (return on total assets:総資産収益率) を R,負債利子率を r,配当性向を m とすると,簿価で測った負債比率 $\left(\frac{負債}{簿価資本}\right)$ b は長期的に,

$$b = \frac{g+mR-R}{g+mr-r}$$

に収束する。ここで,$g=r=0.05$,$R=0.1$ とする。長期の目標の負債比率を 0.5 とすると,それをもたらす配当性向 m は簡単な計算から 67% と求まることがわかる。

2 自社株買いの理論と株式市場への影響

日本企業の自社株買い　　**自社株買い**(あるいは自社株消却)とは企業の資産,資金によって発行済みの自社株式を時価で投資家から買い戻す財務政策である。日本において,企業の自社株買いは債権者保護という観点から原則として禁止されてき

た。しかし，株式市場の低迷が長期化し，日本企業の資本効率の悪さが指摘される中で自社株買い解禁への要望が高まり，1994年の商法改正によって認められた。その後，1995年には，自社株買いに絡むみなし配当課税（自社株の消却により投資家が負担する税金）の凍結により，わが国でも自社株買いの下地が整った。その後は自社株買いを実施する企業が急増し，現在，自社株買いは株主資本の調整手段として定着している。

このように，かつては株主資本を増やすことを望んだ日本企業が一転して自社株買いを行うようになった背景としては，法制面の整備のほかでは，以下のようなものがあげられよう。

(1) 1980年代後半の積極的なエクイティ・ファイナンスは結果として資本効率（たとえばROE〔return on equity：自己資本に対する税引き後利益率〕）の低下につながり，このような余剰資本を還元すべきであるという風潮が高まった。

(2) アメリカ株式市場が堅調に推移する中で，アメリカ企業の積極的な自社株買いが注目を集めた。

(3) 持合い解消売りが顕在化する中，持合い解消の受け皿として自社株買いへの期待が高まった。

このように，日本の自社株買いは，低い資本効率の改善，株式需給の改善を目的として行われてきた。実際，自社株買いを発表した会社は，株主重視経営への転換や需給改善期待を理由に株式市場の話題を集めた。それでは，自社株買いは理論的に見て株価にプラスなのであろうか。また，実際の株価は自社株買い発表により上昇しているだろうか。

自社株買いが株価に与える影響

本章のMMの定理で述べたように、完全な市場を前提とした場合、税引き後利益のうちどの程度配当を支払うかとする配当政策は株価に影響を与えない。同様な議論によって配当をせずに、その分、自社株を買う政策も株価に対して中立であるはずである。このことは、自社株買いを (5.4) 式において $\Delta N < 0$ と解釈すれば容易に理解できよう。この場合当然 $F < 0$ となり、それは配当 DN と同じ効果をもつことがわかる。本章のはじめに「配当か自社株買いか」と言ったのは、このように両者の機能が等しいからである。

配当がそうであるように自社株買いもその資金源が必要となる。たとえば配当減であったり、あるいは借入れ増である。また設備投資 I を減らす方法もあるが、それは配当政策の議論がそうであったように配当・自社株買い政策を超える利益・設備投資政策であるので株価は変化する。実際には遊休資産の売却収益等を用いて自社株償却を行うことが多いが、これも設備投資政策が関与していることになる（マイナスの設備投資と考えればよい）。

【例】前例で配当はゼロとし、内部留保200万円で自社株買いを行うとする。したがって、

$$P\Delta N = 200 \text{万(円)} \tag{5.8}$$

$$P(100\text{万}〔枚〕- \Delta N) = 9800 \text{万(円)} \tag{5.9}$$

でなければならない。これより、$P = 100$ 円、$\Delta N = 2$ 万枚、となる。配当がないので現在の株価も100円となり、前例と同じ株価となる。配当がないので配当落ちはない。これは株数が減り1株当たり利益が増加し、株価が100円に保持されることからも確かめられる。

このように自社株買いは株数の減少によってそれ以降の株価はそ

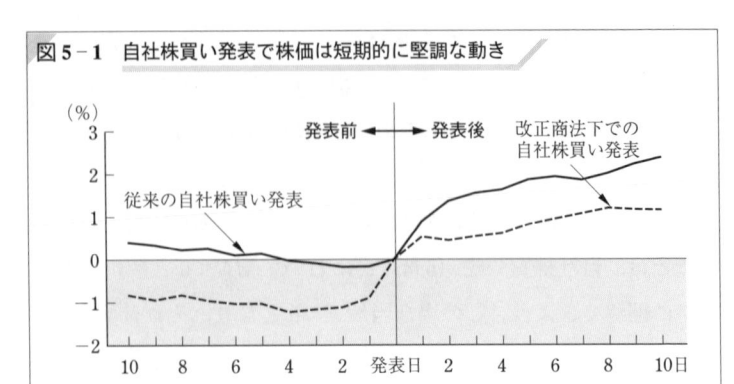

図 5-1　自社株買い発表で株価は短期的に堅調な動き

(注)　日々の個別銘柄の株価騰落率から当該銘柄が属する東証業種株価の騰落率を引いたものの平均値。終値ベース。従来の自社株買い発表は旧商法に基づく発表1187社分（同一企業の複数発表も含む）。改正商法下での自社株買いは2001年10月施行の新商法に基づく自社株枠設定の発表463社分。
(出所)　『日本経済新聞』2002年6月16日。

うでない場合に比して高くなるが、それを発表した時点では次期配当の減少等をともなうので両者は完全に相殺され株価は不変となるのである。

しかし、実際の投資家は必ずしもMM理論が前提とするような合理的な投資家ではない。このため、理論的には株価に中立とされる自社株買いも株価にプラスの影響を与える可能性がある。図5-1は、自社株買いを発表した会社の発表日前後の株価を見たものである。自社株買いに対する株価の上昇は投資家の非合理性によりもたらされた面もあるが、自社株買いが日本型コーポレート・ガバナンス構造のもとで生じていた問題、すなわち株主軽視経営からの脱却を示すものと評価された可能性もある。以下、この点を考えてみる。

エージェンシー理論と自社株買い

自社株買いが株価にプラスの影響を与えていることは，アメリカの豊富な実証分析によりコンセンサスが得られつつある。そして，自社株買いのプラス効果を説明する仮説としては，シグナリング仮説とフリー・キャッシュフロー仮説が有力である。

シグナリング仮説とは，投資家と経営者との情報の非対称性に着目した議論である。通常，インサイダーである経営者は投資家よりもはるかに豊富な情報を有しており，誰よりも的確に自社の株価を評価することができる。経営者が自社の株価を割安と評価すれば自社株買いを行うインセンティブがはたらくであろうし，割高と判断すれば株式を発行しようとするインセンティブが湧くであろう。そのような経営者行動を予想する合理的な投資家は，自社株買いを経営者からの自社の株価が割安であるとのシグナルと捉える。このため，自社株買いによるシグナリング効果により，株価は上昇することになる。

他方，フリー・キャッシュフロー仮説は経営者と株主との間のエージェンシー問題に着目した議論である。エージェンシー問題とは委託者である株主と代理人（エージェント）である経営者とのインセンティブの違いから生じる問題であり，このような問題によって生じる企業価値の減少はエージェンシー・コストと呼ばれる。そして，エージェンシー・コストは経営者が自らの裁量で自由に使えるお金であるフリー・キャッシュフロー（先ほどの例では $X-I$）が大きいほど生じやすくなる。このため，自社株買いは，このようなフリー・キャッシュフローを減らし，エージェンシー・コストを減少させる効果があると考えられる。結果として，自社株買いは株価にプラスの影響を与えることになる。

この2つの仮説のうち，日本ではどちらがよりよく当てはまるだろうか。第7章で述べるように，日本型コーポレート・ガバナンスのもとでの企業行動は株主価値最大化という目的から乖離し，規模拡大に走りがちで，一般株主から見れば過剰設備にともなうエージェンシー・コストが発生していたと考えられる。そして，そのようなエージェンシー・コストを増加させたのは，資金の自由度が高い内部留保，あるいはバブル時の株式発行による資金調達であった。こうした点を踏まえると，日本企業の自社株買いに対して株価がプラスに反応していることは，エージェンシー・コスト低減を評価した可能性がある。つまり，フリー・キャッシュフロー仮説からの解釈が妥当なように思われる。

3 新しい資金調達の流れ

間接金融対直接金融　これまで企業金融は大きく，株式で資金調達するか，あるいは銀行借入れで資金調達を行うかを前提に議論してきた。これを金融仲介の視点から見ると，株式は直接金融，銀行借入れは間接金融に分類され，日本の企業金融は間接金融が中心になっていると言われてきた。間接金融とは金融仲介機関である銀行から資金を調達しており，最終的な投資家である預金者から資金を直接調達していない場合の金融である。

　しかし，この直接金融，間接金融の二分法は十分ではなくなってきている。企業はとりあえず間接金融で調達するものの，融資をした金融機関がその後に直接金融に切り替える方法が出てきたからである。その1つが**証券化**であり，これによって間接金融，直接金融

の二分法はお互いに排他的なものではなく，融合する余地が出てきたのである。厳密に見ると証券化した後の保有者も機関投資家で最終投資家でない場合が多いとすると，銀行借入れという相対的間接金融から市場型間接金融への切替えと言ったほうが正確かもしれない。これが新しい企業金融の流れの1つで，以下概観しよう。

ローン・セールとシンジケート・ローン

企業はとりあえず間接金融で調達し，その後に直接金融に切り替える例を説明しよう。

企業は最初に銀行借入れによって資金調達を行い，一定期間後，銀行はその貸出債権（ローン）を市場で第三者に売却するローン・セールがこの例である。

なぜ，ローン・セールを行うかは，銀行がそれを満期まで保有することが適当ではないからである。貸し出す銀行から見ると貸出債権にはリスクがある。貸出先企業が倒産する，あるいは倒産しないまでも不良債権化する信用リスク，または固定金利住宅ローンを貸し出した銀行が後に預金金利が上昇することによって逆ざやになる金利変動リスク等である。住宅ローンにおいては金利低下局面における期限前償還のリスクも無視するわけにはいかない。これら諸リスクは銀行がローンを保有し続けるかぎり負担することになるが，より負担能力のある投資家がいる可能性もある。もしいれば，ローンをその投資家に売却し，リスクを転嫁することが適当となる。これがローン・セールである。

ローン・セールはそれを組成してから一定期間後の売却であるが，最初からローンの組成および一部のみを引き受ける（保有する）場合もあり，それはシンジケート・ローンと呼ばれている。

シンジケート・ローン（協調融資）は，企業への融資を複数の金融機関が分担して請け負う新たな融資手段である。シンジケート・

ローンは主幹事（アレンジャー）が中心になって融資の条件等を設定し，複数の金融機関と融資を分担する。主幹事は従来の融資と異なって融資額すべてを請け負わないが，手数料収入を得られる。これまで融資先と取引がない金融機関も参加しやすく，借り手も多額の資金を短期間で得られるメリットがある。相対のローンでないので格付け等に基づく貸倒れリスクに見合った金利が設定されやすい。

また銀行側から見ると銀行の資本効率（ROE）を高めるためにはローンの最終的な出し手から仲介者になることに意義があり，また銀行以外の側から見ると生保，年金ファンド等の機関投資家の運用対象がシンジケート・ローンに広がる点に意義がある。

プロジェクト・ファイナンスとノン・リコース・ローン

A社へのあるローンがローン・セールの対象となるためには，担保の遡及範囲もその資産のみに限定される**ノン・リコース・ローン**でなければならない。**プロジェクト・ファイナンス**とはそのプロジェクトからのキャッシュフローを担保に行う資金調達であり，この条件を満たしている典型的なローンである。しかし，日本の融資では不動産全体の担保や事業者全体の信用に依存したものが多く，この条件を満たしていないものが多い。

ノン・リコース・ローンの場合には，この貸出債権を市場で流動化（売却）することが可能となり，これがローン・セールである。買い手は機関投資家等であり，銀行は売却することによってリスクを買い手の機関投資家に移転することになる。

A社から見ると，最終的にはあたかも社債発行で資金調達した形となり，間接金融のもとで資金調達したものが最終的に直接金融調達に変わったと解釈することができる。また，銀行はあらかじめローン・セールを行うことを前提に当初貸出契約を行うのが一般で

ある。

> 資産担保証券

ローン・セールと異なって，最初から資産からのキャッシュフローを担保として証券が発行され，それによって行われる資金調達が本来の証券化である。たとえばB社がある建物，あるいは工場を新設することを計画するとしよう。通常はその資金を銀行借入れ等で調達することになるが，資産担保証券の場合は，その建物（資産）を本体から切り離し，新たに設立する特別目的会社（SPC）に資産を譲渡し，SPCが建物からの収益を担保に証券を発行して，その収入で新設費を賄うことになる。企業Bはその建物を本体から切り離したので，資金調達にともなう負債をバランスシートに計上する必要がなくなり，実際にも建物の収益リスクを負担する必要はなくなる。

これは基本的にはプロジェクト・ファイナンスと同じであるが，外部のSPCに譲渡して担保の遡及範囲を厳格にしたので証券化と呼ばれる。

> なぜ証券化を行うか

(1) 銀行のリスク負担能力の低下

金融イノベーションである証券化も市場で証券の保有者を変えることによって最適なリスク負担状況をもたらす効果をもっており，またそれゆえに発達してきたと言える。以前は情報の不確実性がある場合の融資先企業に関する審査能力，信用リスク負担能力，長期融資能力，などの多くの能力において銀行融資は市場調達より勝っていると考えられていた。また銀行間の競争もそれほど激しくなく，利ざやからなる利益も多かったのでリスク負担能力もあった。この結果，利ざやがあるにもかかわらず銀行借入れの資本コストのほうが市場からの直接金融（たとえば社債）の資本コストより低くなっていたのである。

ところが，金融技術の革新，銀行間競争の激化等によって，銀行融資と市場調達の差が縮まっている，あるいは逆転している。さらに重要なことは銀行は自己資本比率（BIS）規制によってオンバランス貸出しはコスト的に不利となり，中でも安全な貸出しはより不利となる点である。以下，この両者を説明しておこう。

　ローン・セールの場合は，銀行はA企業への融資設定に関して企画，組成を行ったわけであるが，それを保有し続ける場合には信用リスク，あるいは固定金利貸出しの場合は金利変動リスクを負担しなければならない。かつては銀行にその優位性があったのであるが，銀行のリスク負担優位性が相対的に低下し，代わりに他の機関投資家が相対的に優位になると，それを途中で機関投資家に市場で売却（流動化あるいは証券化）したほうが銀行にとっても有利となる。リスクはローンを購入した投資家に転嫁されるので銀行はそれ以降のリスクを負担しなくて済む。さらに，市場でリスクが転嫁されるということは，銀行よりも新たな機関投資家のほうがリスク負担能力において高いということであり，ローン・セールによって銀行は売却益を得ることが可能となる。

　銀行はあくまでも融資設定の企画，組成のみを行うことになり，組成を行う主体とそのリスクを負担する主体とが異なっているのである。かつてのあらゆる面で比較優位にあった銀行がすべての機能を行う状況から，機能を分解して得意な主体に任せるようになったのが証券化である。

(2) 銀行のBIS規制と資本効率性

　BISがある場合，貸出債権の8％以上の自己資本を持つ必要がある。他方，銀行といえども株式会社であるので資本コスト以上の資本利潤率が必要となる。わずかな利ざやしかとれないような優良

貸出しを中心に行っていては、銀行資本は（株主から見て）過大となり ROE は低迷してしまう。そこで、それら優良貸出しは直ちに証券化（オフバランス化とも言われ、バランスシート上では売却と同じ効果である）して、比較的リスクのある、利ざやをとれる貸出債権のみをオンバランスし、それに対してのみ 8 ％の自己資本を持つようにする必要がある。これが BIS 規制からくる証券化ニーズである。優良債権は短期的に証券化し、これを回転させることになるが、その際には薄いながら利ざやに相当する利益は売却益として銀行利益に貢献することになる。

【例】当初、下記のような資産構成の銀行を考えよう。

　　　貸出し A　500 億円　　　預　　金　920 億円
　　　貸出し B　500 億円　　　自己資本　 80 億円

貸出総額は 1000 億円であるので BIS 規制ではその 8 ％ の 80 億円の資本金を最低限必要とする。ところで貸出し A は運転資本貸出しでその金利は 3 ％、貸出し B は設備資金貸出しでその金利は 5 ％ とする。他方、預金金利は 3 ％ とする。このケースでの ROE は、

$$\mathrm{ROE} = \frac{0.03 \times 500 + 0.05 \times 500 - 0.03 \times 920}{80} = 0.155$$

となる。

ここで貸出し A を証券化してオフバランス化すると資産構成は下記のようになる。

　　　貸出し B　500 億円　　　預　　金　460 億円
　　　　　　　　　　　　　　　自己資本　 40 億円

この場合、自己資本には 80 億円も必要がないので、過剰な 40 億円は預金増により、買戻しすることなる。このケースでの

Column ⑤ 証券化と株価

本文では証券化によっていくつかのメリットを示したが、理論的にはいかなる効果をもっているのであろうか。簡単なMM経済（第4章のMM定理における3つの条件が満たされる経済環境）で証券化によるオフバランス効果を確かめておこう。企業価値Vが保有資産からの収益に従ってV_1とV_2とに分割できるとしよう。当然、$V=V_1+V_2$である。この企業の負債をBとし、簡単化のため、$V_1=B$としよう。この場合、株式時価総額Sは、$S=V-B=V_2$となる。

ここで、V_1に相当する資産（たとえば保有不動産、あるいは売掛債権等）を証券化し、その売却収益で負債Bを返済すると、そのもとでの株式時価総額S'は、$S'=V_2$となり、株価は変化しないことがわかる。このようにMM経済では証券化は株価に対して中立的であることがわかる。しかし、何らかの要因によって負債のエージェンシー・コストがある場合にはこのような負債の返済によって過剰な負債を軽減することができ、この結果、株価を上げることが十分に期待できる。また本文でも説明したようにV_1をBより高くV_1'と評価してくれる機関投資家に売却することが可能であれば、それで負債を返済することによって$S'=V_2+(V_1'-V_1)>S$となり、株価は上がる。

ROEは、

$$\mathrm{ROE} = \frac{0.05 \times 500 - 0.03 \times 460}{40} = 0.28$$

となり、オフバランス化することによってROEは大幅に上昇することになる。

民間企業の場合も同様な側面がある。たとえば多額の有利子負債を抱える流通業が保有する店舗を証券化して資金調達し、借入金の返済にあてるケースが増えてきている。この場合も、結果として銀行借入れからの決別であり、企業資本利潤率の上昇が期待できる。

(3) 資産代替への防御

また資産担保証券の場合は、調達を必要とする企業Bがさらなる借入れを行うのとは異なり、もっぱらSPCが新たな設備からの収益を担保に証券を発行することになる。その際に既存設備からの収益を新たなプロジェクトからの収益から遮断することによって、不必要に高リスクをとるようなプロジェクトの採用は控えられ、適切なリスクのプロジェクトが実施されることになる。証券化をしないで銀行借入れを行う場合には、負債額、収益は一体化され負債比率は高くなるので企業Bの株主(経営者)は適切なプロジェクトではなく、一攫千金が可能なリスクの高いプロジェクトを実施しようと試みる。この可能性を知った銀行は債務が不履行になることを恐れ、結局のところ借入れに応じず資金調達が不可能となる(第7章の資産代替を参照)。せっかく適切なプロジェクトがあるにもかかわらずそれも実施されなくなり、社会的にも非効率な結果となる。しかし、資産担保証券の場合にはこのような非効率性は避けられるのである。

> その他の新しい資金調達・管理技術

(1) コミットメント・ライン

企業が必要なときに一定の枠内で銀行から融資を受けられるようにする企業・銀行両者間での契約のことをコミットメント・ラインという。これを結ぶと現預金など余分な手元流動性を減らせるため、企業の資本効率性(たとえばROE)が改善できるとともに、緊急時の融資も確保できる。

企業が実際に借入れを行う場合には金利は払うし、使わない場合でも手数料を払う。手数料は借入れ枠の 0.05～0.5％ 程度で企業の格付けが高くなるほど安くなる。

メインバンク制の機能が確立されていた頃はメインバンクから無償で銀行から融資枠の約束を得ていたが、銀行自身がリスクをとることができなくなって以来、融資約束に対価が必要になっている。

(2) キャッシュ・マネジメント・システム (CMS)

コンピュータを使って企業グループ内の資金を集中管理するシステムのことをキャッシュ・マネジメント・システムという。グループ内各社に分散する余剰資金をまとめて資金需要の多い企業に配分し、銀行からの借入金を圧縮するのが目的である。

各社のプーリング口座をさらにプールした統括口座を設けて、そこで一括管理し、そこが不足する場合にはじめて銀行から借り入れる。

練習問題

1. 内部留保と借入れのみで資金調達を行う企業の簿価で測った負債比率 $\left(\dfrac{負債}{簿価資本}\right) b$ が長期的には

$$b = \frac{g+mR-R}{g+mr-r}$$

に収束するとしたが、その導出過程を示せ。ただし、企業成長率は g, ROA は R, 負債利子率は r, 配当性向は m で、それぞれ一定とする。

2. 株価決定のファンダメンタルズ理論は、株価を決定する要因として、将来配当が重要な役割を演じると言っている。他方、MM の配当政策の理論は「配当政策は株価に対して影響を与えない」となっているが、この関係をどのように理解したらよいのであろうか。

参考文献

齊藤誠 [2001]「証券化の経済学：リスクの玉手箱？」岩本康志ほか

『金融機能と規制の経済学』東洋経済新報社。

ダモダラン，A.（三浦良造ほか訳）［2001］『コーポレート・ファイナンス 戦略と応用』東洋経済新報社。

ブリーリー，R. A. = S. C. マイヤーズ（藤井眞理子・国枝繁樹監訳）［2002］『コーポレート・ファイナンス』第6版，上・下，日経BP社。

ボディ，Z. = R. C. マートン（大前恵一朗訳）［2001］『現代ファイナンス論：意思決定のための理論と実践』改訂版，ピアソン・エデュケーション。

第6章 リスク・マネジメント

Summary 本章では，財務リスクを中心に企業価値を高めるためには，事業会社はどのようなリスク・マネジメントを行ったらよいかについて述べる。まず，基本的なこととして，リスク・マネジメントの目的・プロセス・テクニック・基本原理について説明する。続いて，デリバティブを用いたリスク・マネジメントについて説明する。最後に，デリバティブを用いたリスク・マネジメントの実際として，アメリカの先進企業の例および失敗例をあげ，リスク・マネジメントの指針を示す。

Keywords 財務リスク，リスク・マネジメント無関連性定理，フォワード型・オプション型のヘッジ

1 リスク・マネジメントの基本

リスク・マネジメントとは

リスク・マネジメントとは，企業が直面するリスクを適切にコントロールすることを意味する。

まず具体例で考えてみよう。電子部品メーカーの A 社は，今期の業績として，現在の為替レート120円/ドルのもとで売上高は1000億円，営業利益は60億円が見込まれており，ドル建ての売上高の割合が 50 ％（4.17億ドル）の企業である。108円へ 10 ％ の円高になれば，A 社の円建ての売上高は950億円へと 5 ％ 減少する

ことが予想される。コスト部分はすべて円建てで為替レートによって変化しないとすると、営業利益も売上高の減少分と同額だけ減少するから、60億円から10億円へと利益の減少率はマイナス83％と非常に大きくなる。逆に132円へ10％円安になれば、売上高、営業利益はそれぞれ、5％、83％、増加することになる。したがって、A社は、為替レートの変動というリスクにさらされており、そのリスクは、A社にとって売上高や営業利益を大きく変動させるものである。

A社は、直面する為替リスクに対してどのような対応を取るかについて、明確な意思決定をする必要がある。具体的には、①ドル建ての売上の為替リスクをヘッジすべきか、②どの程度ヘッジすべきか（ヘッジ比率）、③どのようにヘッジすべきか（用いる手法：先物, オプション, ドル建ての借入れ, その他）、という問題についてである。なお、ヘッジとは、直面するリスクを減少させる行為全般を示す。このような問題を扱うのが、企業にとってのリスク・マネジメントである。事業会社のリスク・マネジメントは、主に直面するリスクを減少させる行動、すなわちヘッジが中心となる。

金融機関については事業会社とは異なる非常に高度なリスク・マネジメントが必要とされるので専門書に説明を譲り、本章では、事業会社のリスク・マネジメントを考える。

リスク・マネジメントの目的

企業はなぜリスク・マネジメントを行う必要があるのであろうか。企業はさまざまな利害関係者との契約から成り立っており、リスクの負担者は、それらの利害関係者、具体的には、株主、債権者、経営者、従業員、顧客、政府などである。それぞれがその権利や契約に基づいて企業に対する請求権を持っている。本章では、主

に株主の立場に立って，リスク・マネジメントの目的を企業価値の最大化におく。株主の立場から見れば，企業の目的は，企業価値を最大化することである。リスク・マネジメントも企業価値を高めるために行うべきである。この目的があいまいとなると，いくら高度なリスク・マネジメントの手法を用いたとしても，誤ったリスク・マネジメントになってしまう。

多くの大企業において所有と経営が分離している現状では，リスク・マネジメントを実際に決定するのは株主から経営を委託されている経営者である。したがって，投資決定と同様にリスク・マネジメントにおいても，経営者の行動に注目することが重要である。経営者にとって望ましいリスク・マネジメントが，企業価値の最大化とは相容れない可能性もあることに注意すべきである。

企業の負担するリスクのタイプ

企業が負担するリスクには，さまざまなタイプがある。また，企業によって，負担するリスクの種類はさまざまである。ここでは，事業を行う際に生じるリスクであるオペレーショナル・リスクと，企業金融に関するリスクである**財務リスク**，の2つに大きく分ける。表6-1のように，さらにいくつかの小分類のリスクに分けることができる。

事業を行う際に生じるオペレーショナル・リスクには，製造・販売に関するリスク，陳腐化リスク，リーガル・リスクがある。製造・販売に関するリスクとは，すでに決まっている計画に対して製造や販売が遅れる，生産量や原材料を十分な量確保できないリスクなどである。陳腐化リスクとは，既存技術の陳腐化などで生産コスト削減が進まないリスクであり，企業の設備投資計画や研究開発戦略において考慮すべきリスクである。リーガル・リスクとは，法律

1 リスク・マネジメントの基本

> **表6-1 事業会社が直面するリスク**
>
> ①オペレーショナル・リスク　　②財務リスク
> 　・製造・販売に関するリスク　　・市場リスク
> 　・陳腐化リスク　　　　　　　　・信用リスク
> 　・リーガル・リスク　　　　　　・流動性リスク

に関するリスクで，消費者や取引先と結んだ契約が不履行となるリスクや，特許権や著作権などの侵害や公害などの違法行為にともなって訴訟が起こされるリスクなどが含まれる。近年では，特許権，商標権，著作権などの知的財産権が企業の経営戦略上きわめて重要になっている。その結果，権利に対する認識の違いから生じる訴訟が増加し，賠償金額も巨額になるなど，リーガル・リスクの重要性が高まっている。

財務リスク　　財務リスクは，①市場リスク，②信用リスク，③流動性リスク，の3つに分けられる。

市場リスクとは，販売価格，原材料価格，金利，為替レート，インフレなど，価格変動リスクを意味する。製品の販売価格の下落や為替レートの変動は，売上高を大きく変動させる。また，原材料価格や金利上昇は，生産コスト，資金調達コストを増加させる。このような価格変動リスクは，売上高やコストをつうじて，企業の生み出すキャッシュフローに大きな変動をもたらす。

信用リスクとは，商品の販売先の経営破綻による支払いの停止，金融取引における相手方の破綻，保有証券（債券，デリバティブなど）の債務不履行など，本来受け取ることのできる債権を完全には回収できないリスクである。信用リスクには，好況時にはあまり顕在化しないが，不況時など企業倒産の可能性が高まってくると重要性を増してくるという特徴がある。

流動性リスクとは，必要な資産や負債を市場価格で必要な額を調達，売却できないリスクである。通常の取引に比べて大規模な取引を行ったり，取引頻度の小さいものを取引したりするときには，流動性の不足にともなって追加的なコストが発生するのである。

　これら財務リスクの多くは，数量化が容易であるためコントロールしやすく，デリバティブを利用することによって，比較的容易にヘッジすることが可能である。たとえば，原材料が原油であれば原油先物，輸出における為替リスクであれば先物為替，信用リスクであればクレジット・デリバティブを利用する，などである。

　直面するリスクは，企業ごとに異なる点に注意すべきである。冒頭の電子部品メーカー A 社のような製造業であれば，オペレーショナル・リスクには，製造・販売に関するリスク，陳腐化リスク，リーガル・リスク，などが含まれる。また，財務リスクとしては，為替レートをはじめ，製品価格，原材料価格，金利などの価格変動リスク，取引先の信用リスク，などがある。これらの直面するリスクの大きさや相対的な重要性は，同業他社と比べた場合にも異なる。

リスク・マネジメントのプロセス

　リスク・マネジメントのプロセスは，①リスクの認識，②リスクの評価，③リスク管理手法の選択，④実行，⑤再評価，の5つのステップからなる。表6-2にまとめたとおりである。それらを冒頭の電子部品メーカー A 社のケースに対応させて，順に説明しよう。

　第1ステップのリスクの認識は，ある企業が直面するリスクとはどのようなリスクであるのかを正しく把握し，そのうち何が重要なリスクで，何が重要でないリスクかを識別することにある。重要なリスクとは，後で詳述するように，キャッシュフローに大きな変動

1　リスク・マネジメントの基本

> **表6-2　リスク・マネジメントのプロセス**
>
> ①リスクの認識
> 　↓
> ②リスクの評価
> 　↓
> ③リスク管理手法の選択
> 　↓
> ④実　行
> 　↓
> ⑤再評価

をもたらし，企業価値に大きな影響を与えるリスクである。このようなリスクを正しく認識せずに管理を怠ると企業価値に大きな影響が生じ，企業価値が大きく低下する可能性が生じる。A社の場合には，為替リスクが重要なリスクであることは明らかである。一方，重要でないリスクは，企業価値へ与える影響が小さいリスクで，リスク・マネジメントを行う必要性は小さい。

　第2ステップのリスクの評価は，重要であると認識したリスクについての情報を収集し，そのリスクの特性を数量的に把握することである。具体的には，リスクやリスクによって生じる利益変動の確率分布の推定などである。リスクの特性を数量的に誤って認識すると，たとえ適切なリスク管理テクニックを用いても，期待される効果を得ることはできない。A社のケースでは，為替リスクの定量的な把握がリスクの評価に相当し，為替レートの確率分布の推定，為替レートの変動に応じて変動する売上高や利益の確率分布の推定を含む。代表的なリスク評価手法に，VaR（value at risk）がある。

　第3ステップのリスク管理手法の選択は，異なる効果をもつさまざまな手法を検討し，その中で最適な手法，たとえばどのデリバティブでどのくらいのポジションを取るかを決定することである。A社のケースでは，為替リスクのヘッジに，先物予約を用いるのか，通貨オプションを用いるのか，それらをどのくらい売買するのかと

いう選択がそれに対応する。

第4ステップの実行は、同じ効果をあげる複数存在するリスク管理テクニックや依頼先の中で最小のコストで実行できる手段、依頼先を正しく選択して、実際に実行することである。A社のケースでは、リスク管理テクニックとして先物予約を選択したとしても、同じ効果をもつものに、外貨借入れ、通貨先物などがある。これらの中で最小コストとなる選択肢の決定、たとえばB銀行をつうじた為替予約（ドル売り円買い）の購入がこれに対応する。

最終ステップである再評価は、実行時の判断は適切であったか、実行時から現在までの間に状況の変化があったかどうか、新しい管理テクニックがあるかどうかを検証する作業である。最適なリスク・マネジメントは状況に応じて変化し、またリスクの特性も時間をつうじて変化する。再評価することによって、今後のリスク・マネジメント政策に修正の必要がないかどうかを再検討するのである。A社のケースでは、これ以上の円高となった場合には、外国からのドル建てでの原料調達を大幅に増やす、為替予約ではリスクのヘッジに限界があるため、アメリカでの工場建設という直接投資の可能性を検討することを意味する。

リスク・マネジメントの手法

リスク・マネジメントの具体的な手法にはさまざまなタイプがある。大きく分けると、表6-3のように、①リスク保持、②リスク回避、③リスク分散、④リスク移転、の4つに分けられる。第1のリスク保持はリスクを増加させるもので、残りの3つは、直面するリスクを減少させる効果をもつものである。直面するリスクを小さくする行動はヘッジと呼ばれる。事業会社の財務リスクのヘッジには、第3のリスク分散と第4のリスク移転が用いられる。

1 リスク・マネジメントの基本

表6-3 リスク・マネジメントの手法

①リスク保持：リスクを積極的に負担する。
②リスク回避：リスクのともなう行動を回避する。
③リスク分散：分散化でリスクを低下させる。
④リスク移転：リスクを外部に移転する。

第1のリスク保持は、リスクのともなう事業を実行したり、リスク移転の受け手となって、負担したリスクにふさわしい収益を確保することを目指すものである。ただし、リスクを負担するにあたっては、リスクの発生を事前に防ぐことによって起こりうる損失をできるだけ小さくし、また負担する必要のないリスクはできるだけ回避することによってとるべきリスクのみを適切な量だけとることが必要である。

第2のリスク回避は、リスクの高い行動やリスクのある事業を行わないことである。リスクを回避すれば、リスクにともなう損失は発生しない。しかし、リスクを回避することは収益を獲得する機会を失うことにもなる。リスク回避は、リスク管理の1つの選択肢ではあるが、価値創造を行う事業会社にとっては使用が限定される手法である。

第3はリスク分散で、負担するリスクを小さくする手法の1つである。リスク分散とは、第1章のポートフォリオ理論のところで説明したように、リスクの源泉を多数に分散化することによって、全体のリスクを小さくする行為である。事業会社にとってのリスクの分散化には、関連性の低い事業へと多角化を行う、生産拠点や取引先を複数に分散する、などが含まれる。

第4のリスク移転は、現在リスクにさらされているリスクを外部に移転することによって、リスクを小さくする行為である。財務リ

スクのヘッジには，このリスク移転が最もよく用いられる。とくに，為替リスクなどの市場リスクのリスク移転には，デリバティブの利用が有益である。

デリバティブを用いたリスク移転は，フォワード型とオプション型に大きく分けられる。フォワード型のヘッジは，大きな損失が生じるリスクを減らすと同時に，大きな利益を得る機会を失うことにもなる。一方，オプション型のヘッジは一種の保険契約とみなせるもので，事前にオプション料（保険料）を支払うことによって，損失が出たときにリスク移転した相手から補償を受ける行為である。オプション型は，大きな損失の機会のみをカバーすることができるため，大きな収益機会を失わずに済むというメリットがある。このメリットがあるために，事前に保険料を支払う必要がある。デリバティブを用いたリスク・ヘッジの詳細は第3節で述べる。

2 リスク・マネジメントの基本原理

この節では，どのようなリスク・マネジメントを行えば企業価値を高めることができるのか，その基本原理を説明する。対象とするリスクは，財務リスクに限定する。

リスク・マネジメント無関連性定理

まず，最も本質的な問いである，リスク・マネジメントを行うことによって企業価値が高まるのかどうかについて検討してみる。第1章で示したように，投資家はリスク回避的とみなすことができる。しかし，企業の場合は投資家とは異なり，必ずしもリスク回避的であるとは限らない。なぜなら，企業がリスクをヘッジしなくと

も，企業の所有者である株主は，金融市場をつうじた分散投資によって，ヘッジを行うことができるからである。

また，リスクをヘッジすることは，大事なビジネス・チャンスを逃すことにもつながるため，望ましいとは限らない。むしろ投資家は企業に対してもっと積極的にリスクをとることを望んでいるかもしれないのである。したがって，リスクをヘッジすることによって企業価値が高まるとは限らないのである。

完全市場のもとで，企業のリスク・マネジメントが企業価値に与える効果については，第4章で示したMM定理を一般化することによって，以下の定理が成立する。

> **リスク・マネジメント無関連性定理**
> 　完全市場のもとで，倒産コストがない場合，事業会社が財務リスクに対してどんなリスク・マネジメントを行っても，企業価値は変化しない。

この定理が成立する理由は，MM定理が主張する，資本構成を変化させても企業価値が変化しない理由と同じである。資本構成を変えることもリスク・マネジメントの一形態と考えることができる。このことを説明しよう。

MM定理が成立している世界では，完全資本市場が前提とされている。その結果，効率的市場が成立し，金融取引のNPVはゼロとなる。したがって，事業会社が事業の分散化を行ったり，デリバティブ取引によってリスクを移転しても，企業価値は変化しないのである。企業自身がリスク・マネジメントを行わなくても，投資家が金融市場を利用して分散投資やリスク・ヘッジを行うことによって，企業自身がリスク・マネジメントを行った場合と同じ効果を実

現できるからである。

具体的に，為替リスクにさらされている冒頭のA社について考えてみよう。A社は自社で為替リスクをドル売り円買いの先物為替取引によって，直面する為替リスクを小さくし，自身のキャッシュフローを安定化することができる。それは投資家にとっては望ましいことのように思えるが，それによってA社の企業価値が高まることにはならない。A社が為替リスクをヘッジしなくても，A社の株式を保有している投資家が自ら先物為替を取引することによっても全く同じ効果を得ることができるからである。企業はNPV>0となる投資プロジェクトの実行にのみ専念すればよいわけで，為替リスクをヘッジするというようなリスク・マネジメントを行っても企業価値は変わらないのである。

リスク・マネジメントを行う合理的理由

事業会社が財務リスクに対するリスク・マネジメントを行う必要は全くないかというとそうではない。事業会社がリスク・マネジメントを行う合理的理由は，大別して2つある。第1は，現実の市場が，MM理論で仮定される完全市場を満たさない不完全市場である場合である。すなわち，倒産コストの存在，法人税の存在，取引コストや取引制約の存在，情報の非対称性の存在，などが生じている市場である。この場合には，リスク・マネジメント無関連性定理は成立せず，事業会社によるリスク・マネジメントは企業価値を高める可能性をもつ。

第2の理由は，企業のステークホルダーがリスク回避の要望を持つ場合である。たとえば，大株主が分散化を行えない，あるいは，株主から経営を任せられた経営者と株主の間に利益の相反がある場合である。この理由に基づくリスク・マネジメントは，企業価値を

高めるとは限らない。

　事業会社がリスク・マネジメントを行う代表的な理由である，倒産コストの存在，外部からの資金調達に対する制約，ステークホルダーの分散化の制約，の3つについて詳しく説明する。

倒産コストの存在

　倒産コストは，事業を継続した場合の資産価値と事業を停止したときの資産価値との差である。企業の資産には，事業を行ったときに価値を生み，倒産によって事業を停止したときにはほとんど価値をもたないものがある。そのような資産の取得費用はサンク・コストと呼ばれる。サンク・コストが大きい場合には，倒産コストも大きくなり，リスク・マネジメントによって倒産確率を下げることで，企業価値を高めることが可能となる。

　倒産コストがあるときの企業価値 V^{BC} は，倒産がないときの企業価値 V から倒産コストの現在価値 $PV(\mathrm{BC})$ を引いたものと考えることができる。すなわち，

$$V^{BC} = V - PV(\mathrm{BC}) \tag{6.1}$$

　倒産コストは，①財務的困窮コスト（costs of financial distress）と②倒産によって直接生じるコスト（bankruptcy costs），の2つに分けられる。

　財務的困窮コストとは，財務状況の悪化にともなうコストで，倒産の間接的なコストと考えることもできる。これは，倒産が生じる前から発生するもので，具体的には，債権者（銀行など）からの借入金に対する金利引上げ要求，仕入先・販売先との取引条件の悪化にともなうコスト，設備投資の延期・変更・中止，従業員のモラル低下，経営者が倒産回避活動に注力することによる機会損失，などである。これらのコストは通常は表面化しないが，倒産確率がある

程度以上高くなると急激に増加する。また，倒産によって直接生じるコストには，弁護士費用や固定資産の流動化で発生する損失などがある。

倒産コストの現在価値は，これらの倒産コストの期待値（発生確率×コスト）を適切な割引率を用いて現在価値を計算し合計したものである。リスク・マネジメントによって倒産確率を低下させることによって，倒産コストの現在価値を小さくし，その結果企業価値を高めることが可能となる。

倒産コストは，個別企業ごとに異なり，事前に推計することは難しい問題である。とくに，財務的困窮コストは，期待値を計算する際の発生確率，発生するコストとも推定は難しい。しかし，一般的に，次のようなことは言える。固定資産が大きく，そこから安定的な収益をあげている企業では，倒産確率，倒産時の流動化のロスとも小さいため，倒産コストは相対的に小さくなる。一方，ハイテクのベンチャー企業のように固定資産がわずかで，R&D投資のようなサンク・コストが大きい企業では，倒産コスト，倒産確率とも大きいため，倒産コストの現在価値は大きくなる。

外部からの資金調達に対する制約

借入れや株式発行などによる外部からの資金調達コストが自己資金に比べて割高である場合，あるいは外部からの資金調達を行えない場合には，自己資金を安定的に確保することが企業価値を高める効果をもつ。リスク・マネジメントにより，キャッシュフローの変動リスクを低減し，自己資金を用いて企業価値が最大となるような投資計画を実現することができる。リスク・マネジメントが企業の投資決定に好影響を与えることにより，企業価値を高めることができるのである。

以上のことを，簡単な数値例で説明しよう。前述の A 社が，表 6-4 にあるように，NPV＞0 となる X，Y，Z という 3 つの投資プロジェクトを持っており，それぞれの NPV は 5，10，30 億円で，実行できるのはそのうちの 1 つのみとする。資金制約がなければ，NPV が最大となる Z を実行すべきである。しかし，A 社は外部からの資金調達が困難で，投資を行う場合には内部資金しか用いることができないものとしよう。この場合には，A 社の企業価値を最大にするためには，資金制約の範囲内で NPV が最も大きいプロジェクトを採用すればよい。

　簡単化のため，A 社の利用可能な内部資金（フリー・キャッシュフロー）は営業利益に等しいものとし，将来の為替レートは 108 円，120 円，132 円の 3 通りのみとしよう。A 社の内部資金は，将来為替レートの値に応じて，10 億円から 110 億円と大きく変動することになる。それに対して，第 3 節で詳述するように先物為替でドル売りを行うことによって為替リスクを完全にヘッジしたとき（先物為替レート＝直物為替レート＝120 円を仮定），A 社の内部資金は為替レートの変動とは無関係に常に 60 億円になる。

　為替ヘッジを行わない場合，為替レートの変動に応じて投資に利用できる内部資金の額が変動し，A 社が実行できる投資プロジェクトが変化する。その結果，企業価値も変動することになる。将来為替レート＝108 円の場合には，営業利益が 10 億円となるため，プロジェクト X しか実行できず，企業価値は 5 億円しか増加しない。それに対して，為替ヘッジを行えば為替レートの水準にかかわらず必ずプロジェクト Z を実行することができ，企業価値を確実に 30 億円増加させることができるのである。したがって，為替ヘッジを行うことによって企業価値を高めることができるのである。

表6-4 3つの投資プロジェクト

投資プロジェクト	投資額	NPV
X	10	5
Y	30	10
Z	60	30

為替レート (円/ドル)	ヘッジをしない			ヘッジをする		
	キャッシュフロー	選択される投資プロジェクト	NPV	キャッシュフロー	選択される投資プロジェクト	NPV
108	10	X	5	60	Z	30
120	60	Z	30	60	Z	30
132	110	Z	30	60	Z	30

(注) 単位は億円。

　この例は、為替リスクのヘッジを行うことにより、ヘッジを行わない場合よりも企業価値が増加することを示している。ヘッジを行わないと、キャッシュフローが変動し、投資プロジェクトの実行に悪い影響が出るからである。したがって、ヘッジしないと投資プロジェクトの実行に悪影響が出るときには、ヘッジをすべきとの結論が得られる。一方、ヘッジしなくても投資プロジェクトの実行に影響がないリスクであるならば、そのリスクをヘッジする必要はない。

ステークホルダーの分散化制約

　ステークホルダーの分散化の制約とは、企業のステークホルダーである株主、経営者、あるいは従業員が、自己の直面するリスクを十分に分散化できない状況を示す。その場合には、当該ステークホルダーの利益のために、企業にはリスク・マネジメントを行うインセンティブが生じる。

たとえば、経営者が発行済み株式の大部分を握っている場合を考える。多くの場合、この経営者が個人的に保有する資産の大部分は自社株式で占められる。ポートフォリオ選択の観点からは、この経営者は自社株のみに集中投資をすべきではなく、自社株を売却して多様な資産を購入するといった分散投資を行うべきである。しかし、自社株を売却すれば、この経営者の持つ企業の経営権が弱まるため、経営者が自社株を売却して分散投資を行うことは難しい。このような状況下では、経営者は自己の保有する資産のリスク分散のため、事業の多角化をはじめとしたリスク・ヘッジ手法を用いて、経営する企業のリスクを減らすインセンティブを持つのである。このように、ステークホルダーの分散化の制約に基づくリスク・マネジメントは、前述の2つの理由に基づくものとは異なり、企業価値を高める効果はもたない。

また、経営者によるリスクのヘッジは企業価値を低下させる可能性がある。経営者の報酬が企業収益や株価に連動しないときには、経営者は過度にリスクを回避することになる。経営者はあえてリスクを冒そうというインセンティブを持たず、結果として、リスクが高いが $NPV>0$ となる投資を実行しないことになり、企業価値を低下させるからである。これは、エージェンシー・コストである。

リスク・マネジメントの限界

リスク・マネジメントには、適切に用いれば企業価値を高める効果があるが、限界もある。リスク・ヘッジの限界のうち最も重要な点は、多くのリスクが市場で取引できないことにある。ヘッジすべきリスクは、その対象、期間、確率的特性により、きわめて多様である。そのため、ヘッジをしたくてもヘッジができない、あるいは不十分なヘッジしかできないという状況がしばしば生じる。ヘ

ッジできるリスクの種類が限られている。ヘッジできるのは市場リスクが中心である。たとえば，R&D 投資が失敗するリスクは市場では取引されていない。為替リスクのような市場リスクのヘッジにおいても，長期間のヘッジのニーズは高いにもかかわらず，リスクの移転先となる取引相手を見つけるのは困難である。

近年の金融技術の発展は，ヘッジ可能なリスクの種類の拡大をもたらした。それによって，たとえば天候や信用リスクなど，これまではヘッジできなかったリスクをヘッジすることができるようになった（コラム⑥参照）。

3 デリバティブを用いたリスク・マネジメント

金融市場は，さまざまなタイプのリスクに対して，リスク・マネジメントを効率的に行う機会を提供する機能を果たす。事業会社によるデリバティブを用いたリスク・マネジメントは，為替リスクや金利変動リスクなど，市場リスクのヘッジが中心である。第1節で述べたように，市場リスクのヘッジにはデリバティブの利用が大きな力を発揮する。本節では，デリバティブを用いたリスク・マネジメント，とくにヘッジを説明する。

デリバティブの特長

デリバティブの特長として，①リスク移転が容易，②高いレバレッジ，があげられる。リスク移転が容易とは，多様なリスクの取引がデリバティブを用いると容易になることを意味し，上場物のデリバティブでは現物に比べて低い取引コストと高い流動性，相対物のデリバティブでは商品設計の柔軟性によって生じる。また，高いレバレッジとは，わずか

な手持ち資金で大きなリスクを移転できることを意味する。したがって、デリバティブの経済的な意義は、リスクの効率的な配分にある。

第2章第2節「オプションのプライシング」で詳しく説明したが、デリバティブを用いずに現物だけでもデリバティブの取引と同じ効果を得ることは可能である。すなわち、デリバティブは現物とリスクフリー資産を用いて複製することができる。その意味で、デリバティブは余分な (redundant) 証券である。それでもあえてデリバティブが取引されるのは、前述の2つの特長により、リスク移転の手段として現物よりも優れているからである。

デリバティブを用いたヘッジの方法

デリバティブを用いたヘッジの方法には、先渡し（フォワード）契約や先物（フューチャーズ）などを用いる**フォワード型**と、コールやプットなどのオプションを用いる**オプション型**の2つに大きく分類することができる。

フォワード契約とは、将来に行う取引（買いまたは売り）の取引条件（取引する財、取引日、価格、数量など）を現時点で決定する契約である。フォワード契約を結ぶことにより、将来取引する財の価格がどのように変化しても、あらかじめ決定した価格（先渡し価格）で取引する義務が発生する。このフォワード契約の性質により、フォワード型のヘッジは、将来の価格変動にともなって生じるかもしれない損失を回避できる反面、利益を得る機会をも失ってしまう。このようにフォワード型のヘッジでは将来の利益と損失が相殺されるため、ヘッジのコストはほぼゼロになる。なお、先渡し（フォワード）と先物（フューチャーズ）とに本質的な違いはない。違うのは、前者が相対取引であるのに対し、後者が取引所取引である点などで

Column ⑥　天候デリバティブ

　ほとんどのデリバティブでは、そのペイオフは金融商品などの価格に依存する。それに対して、ペイオフが価格ではなく客観的な数値に依存するものも近年現れた。その代表例が天候デリバティブである。

　天候デリバティブとは、あらかじめ設定した気温や降雨日数などに応じて、契約者に補償金を支払う契約である。アメリカで発達したがまだ歴史が浅い。アメリカで最初に取引された天候デリバティブは、1997年にエンロン社とコカ・コーラ社がミルウォーキーの冬季の気温を対象に行った取引が最初といわれる。また、1999年9月には、気温に関する天候デリバティブがシカゴ・マーカンタイル取引所（CME）に上場された。

　天候に収益が大きく左右される企業は多い。たとえば、電力会社、ガス会社、衣料メーカー、飲料メーカー、遊園地、スキー場、観光ホテル・旅館、ゴルフ場などである。それらの企業にとっては、天候リスクはヘッジを行いたいリスクであったが、これまでは有力なヘッジの方法はなかった。しかし、天候デリバティブを用いることによって、天候リスクを容易にヘッジすることができるようになったのである。

　たとえば、遊園地が雨天補償型の契約を結んだ場合を考えてみる。契約内容は、8月中に降水量が3ミリ以上の日数が17日を超えた場合には、超過1日当たり1000万円を支払うものとしよう。事前に遊園地はオプション料を支払わなければならないが、8月の降雨日数が多くなるほど、補償金額が増えて、降雨による収益の減少分がカバーされるのである。

　日本における天候デリバティブは、主に損害保険会社が取り扱っている。契約内容は、購入希望企業のニーズに合わせてオーダーメイドで取り決めることができる。また、地域の中小企業とのつながりの深い地方銀行が、販売の仲介を積極的に行っている。まだ取引はスタートしたばかりで取引量も多くはないが、今後の成長が期待される分野である。

● 参考文献 ●
土方薫編著［2000］『天候デリバティブ』シグマベイスキャピタル。

ある。

　オプション型のヘッジは，利益を得られる機会を維持しつつ損失のみを回避するヘッジである。適切なオプション契約を結ぶことにより，損失が発生する場合にはオプションを行使して，損失を穴埋めすることができるのである。オプション型のヘッジでは，事前に支払うオプション料は損失に対する保険の意味合いをもつため，ヘッジのコストは，フォワード型に比べてずっと大きくなる。

ヘッジの効果——A社のケース

　フォワード型とオプション型のヘッジの効果を明確に理解するために，前述のA社の例を用いて具体的に考えてみよう。現在の直物為替レートは120円/ドルとする。A社には，4.17億ドル分のドル建ての売上が見込まれるため，ヘッジしないときのキャッシュフロー（＝営業利益とする）は，将来の為替レートに応じて変化し，円安になるほど増加し，円高になるほど減少する。108円のときは10億円，120円のときには60億円，132円のときには110億円というように，将来の為替レートと営業利益の関係は右上がりの直線で表される。図6-1のとおりである。そのとき，為替レートの変化にともなって売上高が変動し，それと同額のキャッシュフローが変動することになる。このとき，為替リスクのヘッジがA社の営業利益に与える影響を考えてみよう。

フォワード型ヘッジの効果

　フォワード型のヘッジの効果を考えてみる。A社は為替リスクにさらされている1年後の4.17億ドル分のドル建て売上高を，それと同額の先物のドル売りというフォワード契約を結ぶことによってヘッジするとしよう。現在の先物為替レートも直物と同じ120円/ドルとする。契約時に支払うコストはゼロである。先物のドル

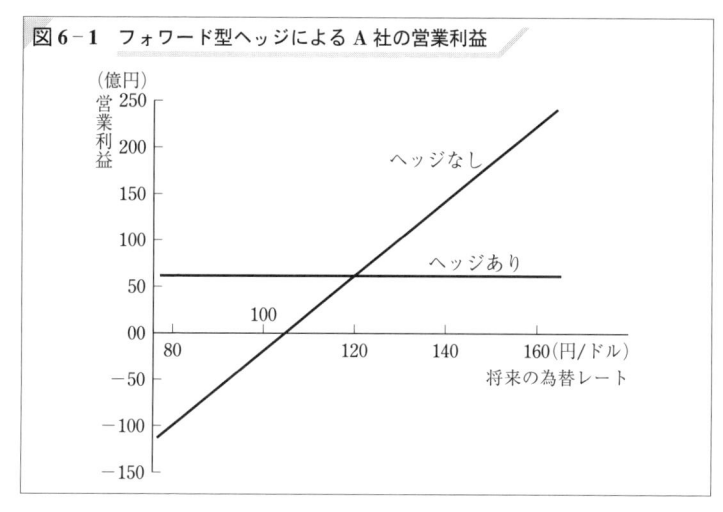

図 6-1 フォワード型ヘッジによる A 社の営業利益

(縦軸: 営業利益(億円)、横軸: 将来の為替レート(円/ドル))
「ヘッジなし」の右上がり直線と、「ヘッジあり」の水平線(60億円付近)が描かれている。

売りにより，1年後に100円のような円高となれば，ドル売りのフォワード契約を結んでいると，1年後の市場では1ドルを100円で売らなければならないにもかかわらず，1ドル120円で売ることができる。すなわち，円高時にはドル売りのフォワード契約には利益が発生する。反対に，円安時にはフォワード契約で損失が発生する。したがって，フォワード契約を用いた完全なヘッジにより1年後の為替レートが変化しても，1000億円で売上高は変化せず，営業利益も60億円で変化しない。図6-1の水平な直線がそれを示している。なぜなら，円高(円安)によって生じる営業利益の減少(増加)が，先物のドル売りによる利益(損失)で相殺されるからである。

リスクにさらされているポジションの大きさに対するフォワード契約の金額の割合はヘッジ比率と呼ばれる。このヘッジでは，ヘッジの金額がリスクにさらされているポジション(4.17億ドル)と同額であるから，ヘッジ比率は100%となり，完全ヘッジと呼ぶ。フォワード契約の取引金額を変化させることによって，0%から

3 デリバティブを用いたリスク・マネジメント

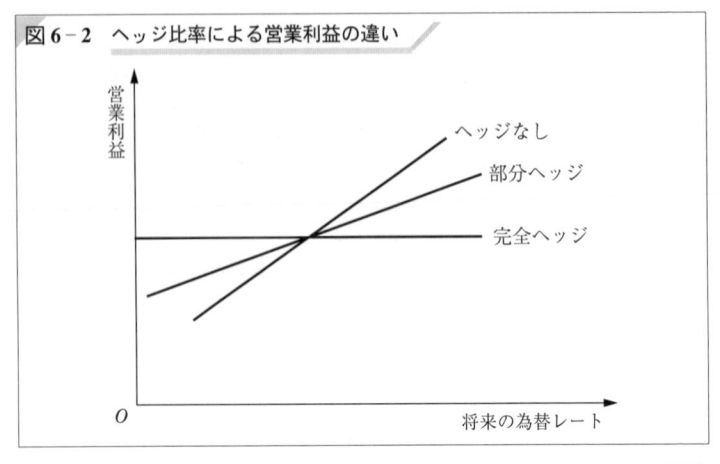

図6-2 ヘッジ比率による営業利益の違い

(グラフ: 縦軸「営業利益」、横軸「将来の為替レート」。「ヘッジなし」「部分ヘッジ」「完全ヘッジ」の3本の直線が描かれている)

100％までヘッジ比率を変化させることができる。フォワード契約のドル売り金額が2.08億ドル,すなわちヘッジ比率50％の場合では,営業利益の変動の大きさは全くヘッジをしない場合に比べると半分になる。ヘッジ比率が100％未満のヘッジは,部分ヘッジと呼ぶ。ヘッジ比率がどの程度であっても,フォワード契約を用いたヘッジでは,1年後の為替レートの変化に対する営業利益の変化は図に表せば図6-2のように直線となる。ヘッジ比率が大きくなるほど営業利益の変動は小さくなり,直線の傾きは水平に近づく。ヘッジ比率をどのように決めたらよいかは一概には言えないが,理論的には,倒産コストや資金制約などを考慮して企業価値が最大になるようにすればよい。

　ここまでは輸出企業であるA社について説明してきた。輸入企業であれば,為替リスクをヘッジするためには輸出企業と逆の取引を行えばよい。輸入企業の場合,売上高が円建てで,仕入れのための支払いがドル建てとなるため,円高(円安)になるほど営業利益が増加(減少)する。この関係は,図6-3のヘッジを行わない場

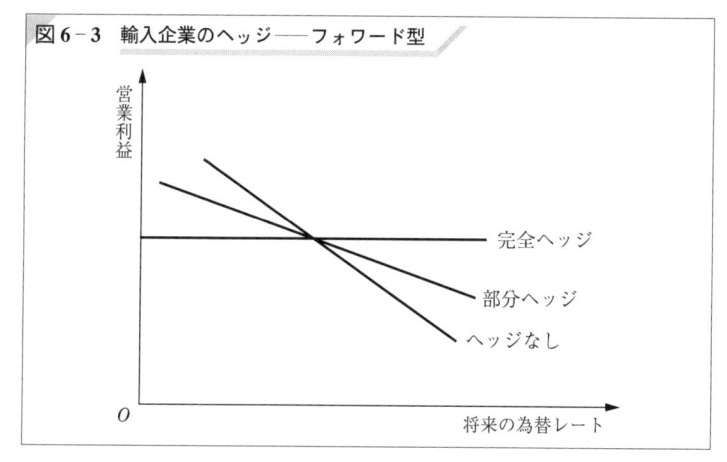

図6-3 輸入企業のヘッジ──フォワード型

（図：縦軸「営業利益」、横軸「将来の為替レート」。完全ヘッジ（水平線）、部分ヘッジ、ヘッジなしの3本の直線）

合の直線で示されており、A社とは異なり、右下がりの直線となる。為替リスクのヘッジには、フォワード契約でドル買い取引を行えばよい。図6-3は、将来の為替レートと、フォワード型のヘッジ（完全ヘッジと部分ヘッジのケース）を行った場合の輸入企業の営業利益との関係を示している。

フォワード型のヘッジの場合は、ダイナミックにヘッジ比率を変更することができる。たとえばA社のような輸出企業では、将来の円安予想を持っているときには、今はヘッジ比率を低くしておき、円高予想へ修正したときにヘッジ比率を上げればよい。また、ダイナミックなヘッジ比率の変更によって、オプションと同じペイオフを作ることも可能である。このように、ダイナミックにヘッジ比率を変更できる点はフォワード型のヘッジがもつ大きな長所である。

オプション型ヘッジの効果

輸出企業であるA社の場合、円高が生じたときには、売上高および営業利益が大きく減少する。この円高による営業利益の減少リスクのみをヘッジしたいというニーズもある。これがオプショ

3 デリバティブを用いたリスク・マネジメント

ン型のヘッジである。フォワード型のヘッジでは，円高時の営業利益の減少をヘッジできるが，同時に円安時の営業利益増加の機会をも失うことになる。それに対して，オプション型のヘッジでは，円高時の営業利益の減少をヘッジしつつ，円安時の営業利益増加のメリットも享受できる。オプション型のヘッジは，先物為替ではなく，オプションを購入することによって実現することができる。具体的には，たとえばA社はドルを120円/ドルで売る権利，すなわち行使価格120円/ドルのドルのプット・オプションを購入すればよい。

現在，満期が1年後で行使価格120円/ドルのドル・プット・オプションの価格を5円/ドルとすると，4.17億ドル分だけ購入すると，20.9億円を支払う必要が生じる。このプット・オプションを購入したときの1年後のプットの購入コストを差し引いた営業利益と将来為替レートの関係は図6-4のようになる。1年後の為替レートが120円よりもどんなに円高になっても39.1億円の営業利益が保証され，一方，120円よりも円安になった場合には，円安が進むほど営業利益が増加するということを示している。為替レートが120円よりも円高になったときには，円換算の売上高は減少するが，プット・オプションを行使することによって利益が生じ，この利益が売上高の減少を相殺する。このヘッジにともなうコストは最初に支払ったオプション料20.9億円のみである。一方，120円より円安になった場合には，円換算の売上高の増加が生じる。このときはオプションの権利を放棄すれば，損失はオプション料20.9億円のみで，円安になればなるほど大きな営業利益の増大を享受することができるのである。したがって，1年後の営業利益は，図6-4のように将来為替レートが120円未満では水平で，120円以上では右上がりの直線となるのである。

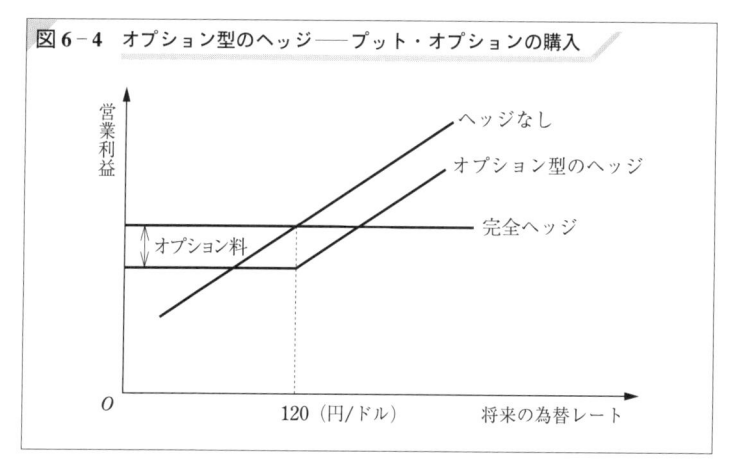

図6-4 オプション型のヘッジ——プット・オプションの購入

(縦軸: 営業利益、横軸: 将来の為替レート、120 (円/ドル))
ヘッジなし / オプション型のヘッジ / 完全ヘッジ / オプション料

　オプション型のヘッジ場合，オプションをどのくらいの金額分購入するかだけではなく，いくらの行使価格のオプションを買うかも決定する必要がある。120円の行使価格のプット・オプションよりも低い行使価格のプット・オプションを用いればオプション価格も低くなるため，ヘッジ・コストが小さくて済む。しかし，円高時の損失を相殺する範囲が小さくなる。

　ここまでは最も単純なヨーロピアン・プット・オプションを用いた場合を説明したが，オプションには，満期前の権利行使を許すアメリカン・オプションや，複雑なペイオフをもたらすエキゾチック・オプションなど，さまざまなタイプが存在し，ヘッジに際してはどのタイプのオプションを用いるかも重要な選択肢となる。また，複数のオプションを組み合わせることによって，多様なリスク・ヘッジを行うこともできる。

金利リスクのヘッジ

　金利は負債による資金調達コストであるから，金利リスクも事業会社の直面する重要な市場リスクの1つである。現在の負債の価値は金利の変動によっ

て大きく変動する。また，将来資金調達を行う計画がある場合，将来の資金調達コストが上昇するリスクに直面することになる。金利リスクも金利関連のデリバティブを用いることによって，容易にヘッジをすることができる。ヘッジの方法もフォワード型とオプション型に分けて考えることができる。

フォワード型のデリバティブの代表として，金利スワップがある。金利スワップとは，変動金利支払い（受取り）と固定金利受取り（支払い）のペイオフを交換する契約である。変動金利と交換される固定金利は，スワップ・レートと呼ばれる。変動金利の債務であれば，変動金利受取り・固定金利支払いの金利スワップ契約を結ぶことによって，固定金利の債務へ変更することができる。それを図示したのが図6-5である。それによって企業は金利変動リスクをヘッジすることができる。固定金利の債務を変動金利の債務へと変更したいときには，固定金利受取り・変動金利支払いの金利スワップ契約を結べばよい。

金利スワップでは，金利のみの交換で元本は交換しない。金利スワップ取引では，多くの場合，銀行がスワップ・ディーラーとして取引の相手方となる。スワップにおいては，毎期ごとの発生する金利支払いと受取りの交換は義務であり，各期の金利支払い・受取りの交換は1つのフォワード契約である。したがって，金利スワップは，満期の異なる複数の金利のフォワード契約の集まりと考えることができる。

金利関連のデリバティブのうち，オプション型の代表にはキャップとフロアがある。キャップとは，毎期の金利受取り時において，その時点の変動金利があらかじめ定められた水準を超えた場合には水準を超えた分の金利を受け取ることのできる権利であり，金利に

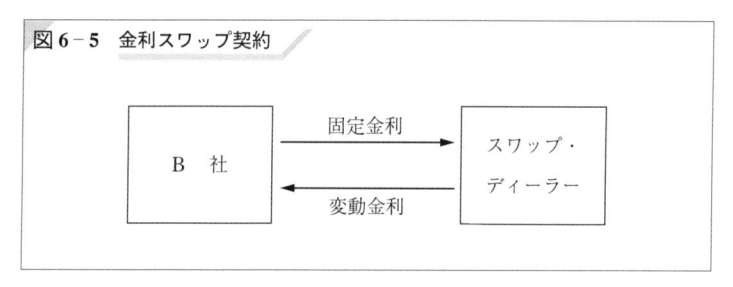

図6-5　金利スワップ契約

```
                    固定金利
    ┌─────────┐ ─────────→ ┌─────────┐
    │   B 社  │             │ スワップ・│
    │         │ ←───────── │ ディーラー│
    └─────────┘   変動金利   └─────────┘
```

ついてのコール・オプションである。権利行使するかどうかは，毎期の金利受取り時ごとに決定できるから，キャップは満期の異なる複数のコール・オプションの集まりと考えることができる。一方，フロアは毎期の金利受取り時において変動金利があらかじめ定めた水準を下回る分の金利を受け取ることができる権利，すなわち，金利についてのプット・オプションの集まりである。キャップとフロアの金利受取り時でのペイオフは，図6-6(a)および図6-7(a)に示すとおりである。

　変動金利の負債を保有している事業会社は，キャップを購入することによって，毎期の支払金利をある上限値（キャップの行使金利）以下に抑えるヘッジを行うことができる。変動金利が上限値を超えた場合には，キャップの権利行使を行うことで，上限値を上回る部分を受け取ることができ，支払金利がその分減少するからである。変動金利借入れ＋キャップの購入によるヘッジによる金利支払いは，図6-6(b)に示してある。一方，変動金利の債券を保有している場合には，フロアを購入することによって，受取金利が下限値を下回るリスクをヘッジすることができる。図6-7(b)は，変動金利運用＋フロアの購入のペイオフを示している。

3　デリバティブを用いたリスク・マネジメント

図6-6 キャップを用いたヘッジ

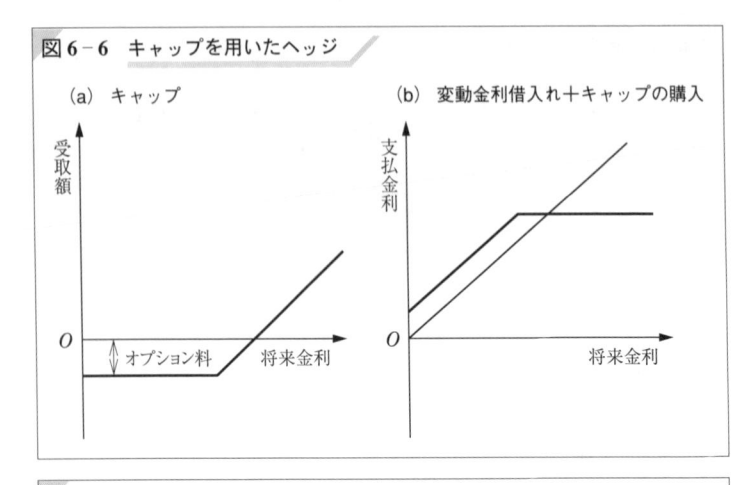

(a) キャップ

(b) 変動金利借入れ＋キャップの購入

図6-7 フロアを用いたヘッジ

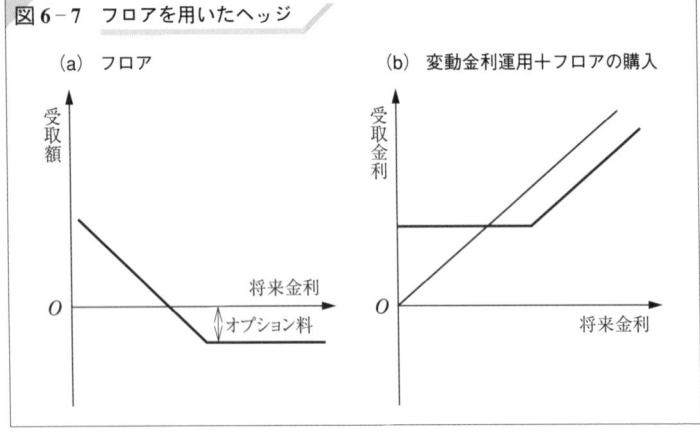

(a) フロア

(b) 変動金利運用＋フロアの購入

4 リスク・マネジメントの実際

はじめに、デリバティブを用いることによって、高度なリスク・マネジメントを行っている2つの事業会社を紹介する。製薬のメル

ク社と，飲料メーカーのコカ・コーラ社であり，ともにグローバルに事業展開している多国籍企業である。これらの企業は，デリバティブなどの高度なリスク・マネジメント手法を用いるだけではなく，ヘッジの目的やリスクの認識・数量化などを含めた，リスク・マネジメントのプロセス全体が優れている。

先進企業例——①メルク社

メルク社は，アメリカに本社を置く，グローバルな製薬会社である。製造拠点，販売拠点を世界各国に持っている。2001年のメルク社のアニュアル・レポートに基づいて，メルク社のリスク・マネジメントを中心とした活動を見てみる。2001年の売上高の約40％がアメリカ以外で占められている。その結果，メルク社は大きな為替リスクに直面している。また，研究開発費は24.6億ドルと巨額で売上高の約5％を占め，主にアメリカ国内で行っている。

メルク社はリスク・マネジメントの方針について，以下のように明確に述べている。「当社のキャッシュフローのかなりの部分が外国通貨建てとなっている。メルク社は長期での支出が予定されたドル建てのR&D費用を確保するために外国から生み出される安定的なキャッシュフローに依存している。……当社は，為替レートの変動によって生じるキャッシュフローの変動を避けるために収入ヘッジとバランスシート・ヘッジを確立してきた」(2001年のアニュアル・レポート，29ページ，和訳は筆者) と明示している。製薬会社は，売上高に比して相対的に大きいR&D支出を必要とし，グローバルな競争で生き残るためには今後も高い増加率を維持する必要がある。メルク社のヘッジの目的はきわめて明確で，第2節でヘッジを正当化する理由の1つとしてあげた将来の投資計画に悪影響を及ぼさないようにするためのヘッジなのである。

メルク社の具体的なヘッジ手法は、収入ヘッジ (revenue hedging program) とバランスシート・ヘッジ (balance-sheet hedging program) の2つに分けられる。前者は長期外国通貨建て売上高に対するヘッジであり、長期における為替レート（とくに円とユーロ）の変動リスクをヘッジすることを目的としている。主に為替のプット・オプションを購入することによってヘッジが行われている。一方、バランスシート・ヘッジは、短期外貨建て債券に対するヘッジであり、外貨建ての収入をドルに変換するまでの時間に発生する短期の為替リスクをヘッジすることを目的としている。主に、フォワード契約を用いて実行されている。

　また、メルク社は資産運用や負債による資金調達にともなう金利リスクにも直面している。この金利リスクのヘッジには、金利スワップを利用している。また、外貨建ての金利リスクのヘッジには、通貨スワップも利用している。

先進企業例──②コカ・コーラ社

　コカ・コーラ社は、アメリカに本社を置くグローバルな飲料メーカーであり、世界各国に生産販売拠点を持っている。その結果、コカ・コーラ社も、メルク社と同様に大きな為替リスクに直面しており、アニュアル・レポートに財務リスク・マネジメントについて詳細に記している。デリバティブの利用目的は、為替リスクや金利変動リスクを中心とした市場リスクのヘッジのためであり、トレーディングによって利益をあげるためではないことを明確にしている。為替リスクの管理には、フォワードとオプションを用いている。

　グローバルな事業展開により、コカ・コーラ社は多様な通貨・金利リスクに直面している。これらのさまざまな通貨の為替リスクや金利リスクは、高い相関をもつものがあったり、相関の低いものも

ある。そこで個別のリスクごとに管理するのではなく，デリバティブを含めた個々のリスクのあるポジションの適正な時価を算出し，トータルのリスクを管理している。そのためのトータルのリスクの計量化にVaRの手法を用いている。2002年末時点で，1週間の損失額が3100万ドル以下におさまる確率が95％であると報告されている。

デリバティブ利用の失敗例

次に，デリバティブを用いたリスク・マネジメントに失敗し，巨額の損失を出した代表的なケースについて検討してみよう。具体的には，金利関連のデリバティブ取引によるP&G社，株価指数先物によるベアリング社，銅先物取引による住友商事，についてその概要を説明する。

P&G社は，アメリカに本社を置くグローバルな消費財メーカーである。1994年，デリバティブ取引によって1億5700万ドルの損失が発生したと発表した。それは，1994年に締結された2件のレバレッジ金利スワップ契約によって生じたものである。このレバレッジ金利スワップ契約とは，金利のわずかな変化で収益が大きく変動するスワップである。当時のP&G社は，将来の金利低下を予想しており，予想どおりに長期金利が低下すると金利支払いが大きく低下するスワップであった。しかし，実際には長期金利が上昇し，支払金利が大幅上昇し，巨額の損失が発生したのである。

ベアリング社は，イギリスの伝統ある投資銀行であった。ベアリング社のトレーダーであるニック・リーソン氏がデリバティブ取引（日経平均先物）によって13億ドルの損失を発生させ，1995年に倒産に追い込まれた。日経平均先物の取引は主にシンガポールと大阪で行い，破綻前のポジションは大阪とシンガポールで70億ドルの

買持ちであった。それが日本の株価下落で大幅な損失が発生，さらにポジションを拡大することによって損失も拡大し，証拠金を払えなくなり，破綻が表面化した。ベアリング社では，当時トレーディング部門とバックオフィス（決済など取引実行のための事務処理）部門の両方をリーソン氏が管理しており，破綻の直前まで，経営陣は巨額損失発生の事実を知らなかった。

住友商事は，日本の代表的な総合商社で，1996年4月に銅の先物取引により，巨額損失の発生が明るみに出た。住友商事のトレーダーだった浜中氏が，銅地金の簿外取引で発生した米国銀行への債務を返済するため，1985年から無許可で会社名義の不正取引を続け，住友商事に計2850億円の損害を与えた。ロンドンでの銅先物取引を行ううちに，簿外取引で自分勝手に現物と先物でポジションを組み，損失が発生した。損失を取り戻そうと取引額を拡大していき，最後にオプション取引で取り戻そうとするが失敗し，巨額の損失が表面化した。これはベアリング社の場合と同様，浜中氏がトレーディング部門とバックオフィス部門の両方を管理し，巨額損失の表面化直前まで経営者が事実を把握していなかったからである。

リスク・マネジメントの指針

リスク・マネジメントをどうすべきかについては，1つの定まった答えがあるわけではない。多くの場合は，ケース・バイ・ケースで個別に判断すべき側面が強い。しかし，前述の先進的な例と失敗例には，デリバティブを用いたリスク・マネジメントについて，いくつかの重要なポイントが含まれている。そこで，デリバティブを用いたリスク・マネジメントについて，経営上の指針をまとめると，以下のようになる。

第1は，直面するリスクを統合して，企業全体のキャッシュフロ

ーに対するリスクとして認識するべきであるということである。たとえば、多国籍企業の場合、異なる通貨に対する債権と債務を同時に保有するが、それらは相殺してネットの為替リスクについて、その大きさを認識し、適切なリスク・マネジメントを行うことである。

　第2は、デリバティブはヘッジの手段として用いるべきで、レバレッジをはたらかせた利益増大の手段として用いるべきでないということである。デリバティブの取引では、レバレッジを高める、すなわち大規模な投機を行うことも可能である。それによってうまくいけば巨額の利益を得ることができる。しかし、一方で巨額の損失の可能性が発生する。リスク・マネジメントの観点からは、デリバティブはヘッジにのみ利用すべきである。損失を取り戻すために大きな投機を行うインセンティブがあるので、ルールとして使用を制限すべきである。

　第3は、同業種だからといって同じヘッジ戦略を用いるべきとは限らないということである。同業種であっても、倒産コストや将来の投資機会など、リスク・マネジメントが企業価値に与える要因は、大きく異なる。したがって、ヘッジ戦略は個々の企業ごとに独自のものを確立する必要がある。

　第4は、デリバティブ利用の決定を社内の専門家に全面委任すべきではないということである。デリバティブはそのリスク特性やプライシングが複雑であるために、経営者は専門家に全面委任してしまいがちである。しかし、ヘッジの基本戦略の決定は経営者が行う必要がある。そのためには、デリバティブの基本を理解したうえで、基本戦略の実行のためにデリバティブがどのように利用されているかを理解し、定期的にモニターすべきである。また、そのために、リスク管理システムの構築を含む内部管理体制の確立が必要となる。

たとえば，VaR などによる全体リスクの数量的把握，トレーダーのポジションの上限の設定，トレーディング部門とバックオフィス部門の厳格な分離，などである。

練習問題

1. 輸入商社の X 社は，将来のドル建てでの支払いのヘッジを検討している。
   (1) X 社は，現在よりも円高になれば営業利益が増加して，現在よりも円安が進んでも現在の為替レートが実現したときに達成できる営業利益を最低限確保したいと考えている。このとき，X 社はどのようなデリバティブを購入すればよいか。また，このヘッジを行ったときの将来の為替レートと営業利益の関係を図に示せ。
   (2) (1)のヘッジと全く同じ効果をもつヘッジを，フォワードの取引だけでも行える。どのような取引を行えばよいか，概略を示せ。
   (3) (1)のオプション型のヘッジでは，ヘッジ・コストが大きいことに気づいた X 社は，別のオプションの売り手となることによって，ヘッジ・コストを下げようと考えた。オプションの売り手になれば，オプション料を受け取ることができるからである。X 社はどのようなオプションを売ればよいか。また，そのときの将来為替レートと営業利益の関係を図に示せ。
2. 大きな財務リスクにさらされていると思われる企業を選び，その企業が行っているリスク・マネジメント政策を調べて要点をまとめよ。また，それらの政策を企業価値最大化の観点から評価せよ。

参考文献

アンダーセン・朝日監査法人［2001］『図解 リスク・マネジメント』東洋経済新報社。

ゴールドマン・サックス＝ウォーバーグ・ディロン・リード（藤井健司訳）［1999］『総解説・金融リスクマネジメント：総合リスク管理体制の構築』日本経済新聞社。

高橋誠・新井富雄［1996］『デリバティブ入門』日本経済新聞社。

花枝英樹［2002］『戦略的企業財務論』東洋経済新報社。

ブリーリー, R. A. = S. C. マイヤーズ（藤井眞理子・国枝繁樹監訳）［2002］『コーポレート・ファイナンス』第6版, 上・下, 日経BP社。

フルート, K. A. = D. S. シャーフスタイン = J. C. スタイン［1995］「デリバティブ・マネジメントの六条件」『DIAMOND ハーバード・ビジネス・レビュー』1995年8-9月号。

ボディ, Z. = R. C. マートン（大前恵一朗訳）［2001］『現代ファイナンス論：意思決定のための理論と実践』改訂版, ピアソン・エデュケーション。

Stulz, R. M. [2002] *Financial Risk Management*, South-Western College Pub.

第7章 利益相反とコーポレート・ガバナンス

Summary 企業の主権は株主にあり，したがってその目的は株価最大化であるが，実際には多くのステークホルダー（利害関係者）からなり，その間（株主 ⇔ 経営者，株主〔経営者〕⇔ 債権者，株主〔経営者〕⇔ 新株主，株主〔経営者〕⇔ 従業員）の利益相反は深刻である。利益相反が解決されないかぎり，株主にとって好ましくないコスト（エージェンシー・コスト）が生じる。コストが生じないような規律付けが「株主によるガバナンス（統治）」である。本章では第4章でのエージェンシー・コストの解説に引き続き，それらを抑止する機能としてのガバナンスを解説する。

Keywords 所有と経営の分離，各種エージェンシー問題，株価最大化，株主によるガバナンス，負債によるガバナンス，資産代替，株式持合い，メインバンク，2004年商法改正

「株式会社」である以上，その企業を所有する主体は資金を出資する株主である。しかし，近代的な株式会社においては実際の経営はその所有者である株主（集団）そのものではなく，彼らから委託された専門家である経営者によって行われている。バーリー＝ミーンズの有名な著書（Berle, A. A. Jr. and G. C. Means [1932] *The Modern Corporation and Private Property*, Macmillan）での指摘以来，よく言われてきている「**所有と経営の分離**」である。分離すると仮に両者が異なった目的を持っている場合には利害対立（利益相反）の問題が生じ，株主の目的が完全には達成されない可能性が生じる。

1 株主と経営者

　企業組織，機関は各国によって異なるが，標準的なアメリカの企業においては，経営者とは具体的には「取締役」のことであり，より正確には「執行役員」である。株主は株主総会で取締役を選任し，彼らにコントロール（経営執行）権を委託する。取締役会は戦略・業務の決定を司り，執行は，執行役員（日本での代表取締役）に委託することになる。取締役会と執行役員は株主に対して受任者としての一般的注意義務，すなわち忠実義務と善管注意義務を負い，他方，取締役会は株主の観点から執行役員を監督する責務を負うことになり，必要があれば社外取締役の起用も望ましいとされている。

株主利益の最大化原則とその論拠

　武井［2002］の議論を基礎に株主利益の最大化の根拠を示しておこう。それによると，現在の会社法の通説は，「株主利益の最大化」が会社利害関係者の利害調整の基本原則であり，「株主利益の最大化を利害調整の行動規範とすべき」という考えの論拠として，大きく次の2つを挙げている。

　第1の論拠が，経済合理性の観点からの説明である。株主は，他のステークホルダーが契約に従い取り分をとった残余財産にしかアクセスができない剰余権者・残余請求者（residual claimant）だからとしている。株主は，残余財産の最大化のために，会社財産の全体を増加させることに強いインセンティブを有する。したがって，株主に他のステークホルダーに優先する意思決定権限を与えれば，会社利益の最大化を目指した経営が可能となる。他のステークホル

ダーは，確定額のリターンがあるかぎり会社全体の利益の最大化にはインセンティブがないが，株主は剰余権者なので会社全体の利益の最大化に強いインセンティブを持つからである。

第2の論拠が，現行の商法の体系からの説明である。商法は，経営者の選択や企業組織再編など基礎的な経営事項について株主だけの権利を付与している。これは，株主利益を調整原則として採用している証左といえる。

以上の議論から，経営者は，「総株主の長期的利益の最大化」を利害調整の規範とする法的義務を負っていることとなり，より具体的には，総株主の長期的利益の最大化を行動規範として経営を行うべき忠実義務と善管注意義務とを負っていることがわかる。

利害関係者（ステークホルダー）は，資金提供者としての債権者，労働サービスの提供者としての従業員等である。中でも，企業金融問題上で深刻な利害対立が生じると考えられるステークホルダーとしては大きく次の関係がある。

　　株主 ⇔ 経営者
　　株主（経営者）⇔ 債権者
　　株主（経営者）⇔ 新株主
　　株主（経営者）⇔ 従業員

株主（経営者）との記述は，この両者の対立は捨象して一体として考え，それとたとえば債権者との利害対立を中心に考えるとの意味合いである。

利害対立である以上，それが解決されないかぎり，企業金融上，好ましくない結果をもたらす。それをコストで提示したのがエージェンシー・コストである。

1　株主と経営者

経営者に対するコーポレート・ガバナンス

まず、この所有と経営の分離によって生じる利害対立の問題から始めよう。この利害対立が企業の設備投資問題をとおして株主の厚生にどのような影響を与えるのか、あるいはどのような問題をもっているのか、この過程で企業の財務政策がいかに関与するかを説明し、次にその問題はいかなる株主による監視下、規律付けのもとで解決されうるかを検討する。

まず、株主と経営者との関係を組織論的に示しておこう。株主とは、すでに述べたように、その企業資産の所有権を持っており、それゆえ、多くのステークホルダー（経営者、従業員、債権者等の利害関係者）の中にあって、リスク付きの企業収益（利益）から他のステークホルダーに費用として収益の一部を分配した残りの残余利益を得る権利（残余請求権）を持つ。しかるに企業経営に関しての実質的なコントロール権（業務の決定と執行）はその国の制度によって異なるものの、必ずしも株主が握っているわけではない。可能性としては、株主、経営者、債権者、従業員等が考えられるが、たとえば、平常時には株主、あるいは経営者が持っている場合でも、債務不履行に陥ると債権者に移るケースもよく見られる。

このコントロール権が経営者に与えられている場合、株主による経営者の行動に対する監視、規律付けがコーポレート・ガバナンスである。コントロール権を持った主体によって実際の企業経営が行われるのであるから、どの主体が持つかによって企業行動は異なってくるが、以下、比較の対象は、①株主が保有する場合と、②経営者が保有し、そこに何らかのガバナンスがはたらいている場合、とである。もちろん、前者にはガバナンスは不要であるし、逆に後者の場合はガバナンスのあり方が重要となる。

> **エージェンシー問題へのコーポレート・ガバナンスの必要性**

所有者である株主の厚生は受取配当と株価の上昇（キャピタル・ゲイン）である。株主とはすでに株式を保有している株主を考えればよく，これから**株価最大化**目的が導かれる。株主がコントロール権を持つ場合にはこの目的が達成されることはかなり自明であるが，問題は株主と経営者とが分離され，経営者がコントロール権を持つ場合，株価最大化行動がとられるか否かである。より具体的には，株価が最大となるような「効率的」な設備投資計画が行われるか否かである。もちろん受任者責任を負う経営者は株主の目的に沿って経営を行うことになるが，その詳細な規定は無理であり，それから明らかに逸脱しないかぎり法律的には罰せられることはない。

そこで，むしろ金銭的な契約を結ぶほうが有効である。しかし不確実性がある場合，詳細な契約を結ぶことは不可能であり，大雑把な契約を結ぶのが精一杯である（このような契約のことを不完備な契約と呼ぶ）。経営者は彼に与えられた大雑把な契約に従って経営者自身の目的を最大化するように行動すると考えられるので，それを前提に適度なインセンティブ報酬契約を結ぶとか，適切な監査を行うとかが適当となる。経営者にコントロール権を与えた場合においても，このようなアメとムチによって株価最大化が達成されれば，コーポレート・ガバナンスは有効である，あるいは単に「規律付けがはたらいている」と呼ぶ。以下で説明するように，株主にコントロール権が与えられている場合に，株主にとって効率的な設備投資が行われることはかなり自明である。したがって，このように経営者に与えられていても効率性が確保される場合には，どちらにコントロール権を与えるかは重要な問題とはならない。

しかし，一般的にはこの点は保証されないことを簡単な例示的な

1 株主と経営者

モデルに従って説明しよう。資本（規模）を K，そのもとでの企業価値を $V(K)$ とする。$V(K)$ は K に関して逓増的（増加するが増加率は徐々に下がる）と仮定すると，株価最大化とは $V(K)-K$ の最大化にほかならず，これをもたらす K が効率的な規模，効率的な設備投資となる（この点に関しては第4章の (4.4) 式，第5章の (5.7) 式も参照）。

さて，株式の一定割合 $\alpha(<1)$ を保有している経営者にコントロール権が与えられている場合を考える。経営者は企業価値の一定割合 θ を決めて，それを私的利益として所有（搾取）すると仮定する。この場合，経営者の目的は一般に，

$$\alpha[(1-\theta)V(K)-K]+\theta V(K) \tag{7.1}$$

を最大化することとなる。外部株主の純収益は全体で $(1-\alpha)[(1-\theta)V(K)-K]$ となる。

経営者は $0\leq\theta\leq\theta^*$ の範囲で θ を選ぶことができるとすると，$\alpha<1$ であるので θ^* を選ぶことが得策であることがわかる。すなわち，持株からの犠牲よりも私的利益からの収入増のほうが多いので最大限の私的利益を追求する。そのもとで最適な K を選ぶと，選ばれる K は株価最大化をもたらさないことがわかる。私的利益は投資負担をしないのでそれ以上の過剰な K を選ぶからであり，これがエージェンシー問題の一例である。要するに，この経営者にコントロール権を与えると効率的な設備投資は保証されないことになる。

$\alpha=1$ の場合，すなわち株主にコントロール権が配分されている場合には，(7.1) 式から θ のいかんにかかわらず，$V(K)-K$ の最大化が図られることがわかり，ガバナンスが不要であることがわかる。

【例】$V(K)=2\sqrt{K}$ とすると，社会的に最適な K は $\theta=0$ に対応するので，$K=1$ となる。株主にとっての最適化は $(1-\theta)V(K)-K$ の最大化であるので，最適な K は $K=(1-\theta)^2<1$ となる。すなわち過少設備である。それに対して (7.1) 式を最大化する経営者にとっての最適な K は簡単な計算から，$K=\dfrac{1}{A^2}$ となる。ここで，$A=\dfrac{\alpha}{\alpha(1-\theta)+\theta}<1$ であるので，$K>1$ となる。株主の視点から見ると企業は過剰設備となる。

このようにコントロール権が経営者に委託されているもとでの利益相反問題が**エージェンシー問題**である。問題とは，すでに説明したように，経営者には忠実義務と善管注意義務が課されるからといって経営者が100％株主の目的に沿って経営を行う保証はないとする利益相反問題である。

【例】先ほどの例に従うと，$\alpha=1$ でない以上，エージェンシー問題が発生する。株主にとっての最適化は $(1-\theta)V(K)-K$ の最大化であるが，経営者は (7.1) 式を最大化するので K が過剰となるからである。過剰によって生じる株式時価総額（厚生）の低下分がエージェンシー・コストと呼ばれる。

エージェンシー問題の解決策——成功報酬

しかし経営者が彼に与えられた報酬に従って経営を行うとすれば，株主としては報酬体系を適切にデザインして経営者をして株主の目的に沿うように経営を行うようにすることは，理論的には可能である。たとえば経営者への報酬を適切にデザインして株価を最大化するような成功報酬体系にすればよいことになる。このように効率的なガバナンスをもたらすような適切な報酬体系を求めることがエージェンシー問題の主題である。

たとえば，株主の利益である $V(K)-K$ と比例するように経営者

の報酬を決めるのがその一方法である。ただし、その水準は適切に決めなければならない。それが多ければ株主への収益はその分少なくなるからであり、逆に低い水準に決めると、次に述べる経営者市場が発達している場合には経営者はその企業を辞めて他の企業に移る可能性があるからである。市場の報酬（給与）水準を参考にしながら効率的に体系をつくる必要がある。

また、不確実性によって成功報酬も変動することがある。経営者がリスク回避的な場合はプレミアムを要求する可能性が生じ、これは残余を受け取る株主にとって望ましいことではない。経営者のほうがよりリスク回避的な場合には固定報酬部分をつけることも必要となる。

株主によるガバナンス　成功報酬面によるインセンティブが必ずしも十分でない場合には、経営者は株主の利益とは異なった方向に企業を導くことがありうるが、それが自由に行えるわけではない。また行えないように規律付けするのが**株主によるガバナンス**である。

株主の利益と大きく異なった場合には、取締役会、株主総会において経営者の交替がありうる。前者は取締役から、後者は議決権行使をとおして株主一般から起こる。経営者が交替させられないようにするには株主価値をも含めた総価値を最大化する必要があり、それを考慮した経営者の私的利益を次のように定式化することができる。

$$\alpha[(1-\theta)V(K)-K]+\theta V(K)+\lambda(1-\alpha)[(1-\theta)V(K)-K]$$

(7.2)

第3項が外部株主の株主価値であり、λ は株主のガバナンス力（交渉力）である。経営者はこの項を無視して（$\lambda=0$ として）は最適化を

Column ⑦ ストック・オプション

　成功報酬の一例として登場したのがストック・オプションである。ストック・オプションとは別名ボーナス株とも呼ばれ、それを与えられた役員、従業員は自社株式をあらかじめ決められた一定額で企業から買い受けることのできる権利を得ることができ、一般に経営者の努力を促す仕組みとして意図されている。

　簡単な例を示して説明しよう。この例示では企業規模 K を一定とし、もっぱら経営者の努力水準を問題にする。経営者の努力水準を e として努力する場合を e_H、サボる場合を e_L とし（$e_H > e_L$）、努力は企業価値に影響し、$V(e_H) > V(e_L)$ となることを仮定する。さらに自社株を α（×100％）保有している経営者の効用を、$\alpha V(e) - e$ とすると、経営者の効用最大化の結果、e_H が選ばれれば株主にとって問題はないが、e_L が選ばれるとエージェンシー問題が生じる。e_L が選ばれる可能性がある場合、経営者に適切なストック・オプションを与えて、それを防ぐことが目的となる。たとえば、ストック・オプションを次のようにデザインすればよい。

$$\mathrm{Max}[V(e) - X, 0]$$

X は行使価格であり、$\mathrm{Max}(x, y)$ は、x と y との大きいほうをとる記号である。ここで、X を、$V(e_H) > X > V(e_L)$ となるように、また発行量 β を次のインセンティブ・コンパチブル（誘因整合）条件を満たすように決めればよい。

$$\alpha(V(e_H) - \beta V(e_H)) + \beta(V(e_H) - X) - e_H > \alpha V(e_L) - e_L$$

となる。左辺がストック・オプションを保有し、行使した場合の経営者の効用、右辺はストック・オプションがない場合の経営者の効用である。$\beta(V(e_H) - X)$ がオプションを行使して獲得できる収益である。収益を得るためには e_H の努力を払わなければならない。それに対してストック・オプションを発行するので持株からの収益は $\beta V(e_H)$ だけ希薄化する。

　他方、株主の効用はストック・オプションがない場合は次の式の右辺、

それがある場合は左辺となり、もちろん左辺のほうが大きくなる必要がある。

$$(1-\alpha)(V(e_H)-\beta V(e_H))+\beta X > (1-\alpha)V(e_L)$$

ストック・オプションの発行、行使によって経営者が βX を支払い、それは株主に帰するが、株式からの収益は $\beta V(e_H)$ だけ希薄化する。

このような両条件が満たされるようにストック・オプションをデザインすれば経営者がサボるというエージェンシー問題は解消されることになる。

日本でも1997年の商法改正で自己株式方式および新株引受権方式によるストック・オプション制度が導入された。

図れないという意味での制約条件と見ることも可能である。λ が1より大きい場合、すなわち株主の交渉力が強い場合には $\theta=0$ となり、経営者によって株価 $(V(K)-K)$ を最大にするような効率的な K が選ばれる。この場合、効率的なガバナンスがはたらいており、これが理想的な株主からのガバナンス、規律付けである。

しかし、株主のガバナンス力 λ は、次のような制度要因に依存する。経営者市場の発達度と株主構成である。それらに関して順次説明していこう。

企業内部からのガバナンスは法律による監査（日本での商法）と報酬体系が中心であるが、外部株主によるガバナンスは経営者市場の発達程度に依存する。経営者市場が十分に機能していれば、λ が大きいと解釈できる。既存経営者が株主のための経営を行っていない場合は、新たな経営者がその企業の株式を買収して株主総会においてその経営者を追い出し、実質的な経営権を獲得して、より効率的で株価が高くなるような経営を試みる。TOB（take-over bid：株式公開買付制度で「テンダー・オファー」とも呼ばれる）がその手段で

ある。この過程で株価が上昇すれば買収した新経営者は多額のキャピタル・ゲインを得ることとなり、実際、TOBを掛けるインセンティブは十分となる。問題はこのような潜在的な経営者が十分にいるか否かであり、また株式の買収の容易さにも依存する。経営者に関する情報の問題も重要であり、ネットワークを構築するような民間情報収集機関が必要かもしれない。

ただし、この過程で、一般株主が新経営者の要求に応じて株式を売却するか否かが問題である。彼らは経営の改善に一切、協力しなくとも経営改善にともなうキャピタル・ゲインを享受できる、いわゆる「ただ乗り」によるメリットを享受できるので売却しない可能性がある。このただ乗りのケースを考慮すると、そもそもTOBは成功しない可能性がある。

株主によるガバナンスの強さはその構成にも依存する。たとえば株主すべてが多数の個人株主からなる場合には、彼らはその影響力の小ささからあえてコストをかけて議決権行使をすることはしないであろう。影響力のあるのはむしろ大株主なのである。したがって、大株主が集中している企業のほうが株主権は強いと考えられる。

ただし、大株主なら必ず効果的なガバナンスを行うとは限らない。たとえば、日本では独占禁止法に抵触しないかぎり（発行済み株式数の5％まで）において銀行は株式を保有できるが、アメリカでは禁止されている。日本ではある企業のメインバンクがその企業の大株主であることが一般的である。大株主としてのメインバンクが企業に何を求めるか、株価最大化を求めるかは必ずしも明らかではない。それに対して主要先進国では機関投資家が主たる株主になるが、それは本源的な株主ではなく、運用を委託されている運用機関である。本源的な株主は企業年金基金であるが、機関投資家は基金に対

して，また基金は年金の加入者に対して受託者責任を負っており，機関投資家は株価最大化を求める投資家として実質的なガバナンスを行うことになる。

2 債権者と株主

負債によるガバナンス

明確な経営者市場がなくとも，負債（銀行借入れ）で投資資金 K を全額調達する場合には部分的にガバナンスがはたらく可能性がある。株主によるガバナンスが十分でない場合，規模 K は過剰になる傾向がある点を説明したが，それが負債 $B(=K)$ で調達された場合には過剰設備は抑制される。負債が返済されるためには $V(K) \geq K = B$ とならなければならず，不等号が逆の場合には倒産してしまい，倒産すればコントロール権は経営者から債権者に移るからである。しかし，K のうち，部分的にしか負債で調達しない場合にはこの抑制ははたらかないことがわかるだろう。

資産代替

株主と経営者とが一体になって，この両者が利益相反問題に直面することがない場合にも，株主と債権者との間の利益相反問題が考えられる。設備投資からの収益分配に関して債権者と株主を比較すると，債権者の収益は株主のそれに優先する代わりに下限はゼロであるが，上限は元利合計までである。他方，株主の収益は有限責任性から下限はゼロではあるが，債権者に劣後する代わりに上限には限界はない。

この両者のペイオフの特性から多額の負債による資金調達を行っている企業の経営者（株主）はリスクの大きい投資の実施を好むこ

とが知られている（第4章第3節のエージェンシー・コストの説明を参照）。株主の損失は高々，出資額までなので，できれば一か八かのリスキーな投資を行って最大収益を狙うほうが得策となるからである。ボディ＝マートン［1999］には次のような例で示されている。

【例】「例えば，ある企業の総資産が1億ドルだとしよう。その企業の負債は1年後の満期で額面1.04億ドルであるとしよう。経営者には，総資産1億ドルをすべて無リスク金利年4％の国債に投資するか，あるいは1年後に2億ドルかゼロの価値となるベンチャー・ビジネスに投資するか，いずれかの選択肢があるとする。ベンチャー・ビジネスの成功する確率が非常に小さくとも，株主の利益を最大化するために行動している経営者は，ベンチャーに出資するほうを選ぶであろう。なぜなら国債に投資したならば，株価はゼロになってしまう。しかし，もし1年後に，たとえ確率は小さくとも，企業価値が1.04億ドルよりも大きくなる可能性があれば，株価はゼロにならない。ベンチャー投資に失敗するリスクはすべて債権者が負い，成功した場合の利益は（負債の額面を除き）すべて株主が得ることになるからである」。

負債で調達した後に経営者（株主）が投資内容を決定する場合，このようによりリスクの高い投資を選ぶ（代替する）ことが有利となる。代替することによって株価が高くなるからである。この投資政策は「**資産代替**」と呼ばれる。以下，より詳しい例を示そう。

【例】A企業は負債が4億円，既存の設備投資からの利益は経済状況が良い場合には5億円，悪い場合には3億円見込める業績を持っている。金利はゼロと仮定する（表7－1参照）。ここに，新たに2つの設備投資プロジェクト案Ⅰ，Ⅱが検討される

表 7-1 A 企業の設備投資プロジェクト

新規投資案	経済状況	既存投資利益	新規投資利益	総利益	総負債	株主利益
I	良い	5	7	12	9	3
	悪い	3	5	8	9	0
II	良い	5	6	11	9	2
	悪い	3	6	9	9	0

としよう。コストはどちらも5億円で，利益に関しては，I案は経済状況が良い場合には7億円，悪い場合には5億円が，II案はどちらの場合でも6億円が見込めるとする。それぞれの場合の生起確率は50％とすると，両投資案の期待値は6億円で同じであり，株主はリスク中立的であるとすると，株主利益は6億円－5億円＝1億円で効率的な設備投資であることがわかる。

5億円を負債で調達するとI案では経済状況が悪い場合，総利益は8億円であるので貸倒れが生じる。II案では貸倒れは生じないので，債権者はII案を行うのでなければ貸出しを行わない。ところが，現在の株式時価総額は投資案Iでは1.5億円であるのに対しIIは1億円であるので，株主は必ずIの投資を選択する。このことを合理的に予想する債権者は貸出しを行わないことになる。

したがって，このような倒産が生じうるような債務状況では効率的な投資案があるにもかかわらずそれを負債で資金調達するかぎり，実施されないことになることがわかるだろう。これは，企業，すなわち株主が資金を調達した後に設備投資案を決定する順序だからであり，その決定に関して債権者は関与でき

ないからである。この場合，株主は必ずリスクの高いほうの設備投資案に代替（資産代替）するので，債権者が融資を拒むことになる。これによって生じる機会損失は，負債のエージェンシー・コストと呼ばれている。

> 最適資本構成再考

第4章で，法人税と倒産コストを同時に考慮すると静学的な意味での最適な資本構成が存在することを説明したが，同様に，負債による規律付け，および資産代替を同時に考慮すると，この利益相反の側面から静学的な最適資本構成が存在する。負債比率が低すぎると経営者に対する規律付けが弱くなり，過剰設備になる可能性があるが，他方，高すぎると資産代替によって過少設備になる可能性も出てくる。どこか中間的な負債比率領域に，株価を最大化させる最適な負債比率があると考えられる。

> 証券化再考

第5章で解説した証券化の意義を，資産代替の例示から再確認しておこう。新規設備投資プロジェクトが証券化によって資金調達されるとしよう。この場合，新規投資からの利益および負債はどちらのプロジェクトが採用されようと，既存設備投資からの利益・負債から隔離される。要するに，新プロジェクトの採算を独立に考えればよく，どちらのプロジェクトにしろ株主利益は1億円あるので株式時価総額は1億円となり，また負債も返済されるので実施される。

3 内部株主と外部株主

経営者の持株比率は，経営者（内部株主）と株主（外部株主）との

利益相反の程度に影響を与える。

(7.2) 式を整理すると,

$$[\alpha+\lambda(1-\alpha)][(1-\theta)V(K)-K]+\theta V(K) \tag{7.3}$$

となる。λ が1より大きい場合には θ はゼロになるのでエージェンシー問題は生じない。そこで,λ が1より小さい場合に限定すると,α の増加は $[\alpha+\lambda(1-\alpha)]$ を増加させるのでそれは所有と経営の分離度を弱め,過剰な設備が是正される方向に導くことがわかる。要するに,株主のガバナンス効果が十分でない場合には経営者の持株比率の増加は株価を高める効果をもっているのである。

α が株価に与える効果を実証的に調べると,アメリカでは5％までは株価を上げ,以降,25％までは低下させ,それ以上は増加させることが知られている。25％以上において株価を上昇させる結果は,市場からの規律付けよりも株主,経営者間の利害不一致解消効果のほうが優越することを表していると解釈できる。

新たに新株を経営者以外の外部株主に公募するとしよう。設備投資計画に先立ち,外部株主に新株を発行する計画を立てるとすると,新株の発行は α の低下となり,そのもとでの設備投資計画は α が変化しないような内部資金をも含めた調達に比して,より過剰投資となる。要するに,株価はより下がり,経営者以外の外部株主は迷惑を被る。

4 株主と従業員

●企業年金

経営者と株主間の利益相反問題以上に大きな問題に,株主と従業員との間の利益相反問題がある。これは古くは労使問題とも呼ばれ,

経済学の中心問題の1つであった。エージェンシー問題，あるいはそもそも企業金融問題などではこの利益相反は対象外とされているが，次に述べる企業年金問題はこの株主と従業員との利益相反問題を抜きにしては分析できない。しかも企業年金問題は重要な企業金融問題でもあるので，以下，簡単に触れておこう。

企業年金はその企業に勤務している従業員を対象とした，公的な年金給付に加算される私的年金である。企業年金の財政方式は積立方式と呼ばれ，勤労時期に保険料を積み立てることによって，その元利合計が退職後の給付額となる。

給付額の決まり方に関しては，確定給付型年金と確定拠出型年金とに大きく二分される。確定給付の場合あらかじめ給付額が決まっているのに対し，確定拠出の場合には積立金の収益に従って給付が決まる制度である。後者の場合は，現在のように資産からの収益率が低い場合には，単に将来給付額が低下するだけで，それ以上の問題はないが，前者の場合には給付額があらかじめ決まっているので不足分を何らかの方法で補填する必要が出てくる。それは基本的には株主が企業利益から拠出することになる。この場合，積立て不足は退職給付引当金と呼ばれ，株主から見れば負債であり，株価にも重大な影響を与えることになる。ここに，株主と従業員との利害関係が生じうる確定給付型年金を企業金融の視点から説明しておこう。

確定給付型年金

企業年金を積み立てる今期と，それを受け取る来期とからなる2期間のモデルで，確定給付型年金を考えよう。企業も来期末に解散すると考える。来期支払わなければならない確定給付額を全体で X とし，予定利率を i とすると，今期，拠出しておく必要のある年金保険料 F（以下では，より一般的に積立金と呼ぶ）は，

$$F = \frac{X}{1+i} \tag{7.4}$$

となる。このように予定利率とは保険料と給付額との関係をあらかじめ決めている内部収益率であり、それは国債のような長期債の利回りをベースに、十分に達成可能な市場金利水準に決められ、固定されるのが一般的である。しかし、何らかの理由によって市場金利がiからrに下がったとする。すなわち、$r<i$とする。この場合、必要な積立金は$F' = \dfrac{X}{1+r}$であり、当然、$F'>F$となる。これが積立て不足状況であり、$\mathit{\Delta}F = F'-F > 0$が不足額となる。

積立て不足と企業価値

$\mathit{\Delta}F = F'-F > 0$の積立て不足は今期の企業価値にいかなる影響を与えるのであろうか。簡単化のため、不確実性のない状況のもとで確認しておこう。企業本体の企業価値をVとすると、不足がない場合には

$$V = S \tag{7.5}$$

となるとしよう。ここで、Sは株式時価総額で負債はないとする。

企業の来期予想営業利益をYとすると、積立て不足は来期、$X - F(1+r)$だけ営業利益を減らすことになる。Fを書き換えると、利益減は$\dfrac{(i-r)X}{1+i}$となり、その結果、株式時価総額S'は、

$$S' = \frac{Y - \dfrac{(i-r)X}{1+i}}{1+r} \tag{7.6}$$

に減少する。積立て不足がない場合には、

$$V = S = \frac{Y}{1+r} \tag{7.7}$$

となる。

積立て不足を書き換えると、

$$\varDelta F = \frac{X-(1+r)F}{1+r} \tag{7.8}$$

であり,これと S' とから,

$$V = S' + \varDelta F \tag{7.9}$$

となることがわかる。積立て不足は来期,負債性の引当金であることからわかるように,それと株式時価総額を加えた額が企業価値 V となり,V はその内訳には依らず一定となる。

【例】 $X=100$ 億円,$Y=101$ 億円,で当初は $i=r=5\%$ とする。このもとで積立金 F は,

$$F = \frac{100}{1.05} = 95.2$$

であり,当初,これはちょうど積み立てられていたとする。ここで,$r=1\%$ に低下したとする。この場合,積立て不足 $\varDelta F$ は簡単な計算から $\varDelta F=3.8$ 億円となる。他方,来期企業利益から 3.8 億円を補塡しなければならず,この結果,株式時価総額は $S=100$ 億円から $S'=96.2$ 億円に低下する。

$$V = S' + \varDelta F = 96.2 + 3.8 = 100$$

より,当然ながら積立て不足額と下落した株式時価総額との合計値は一定である。

予定利率

予定利率の決まり方はすでに述べたが,多少の自由度はある。従業員の立場からすると,将来に一定の給付額を受け取る際,その支払い保険料率(負担)は少ないほうがよいに決まっている。それには予定利率を高めに決めればよい。他方,予定利率を高めに決めると,積立て不足になる確率が高くなるために,株主の負担が大きくなるので,株主としてはそれを嫌い,予定利率は低めに決めることを望む。これが両

者の利害対立である。

　日本の企業年金は長い間，予定利率は5.5％と決まっていたが，1990年バブル崩壊以降，市場金利はそれをはるかに下回ったので，多くの企業年金に多額の積立て不足を生じさせ，当然ながらその補塡はさらなる株価の下落をもたらした。

5 日本企業のガバナンス

　最後に，日本企業のガバナンス構造に関して簡単に触れておこう。日本はこれまで，株式の持合い構造に裏打ちされた企業金融システムを体験した。三井，三菱，住友の旧財閥グループを中心としてグループ内の企業がお互いに株式を持ち合っており，この現象を**株式の持合い**と呼んでいる。株式の持合いは，①企業提携の証，②グループ内ミニ資本市場形成による資金調達の容易化，③乗取りからの防御，を意図している。しかし，経済構造の変革，競争の激化，企業の本業分野の停滞，時価会計の導入による保有株式評価損の顕在化等の要因によって，提携の再検討，保有株式の採算性・リスク性の再検討が迫られ，バブル崩壊後，持合いは急速に崩れている。売られた株式の多くは国内機関投資家，外国人株主が保有し，それまでのもの言わぬ株主からもの言う株主に変化しており，日本企業のガバナンスが大きく変化している。持合いは日本以外に，ドイツ，イタリア等でも見られる現象である。

　最近はともかく，これまでは「株主の利益の最大化」の概念は，日本企業では浸透しきっていなかった。それは日本では株式の持合いによって経営者市場は必ずしも十分には機能していなかったから

である。グループ内部からの交替はあっても外部からの交替はほとんど不可能であり、外部株主のガバナンスはきわめて弱かった。それに代わって債権者である金融機関（とくに**メインバンク**）が経営者を監視し、ガバナンスを行ってきたとの見方が一般的である。しかし、当然ながら債権者と株主との利害が一致する保証はないし、またバブル崩壊後、金融機関の機能低下とともに、そのガバナンスも期待できなくなっている。

さらに、日本の経営者の持株比率は欧米に比して低く、この結果、(7.1)式の経営者による$\theta V(K)$の獲得は少なからずあると思われるが、それは本来の意味での私的利益ではなく、むしろ従業員の厚生目的のために使用されることが多い。たとえば資本準備金がそれであり、それが従業員のために使用されることがある。日本企業の特徴として従業員の中から経営者が生まれる点をあげることができ、その結果、従業員への配慮が格別に高くなり、このようなことが行われるのである。そもそも、必要以上の従業員への配慮は株主利益と抵触する場合が多々あるので、株主から見ると問題ではあるが、彼らのガバナンスが十分でなかったのが原因である。いずれにせよ、企業規模は株主から見て過剰となる。

次に、日本企業における法律上のガバナンス（監査）の状況を説明しよう。これまでは商法によって、表7-2の左側のような監査役設置会社のみが認められていた。

これは本章の冒頭で説明したアメリカの取締役会の組織とはかなり異なっており、監査役会が存在する。この監査役には必ず社外監査役が必要とされているが、社外取締役に関しては任意である。しかし、社外取締役には権限があるものの、必ず置かなければならない社外監査役には経営トップの解任動議を提起し、人事を刷新する

表7-2 日本企業における法律上のガバナンス

監査役設置会社	委員会等設置会社
・取締役会が取締役の職務執行を監督 ・社外監査役半数以上により構成される監査役会が取締役の職務執行を監査	・取締役会が取締役・執行役の職務執行を監督 ・社外取締役過半数により構成される監査委員会が取締役・執行役の職務執行を監査(監査役は設置せず)
・利益処分・損失処理権限は株主総会	・利益処分・損失処理権限は取締役会に移譲
・取締役の責任の一部は無過失責任	・取締役の責任は,原則として過失責任

(出所)『日本経済新聞』2002年6月28日「決算公告特集」。

権限はない。

2004年4月施行の商法の改正によって表7-2の右側のようなアメリカ流の新しい委員会等設置会社も選択できるようになった。複数の社外の人材を起用して取締役の報酬や候補者の人選,会計監査などを担当する3つの委員会(報酬委員会,指名委員会,監査委員会)を設けること,業務執行機関としての執行役を設置することを条件に,取締役会から執行役に対して業務上の意思決定に関する大幅な権限委譲を認める点,監査役の廃止を認める点がポイントである。この改革はコーポレート・ガバナンス改革と呼ばれるように,経営者への規律付けの強化を狙った改革と位置付けられる。

練習問題

1 高度成長時,あるいはバブル時までは企業経営者は株価に無頓着であったが,バブル崩壊後,重要な関心事となった理由は何か。

2 株式の持合いを形成していれば企業業績が悪くとも株価を維持することが可能か。

3 株式市場が効率的でない場合，株主によるガバナンスはどのような問題点をもたらすか。

参考文献

小宮隆太郎 [1988]「日本企業の構造的・行動的特徴」『経済学論集』第54巻第2, 3号（伊丹敬之・加護野忠男・伊藤元重編 [1993]『リーディングス 日本の企業システム1 企業とは何か』有斐閣，所収）。

武井一浩 [2002]『新しい経営機構戦略：委員会等設置会社・監査役等設置会社の選択制に関する実務・解釈上の論点』商事法務。

谷川寧彦 [2000]「コーポレート・ガバナンス」筒井義郎編『金融分析の最先端』東洋経済新報社。

深尾光洋・森田泰子 [1997]『企業ガバナンス構造の国際比較』日本経済新聞社。

ボディ，Z. = R. C. マートン（大前恵一朗訳）[1999]『現代ファイナンス論：意思決定のための理論と実践』ピアソン・エデュケーション。

柳川範之 [2000]『契約と組織の経済学』東洋経済新報社。

Doherty, N. A. [2000] *Integrated Risk Management: Techniques and Strategies for Managing Corporate Risk*, McGraw-Hill.

第8章 ベンチャー・ファイナンスと株式公開

Summary バブル経済崩壊後10余年を経た現在も，日本は依然として景気停滞から脱却できず，閉塞感が蔓延するなど混迷の様相を呈している。こうした社会的閉塞感を払拭し21世紀に国際競争力を蘇生するための方策として，近年ベンチャー企業の創出，新産業の育成が注目を集めている。本章では，ファイナンスの観点からベンチャー育成の手掛かりを探るために，ベンチャー・キャピタルの役割と株式公開の仕組みについて説明する。

Keywords ベンチャー・キャピタル，IPO，過小値付け問題

1 ベンチャー・ファイナンスの特徴

ベンチャー・キャピタル

　ベンチャー・キャピタル (venture capital, 以下VC) とは，未公開企業を対象に投資および経営支援を行い，株式公開やM&Aをつうじて投資資金の回収を図る金融機関である。日本では1963年に日本投資育成株式会社，72年に京都エンタープライズ・デベロップメントが，それぞれ公的VC，民間VCとして日本で初めて設立された。2002年3月現在では，独立系，銀行系，証券会社系，保険会社系，政府系など，さまざまなVCが存在する (表8-1参照)。

　VCの投資方法には，VC本体が自己資金を使って投資をする場

表8-1 ベンチャー・キャピタルの投資状況（上位20社）

(単位：100万円)

	社　名	2003年3月末投資残高	2002年度年間投資額	系　列
1	ジャフコ	150,059	27,422	証券会社
2	ソフトバンク・インベストメント	94,309	29,469	事業会社
3	エヌ・アイ・エフベンチャーズ	83,846	20,056	証券会社
4	日本アジア投資	54,762	8,747	独立
5	みずほキャピタル	52,220	4,969	銀行
6	UFJキャピタル	40,800	5,000	銀行
7	東京中小企業投資育成	37,887	3,090	政府
8	大阪中小企業投資育成	30,619	1,630	政府
9	SMBCキャピタル	24,473	3,611	銀行
10	日興アントファクトリー	23,963	2,838	証券会社
11	オリックス・キャピタル	23,277	7,094	事業会社
12	安田企業投資	19,010	4,246	保険会社
13	日本ベンチャーキャピタル	18,964	3,744	独立
14	ダイヤモンドキャピタル	16,376	2,306	銀行
15	CSKベンチャーキャピタル	15,138	3,884	事業会社
16	大和銀企業投資	14,213	1,261	銀行
17	あさひ銀事業投資	14,176	2,628	銀行
18	MKSコンサルティング	12,062	1,455	独立
19	東京海上キャピタル	9,290	3,106	保険会社
20	ニッセイ・キャピタル	8,160	1,469	保険会社

(出所) 日本経済新聞社による「2002年度ベンチャーキャピタル調査」を参考に筆者が作成。

合と，投資家から資金を集めて組成した投資事業組合を経由して投資する場合がある。日本では1990年代初頭まで，投資の大部分が本体投資であった。また，同時期までは出資だけではなくVC本体がかなりの程度融資も行っており，投資事業組合をつうじた投資が大半のアメリカのベンチャー・ファイナンスとは似て非なるものだった。しかし，1998年の有限責任組合法施行にともない投資事業

組合出資者の有限責任が認められるようになると組合投資の割合が増加し，90年代後半にはVCによる投資の40％あまりを組合投資が占めている。また，バブル経済崩壊後は土地担保付き融資を控える傾向があり，1990年代後半には融資額も激減している。

日本のVCには，さまざまな問題があることが指摘されている。第1に，日本のVCは，経営基盤がしっかりした株式公開間近の企業に投資することが多い点があげられる。創業間もないアーリー・ステージ企業は信用が低く，またアイデアはあるが融資を受けようと思っても担保資産がない，といったことが多いため，必要資金のファイナンスが難しい。このような企業を発掘し，早い段階で投資を行うことで，VCは収益をあげることができるはずである。実際ベンチャー・ファイナンス先進国のアメリカでは，アーリー・ステージでの投資はもちろん，VCが起業に関わることもある。これに対し，多くの日本のVCは本当の意味でのリスク・マネーの供給者とは言いがたい。

第2に，的確な投資判断ができるベンチャー・キャピタリストが少ない点があげられる。日本には金融機関系のVCが多いが，たとえば銀行系VCの場合，従業員の多くは親銀行からの出向で数年後には親銀行に戻ってしまう。このようなローテーション人事が行われていては，銀行員以上に投資先企業の将来性を評価する能力が要求されるベンチャー・キャピタリストを育成することはできない。

第3に，日本では依然としてハンズ・オフ型の投資が大半である点があげられる。つまり，VCが投資先企業の経営に積極的に関与することは非常に少ない。VCには取引先の紹介や人材の斡旋，経営のアドバイスなど，単なる投資を越えた役割が期待されている。しかし，日本のVCの多くはそのような役割を果たしていない。

第4に，日本ではベンチャー契約が未発達である。次項で説明するように，アメリカの VC はリスクをとって投資をする代わりに，投資先企業との間でさまざまな契約を結び，法律をつうじて経営の規律付けを図っている。日本の VC がリスクの高いアーリー・ステージ企業に投資できない理由の1つは，契約で軽減できるリスクに正しく対処していないからである。

ベンチャー契約と経営の規律付け

ベンチャー企業に対する資金供給が困難である最大の理由は，投資家・企業間の情報格差が大きいことにある。したがって，VC がアーリー・ステージの企業に投資する場合には，情報格差に起因するモラルハザードの問題を解消することが重要である。そのための有効な手段の1つが VC・ベンチャー企業間の契約（以下 VC 契約と呼ぶ）とベンチャー・ファイナンス特有の投資手法である。しかし，前項で説明したように，日本では VC 契約が結ばれることはきわめてまれである。また，投資手法も適切とは言えない。そこで，以下ではアメリカで利用されている主要な投資手法と VC 契約について説明しよう（VC 契約・投資手法の詳細に関しては鈴木［2002］を参照）。

第1に，VC がベンチャー企業に投資をする場合には，一般にステージ・ファイナンス（段階投資）という手法がとられる。つまり，一度に全額投資するのではなく，企業の成長段階に応じて数回に分けて投資をするのである。企業が次回投資を受けるためには，それまでに一定の成果をあげなくてはならず，それが経営者に企業価値を高める誘因を与える。

第2に，投資をする際には普通株ではなく，ほとんどの場合，転換優先株（convertible preferred stock）が利用される。転換優先株

には,一般にクラス・ボーティングにより取締役を選出する権利が付与されており,VCによる経営関与を保証している。

第3に,VCは契約によって企業のファイナンスを制限することが多い。たとえばVCには,企業の追加的な資金調達を行う場合にその可否について事前に交渉する権利,あるいはVCの意向にそわなかった場合には追加資金調達を拒否する権利などが付与されていることがある。

第4に,VC契約には,VCが積極的に経営に関与することを保証するための契約条項が盛り込まれている。たとえば,VCが企業に取締役を派遣すること,VCと企業が選んだ第三者を取締役にすること,が契約に盛り込まれる。あるいは,企業がVCに対して適宜公開・非公開の財務情報を提示させることを義務付けることもある。

以上に加えて,経営者や従業員が退職する場合に同業他社に再就職することを禁じる条項,企業の合併・買収などについて拒否権を付与する条項などがある。ところで,ベンチャー企業が株式公開するとVCは株式を売却するため,企業はベンチャー契約による束縛から解放されることになる。アメリカでは,上述のように契約でがんじがらめにされていることも,ベンチャー企業が少しでも早く株式を公開する誘因となっている。

> ベンチャー支援政策

政府によるベンチャー企業に対するファイナンス面での支援策には,債務保証,補助金,融資,出資,の4種類がある。

債務保証とは,担保資産を所有しない,もしくは信用力が不十分なベンチャー企業が融資を受けやすくする,あるいは社債を発行しやすくするための制度である。具体的には,各都道府県の信用保証

協会や産業基盤整備基金（1986年設立の財務省と経済産業省共管の特別認可法人），ベンチャー・エンタープライズ・センター（VEC，1975年設立の経済産業省所管の財団法人）などによる債務保証がある。万一企業が債務不履行に陥った場合には，これらの保証主体が債務の一部もしくは全額を弁済することになる。

　助成金としては，中小企業ベンチャー振興基金の助成金や新事業開拓助成金交付事業がある。また，とくに研究開発に特化した補助金制度として日本版SBIR（small business innovation research：中小企業技術革新制度）がある。そもそもSBIRとはアメリカで1982年に始められた研究開発補助金制度で，それにならって日本でも1999年から始まった。アメリカでは1億ドル以上の外部研究開発予算を持つ連邦政府機関に対して，予算の一定割合を研究開発力のある中小企業に助成しており，ベンチャー企業の育成に貢献している。実証分析でも，SBIRの助成を受けた企業は，そうでない企業に比べて収益・雇用とも成長率が高いことが確認されている。日本では経済産業省が中心となって，選別された特定中小企業に対して補助金を交付する。また，この補助金を受けた企業に対しては，中小企業投資育成会社の投資基準の緩和，新事業開拓保険制度による債務保証限度の拡大，中小企業金融公庫の融資条件の緩和などの特例措置も適用される仕組みになっている。

　融資制度としては，中小企業金融公庫，国民生活金融公庫，商工中金，政策投資銀行などが，将来性のあるベンチャー企業に対して低金利で融資を行っている。とくにスタート・アップ期のベンチャー企業は担保資産が少なくまた経営実績もほとんどないため，民間金融機関から融資を受けるのは難しい。政府系金融機関には，これらの企業に対して民間銀行の融資機能を補完する役割が期待されて

いる。

　出資は政府系VCをつうじて行われる。出資には、直接的投資事業と間接的投資事業の2つの形態がある。直接的投資事業としては、産業整備基金と民間の共同出資で設立された新規事業投資株式会社、中小企業投資育成法に基づいて民間と地方自治体の共同出資で1963年に設立された中小企業投資育成株式会社がある。中小企業投資育成株式会社は東京、大阪、名古屋の3カ所にあるが、東京中小企業投資育成は規模が大きく、2002年度末投資残高がVCの中で第7位である。間接的投資事業としては、中小企業総合事業団が民間VCが組成した投資事業組合に出資する場合が該当する。また、各道府県からの出資で運営されるベンチャー財団は、ベンチャー企業の株式や債券に直接投資することもあるし、また民間VCに信託形式で出資し間接的に投資することもある。

2　株式公開

株式公開とは　　株式会社には未公開企業（プライベート・カンパニー）と公開企業（パブリック・カンパニー）がある。未公開企業とは、社長やその親近者らが主要な株主で、株式が市場で取引されていない企業である。これに対し公開企業とは、不特定多数の投資家が株主で、市場で株式が取引される企業である。未公開企業が公開企業になることを株式公開あるいは**IPO**（アイ・ピー・オー：initial public offering）という。

　では、なぜ企業は株式を公開するのだろうか。株式公開の主要なメリットとしては、以下の3つが考えられる。第1に、社会的信用

を獲得し知名度を高めることができる。次項で説明するように,株式を公開するためには投資対象としての適格性を確保するために,さまざまな公開審査基準を満たさなくてはならない。したがって,株式公開を果たしたということは,収益性や健全性などの公開基準をクリアしたことを意味し,企業の社会的信用の向上が期待される。信用が高まれば,より優秀な人材も確保することができるだろう。また,企業の社会的評価の向上は,従業員の士気向上にもつながるだろう。第2に,資金調達力が強まるという利点がある。株式公開すれば,公募増資や転換社債の発行で市場性資金を調達することができるようになる。また,公開の結果企業に対する信用が高まり,銀行からの借入れもしやすくなる。第3に,株式公開時に所有株を売り出せば,創業者は多大な利益をあげることができる。

もちろん,株式公開にはコストもともなう。第1に,公開するためには,証券会社や監査法人など関係諸機関に莫大な手数料を支払わなくてはならない。また仮に公開しても,上述のメリットがすべて実現するとはかぎらないというリスクもある。第2に,公開企業には未公開企業をはるかに越えた企業情報のディスクロージャーが求められる。まず,投資家に十分な企業情報を提供するため,公開企業は証券取引法により有価証券報告書の提出が義務づけられている。また,公開先によっては,証券取引法が定める半期ごとの決算開示に加えて四半期ごとの業況報告や会社説明会の開催を義務付ける場合もある。不特定多数の投資家が参加する株主総会の準備・運営には,相当の費用がかかるだろう。第3に,公開企業は株式買占めによって経営権を奪われる危険がある。戦後日本で株式持合いが進んだのも,こうした企業買収を回避するためであった。しかし,企業買収の可能性を公開のコストと考えることは,必ずしも正しく

ない。企業が買収されるのは、非効率的な経営をしているために企業価値を高める余地があるからである。つまり、企業買収は効率的な企業経営を実現するための、コーポレート・ガバナンスの1つの手段なのである。この意味で、株主にとっては買収は公開のメリットと考えることもできる。

株式公開の仕組み

株式を公開すると、不特定多数の匿名の投資家が自由に株式を売買できるようになる。投資家が安心して株式を売買できるようにするために、証券取引所（店頭市場の場合は日本証券業協会）はさまざまな公開基準を設けている（表8-2参照）。

公開基準には、形式基準と実質基準がある。形式基準は、発行済み株式数、株主数、浮動株比率、利益額、純資産額、監査法人による監査意見など株式公開するための必要条件で、これらの基準が満足されないかぎり実質基準の審査に進むことはできない。形式基準のうち公開時株主数、公開株式数、浮動株数、公開時浮動株比率などは、公開後に投資家に対して株式の流動性を保証するための基準である。円滑な取引を確保するためには、特定の株主に株式所有が集中していない、株式数が十分に多い、長期安定的に株式を所有する株主の割合が低いことが求められている。これに対し、総資産や利益、時価総額、監査意見などは、申請企業が将来にわたって存続すると同時に株主に対して利益を還元できることを要求する基準である。総じて新興企業向け3市場の形式基準は、その他の証券取引所の形式基準に比べてかなり緩和されており、ベンチャー企業にとって公開のハードルは低くなった。たとえば東証マザーズには利益基準や財務面での基準がなく、赤字企業や債務超過企業の上場も可能である。ただし、だからといってどんな企業でも上場できるとい

表 8-2 ジャスダックの主要な公開基準（第1号基準）

登録基準
- 株　　　　数　　登録日における発行済み株式数
　　　　　　　　　　　1000万株未満　　　　　300人以上
　　　　　　　　　　　1000万〜2000万株　　　400人以上
　　　　　　　　　　　2000万株以上　　　　　500人以上
- 利　　　　益　　直前事業年度において当期純利益が計上されていること。
- 純　資　産　　直前事業年度末において2億円以上。
- 時　価　総　額　基準なし
- 発行済株式数　　基準なし
- 設立後経過年数　基準なし

登録取消基準
- 株　　　　数　　150人未満の期間が1年間継続した場合。
- 売買高・値付率　最近6カ月平均売買高が1万株未満かつ月平均値付率が20％未満，その後6カ月の月平均売買高が1万株以上または月平均値付率が20％以上にならなかった場合。

公開基準および公開の手続き
- 公開株式数　　　公募増資または売出しにより50万株以上の株式公開を行う。ただし，登録日に浮動株比率が30％以上になることが見込まれる場合は，公募・売出し株式数は任意とする。
- 公開手続き　　　入札とブックビルディングの選択制。

うわけではない。現状では財務的に脆弱であっても，将来の成長性が十分に見込まれると判断された企業が上場している。

　一方，実質基準に関しては形式基準に見られるような具体的な数値基準はないが，企業の継続性や健全性・収益性，経営組織のあり方や販売管理・会計制度などの経営管理状況，ディスクロージャーの適格性などが審査の対象になる。また，公開企業には法律を遵守することが要求される。取締役会や株主総会が適切に実施されているか，適切な納税手続きを行ってきたかなど，当たり前のことが守られてきたかどうかも重要な実質審査項目である。

株式公開市場

日本には，札幌，東京，名古屋，大阪，福岡の5つの証券取引所があるが，未公開企業がそれらの市場でいきなり公開することはまれである。2001年には例外的に未公開であった電通と野村総合研究所が東京証券取引所第1部で株式公開したが，いずれも未公開時から評判の高い企業であった。これに対し一般の未公開企業は，多くの場合ジャスダック（店頭市場），東証マザーズ（1999年11月に東京証券取引所内に創設），大証ヘラクレス（前身のナスダック・ジャパンは2000年6月に大阪証券取引所内に創設）の3つの新興企業向け市場のいずれかで公開される。2002年3月末時点での上場企業数は，店頭市場が916社，東証マザーズが35社，ナスダック・ジャパン（現大証ヘラクレス）が91社である。また2001年度における各市場への株式公開企業数は，それぞれ97社，7社，43社である（表8-3参照）。なお，アンビシャス（札幌証券取引所），セントレックス（名古屋証券取引所），大阪証券取引所・新市場部，Qボード（福岡証券取引所）も新興企業向けの市場だが，本章ではジャスダック，マザーズ，ヘラクレスの主要3市場を新興市場と呼ぶこととする。

3つの新興企業向け市場の中で最も歴史が古いのはジャスダックである。第二次世界大戦直後の証券市場が閉鎖されているときに，取引所外で自然発生的に行われた株式売買が店頭市場の起源である。店頭市場は「市場」という名前が付いているが，東京証券取引所のように売買注文を特定の場所に集中させて取引を行うオークション市場とは異なる。店頭登録株は，原則として投資家・証券会社間，あるいは証券会社間で相対の取引が行われる。ただ，相対取引では取引が成立しにくいため，一部の銘柄については証券会社が売り値と買い値を提示して取引に応じる「マーケット・メーク制度」が導

表8-3 新規公開会社数の推移

	1996年	1997	1998	1999	2000	2001
ジャスダック	112	103	62	73	97	97
東証マザーズ	—	—	—	2	27	7
ナスダック・ジャパン(現大証ヘラクレス)	—	—	—	—	33	43
東京証券取引所	14	11	14	8	24	16
大阪証券取引所	24	19	7	12	12	3
その他	14	9	3	12	10	3
合　　計	164	142	86	107	203	169

入されている。

1999年に開設された東証マザーズは,「新興企業に対し,その成長過程のより早い段階から資金調達が可能となる場を提供すると同時に,投資者に対しては,成長過程にある企業への投資機会を提供すること」を目的に掲げている。これを反映して,東証マザーズの公開基準には過去の利益や設立経過年数に関する要件が設けられていない。その結果,設立1年程度の新興企業であっても,上場が可能になった。また,公開審査の実質基準のうち継続性および収益性に関する審査が証券会社に委ねられていることもあり,申請手続きは迅速に行われる(申請から上場まで約3カ月)。

2000年には,大阪証券取引所内に「十分に統制され,透明性の高い,開かれた」電子市場としてナスダック・ジャパン市場(以下NJ)が創設された。NJは株式公開市場として有名なアメリカのナスダック(NASDAQ)と提携し,ナスダックのノウハウやブランドを活用している点に特徴がある。NJの上場基準・上場廃止基準はアメリカのナスダックとほぼ同一で,煩雑な審査手続きの簡単化・迅速化が図られた。また,上場・廃止基準として浮動株式数や株主

数など他市場にない基準を設けて,株式市場の流動性の向上を図った。将来はアジア,アメリカおよびヨーロッパをオンライン・ネットワークでつなぎ24時間世界中で取引ができるようにすることを掲げていたが,大阪証券取引所とアメリカのナスダックの提携解消にともない,2002年12月からは大証ヘラクレスとして再スタートしている。

従来の店頭市場は,申請基準が厳しくまた登録申請手続きが煩雑なため,将来性がある新興企業の上場が難しかった。NJと東証マザーズの創設は株式公開市場間の競争を促進し,新興企業の公開を容易にすると同時に資金調達の可能性を拡げつつある。

新規公開株の過小値付け

日本にかぎらず多くの国で,株式公開時の初期収益率が異常に高いことが知られている。ここで初期収益率とは,新規公開株を公開価格で購入し,公開後初値で売却したときに得られる収益率で,次のように定義される。

$$初期収益率 = \frac{公開後初値 - 公開価格}{公開価格}$$

(ただし多くの研究では,初値のかわりに公開日終値を用いて定義する)

日本では,1981〜89年に類似会社方式で公開価格が決定された会社の平均初期収益率は約43%,81〜91年に入札方式で価格決定された会社の平均初期収益率は約33%であった。また,同期間中初期収益率がマイナスになった例はほとんどない。

初期収益率が高いのはなぜなのか。もし株式市場が効率的で公開後の株価が企業のファンダメンタルズを正しく反映しているとすると,公開価格が過小評価されていることになる。では,なぜ公開価格は過小評価されるのだろうか。以下,**過小値付け**に関する代表的

な5つの考え方について説明しよう。

第1に,投資家間の情報格差が原因として考えられる。一般に,新規公開企業に関する情報は,すべての投資家によって共有されているわけではない。仮に同一の情報を持っていても,企業評価に必要な情報の解析能力は,投資家間で異なるだろう。たとえば,平均的な個人投資家よりも機関投資家のほうがより多くの情報を持ち,また情報解析能力も優れていると思われる。このような状況では,情報劣位に置かれた投資家は,過大評価された株式を平均的により多く購入することになる。もし,情報劣位の投資家がこのことをあらかじめ合理的に予想するならば,もはや新規公開株に投資することはないだろう。したがって,情報劣位の投資家に新規公開株を購入してもらうには,公開価格を過小に値付けして一定の収益率を保証することが必要になると考えられる。

第2に,投資家の模倣行動が原因と考えられる。ある投資家が,新規公開株の購入を検討しているとしよう。ただ,この投資家は公開企業に関して十分な情報を持っていないため,公開価格が妥当かどうか判断できないとする。このような状況に置かれた投資家は,他の投資家の行動を参考に株式を購入すべきか否か判断するかもしれない。つまり,他の投資家が購入するのであれば,自分も購入するといった行動をとる。もしすべての投資家がこのような行動をとるならば,公開価格が適正であると判断しても購入を躊躇するかもしれない。そこで,公開企業はまず誰かに投資してもらうために,公開価格を適正価格よりも低めに設定する可能性がある。

第3に,証券会社が引受リスクを回避するためとも考えることができる。新規公開株式の引受証券会社は,株式が売れ残った場合には引き受けなければならないという意味で,引受リスクを負ってい

Column ⑧　市場の非効率性と新規公開株の長期パフォーマンス

　入手可能なすべての情報を使っても超過収益（リスクに見合ったリターンを上回る収益）をあげることができない株式市場は「効率的である」と言われる。従来アメリカの株式市場は，このような意味で効率的であるとされていた。一方，日本の株式市場は，事業会社間の株式持合いなどが原因で必ずしも効率的ではないと考えられてきた。しかし，1980年代半ば以降，アメリカの株式市場の効率性を否定する証拠が相次いで報告されている。

　市場の効率性を否定するには，①特定の投資戦略で市場を上回る収益率をあげることができないこと，②リターンに意味のある情報（だけ）に対して株価が即座にかつ適切に反応すること，のいずれかを示せば十分である。①に関しては，3〜5年の長期では逆張り戦略，1年未満の短期では順張り戦略の有効性が確認されている。ここで逆張り戦略とは，たとえば過去一定期間の投資パフォーマンスが悪い銘柄を買い，パフォーマンスの良好な銘柄を売る（空売りする）というポートフォリオを組むことを指す。それに対して順張り戦略とは，逆に過去一定期間の投資パフォーマンスが悪い銘柄を売り，パフォーマンスが良好な銘柄を買うというポートフォリオを組むことを指す。このようなポートフォリオがリスクに見合った以上のリターンをあげることが，欧米各国で確認されている。

　一方②に関しては，増資・配当など株式のリターンにとって重要な情報の公開に対する市場の長期パフォーマンスを検証するという方法で，1990年代以降多くの研究が行われてきた。IPOもそれらイベントの1つである。アメリカでは，IPO銘柄の3〜5年にわたる長期パフォーマンスはベンチマーク（市場インデックス，リスク特性が類似の公開企業等々）の同時期・同期間のパフォーマンスを下回ることが多くの研究で報告されている。たとえばラフラン＝リッター（Loughran and Ritter [1995]）は，1970〜90年のIPOの長期パフォーマンスを調べた結果，IPO銘柄は同規模の公開銘柄に対して5年間の投資期間において30％

も収益率が低くなることを示している。そして、これは市場が IPO の際に過剰に反応する（公開後初値が公開企業のファンダメンタルズに対して過大に評価されている）ためだと説明している。つまりアメリカでは、IPO の過小値付けのある部分は、公開時における市場の過剰反応によって説明されるのである。さて、日本ではどうだろう。実は日本では、IPO の際に市場が過剰反応するという証拠は今のところない。日本において 30〜40％ という驚くほど高い初期収益率が実現する理由は依然として未解決の問題である。

る。では、引受リスクを回避するにはどうしたらよいか。さまざまな販売チャネルをつうじてセールスを展開するという方法がまず考えられるが、これには費用がかかる。証券会社にとって最も簡単な方法は、投資家の期待収益を高めることである。そのためには、公開価格を低く設定すればよい。

第4に、過小値付けは、公開企業が投資家に対して発信する将来の投資機会の有無に関するシグナルと理解することもできる。いま、企業と投資家の間に、将来における企業の投資機会（あるいは将来のキャッシュフローの割引現在価値としての企業価値）に関して情報格差があるとしよう。このような状況では、将来良い条件で資金調達を行うために、優良な投資機会を保有する企業は公開価格を低く設定する誘因を持つ。なぜならば、優良な投資機会を保有しない企業は優良な投資機会を保有する企業による過小値付けを模倣する誘因を持たないため、過小値付けをつうじて自らの将来性を投資家に対して説得的に伝えることができるからである。

第5に、過小値付けは機関投資家に対する報酬と理解することもできる。次項で説明するように、公開価格の決定方法としてブック

ビルディングが採用される場合，投資家は引受証券会社に対して当該新規公開銘柄に対する需要を申告する。そして証券会社は，複数の投資家から提出された需要申告から当該銘柄に対する需要状況を予測し，公開価格を決定する。ブックビルディングの過程では，市場の需要状況に関してさまざまな情報を持つ機関投資家による需要申告は，公開価格を決定するためにとくに重要である。そこで，引受証券会社は機関投資家からより正確な情報を引き出すために，情報提供に対する報酬として公開価格の過小値付けを利用すると考えられる。

以上説明したように，公開価格の過小値付けにはさまざまな理由があると考えられている。しかし，依然過小値付けの理由は十分に解明されておらず，効率的な株式公開制度を構築するためにもさらなる研究が必要な領域である（IPOに関する理論・実証分析の詳細はRitter and Welch［2002］を参照）。

証券会社の役割

新規公開は，企業が単独でできることではない。公開手続き全般について助言する主幹事証券会社，会計監査を行う監査法人，公開後に株式事務を代行する信託銀行，公開申請時および公開後にディスクロージャー書類を作成する印刷会社等々，さまざまな外部機関の協力が欠かせない。中でも，主幹事証券会社が果たす役割は大きい。

第1に，証券取引所で新規公開する場合は申請会社自身が上場申請をするが，店頭市場では証券会社が日本証券業協会に対して上場申請を行うことになっている。また，申請会社の実質審査も証券会社が行ったうえで，日本証券業協会が確認審査を実施する。また，東証マザーズと大証ヘラクレスでも，実質審査のうち「企業経営の継続性及び収益性」に関しては，主幹事証券会社に審査が委任され

ている。したがって，いずれの新興企業向け市場でも，証券会社の役割は重要である。

　第2に，公開価格を決定するのも証券会社である。現在，公開時の価格決定は，ほとんどの場合ブックビルディング方式と呼ばれる方法で行われる。ブックビルディング方式では，まず，類似の公開会社の株価を参考に，申請会社と証券会社が相談のうえ参考価格を決定する。次に，機関投資家を中心にヒアリングを行って参考価格の妥当性を検討し，仮条件（公開価格帯）を決定する。続いて，証券会社は機関投資家や個人投資家から仮条件の範囲で需要の申告を受け，そこで得られた需要分布やマーケットの状況等を考えあわせて，申請会社と相談のうえ公開価格を決定する。適切な公開価格の設定は，証券会社にとって非常に重要である。設定価格が高すぎれば公開時に売残りが生じ，証券会社が買い取らなくてはならない。また，公開後株価が公開価格割れすると，公開企業の信頼を失うことになる。反対に設定価格が低すぎると公開企業は十分に資金を調達することができず，証券会社は新規公開企業の主幹事としての評判を失墜することになる。

　これ以外にも，公開申請書類の作成に関わるほか，社内規定や社内管理体制の整備をすすめるための助言を行うなど，証券会社が果たす役割は大きい。

練習問題

1　ジャスダック，東証マザーズ，大証ヘラクレスに上場した企業について，初期収益率および会社設立から上場までの年数，企業規模，産業分類などの属性を調べ，新興市場間にどのような相違があるか確認せよ。

2　日本では銀行系，証券会社系，保険会社系など，金融機関系のベン

チャー・キャピタルが多い。金融機関系ベンチャー・キャピタルが未公開企業に出資する誘因について考察せよ。

参考文献

鈴木健嗣［2002］「ベンチャーファイナスにおけるベンチャーキャピタル契約の役割」『経営財務研究』第22巻第2号。

Loughran, T. and J. R. Ritter［1995］"The New Issues Puzzle," *Journal of Finance* 50.

Ritter, J. R. and I. Welch［2002］"A Review of IPO Activity, Pricing, and Allocations," *Journal of Finance* 57.

第9章 為替レートと国際財務戦略

Summary 本章では，国際化が進行する現代の企業の国際的な財務戦略に焦点を当てる。まず，為替レート，外国為替市場，国際金融市場について説明する。続いて，為替レートがどのように決定されるのか，代表的な短期と長期の2つの理論について説明する。後半では，事業会社による国際財務戦略，具体的には，外国投資，為替リスク管理，国際金融市場からの資金調達，グローバルなキャッシュ・マネジメント・システムなどを説明する。

Keywords 為替レート，国際金融市場，為替レートの決定理論，国際財務戦略

1 為替レートと外国為替市場

外国為替市場とは

外国為替市場とは，異なる2つの通貨を交換する市場のことである。外国為替市場の取引においては，証券取引所のような市場参加者が一堂に集まる物理的な場所は存在しない。外国為替市場は，世界中の銀行間の通信ネットワークを中心とした，市場参加者のネットワーク全体によって形成されている。取引は，2人の市場参加者間で相対で行われる。すなわち，売り手と買い手が互いに取引通貨，価格（＝為替レート），数量などについての条件を出し合い，互いに合意に達すれば取引が成立する。

外国為替市場は，グローバルな市場として形成され，休日を除くとほぼ24時間どこかで取引が行われている。市場参加者は世界各国に分散している。各国の市場参加者は，主に自国および近隣の市場で取引をする。また，日本の銀行がニューヨーク市場で取引を行うなど，金融機関を中心に自国とは遠く離れた市場での取引，すなわち非居住者と居住者間，あるいは非居住者同士の取引も活発に行われている。

　世界各地の市場のうち，主要な市場は，ニューヨーク，ロンドン，東京，シンガポール，フランクフルト，などである。各地にある市場では，取引は主として昼間の時間帯に行われ，夕方から夜間にかけて取引が低調になる。時差の関係から，夕方の時間帯に入った市場から昼間の時間帯に入った市場へと，取引が活発な市場がシフトしていく。主要市場では，東京市場でまず取引が始まり，その後，シンガポール市場で取引が始まる。日本時間の夕方になると東京市場での取引が低調になる一方，ロンドン市場で取引が活発になる。さらにその数時間後にニューヨーク市場で取引が活発となり，ニューヨーク市場が夜間に入って取引が低調になってしばらくして，翌日の東京市場が再び開く。表9-1は，主要市場での外国為替取引額（2001年4月の1カ月分）を示している。最大の市場がロンドンで全体の30％程度を占め，次いで，ニューヨーク，東京，シンガポール，フランクフルトの順となっている。近年，日本経済の低迷により，東京市場の全世界の取引高に占めるシェアが低下傾向を示している。

インターバンク市場と対顧客市場

　外国為替市場は，大きく2つに分けられる。1つは，市場参加者が銀行などの金融機関を中心としたホールセール（卸売り）市場

表9-1 主要市場の外国為替取引額とシェア (2001年4月)

	取引金額 (10億ドル)	シェア (%)
ニューヨーク	254	15.7
ロンドン	504	31.1
東　京	147	9.1
シンガポール	101	6.2
フランクフルト	88	5.4
その他	524	32.4
合　計	1618	100.0

(出所) Bank for International Settlements (BIS) [2002] *Triennial Central Bank Survey: Foreign Exchange and Derivatives Market Activity in 2001*, March 2002.

であるインターバンク市場である。ここでの取引は，一つ一つの取引規模が大きい。インターバンク市場での市場参加者は，各国の商業銀行，投資銀行，通貨当局（中央銀行を含む），ブローカー（短資会社），ノンバンクの金融機関である。もう1つの市場は，リテール（小売り）市場である対顧客市場で，機関投資家，事業法人，個人などが金融機関との取引を行う。対顧客市場では，銀行を中心とした金融機関が，外貨の在庫を常時保有して取引の相手方を務めるディーラーとしての役割を果たし，顧客である事業会社，機関投資家，個人投資家などを相手にして取引が行われる。

> 為替レートとは

外国為替市場で決定される2つの異なる通貨の交換比率が**為替レート**である。取引の中心となるのは，事実上の国際通貨であるアメリカのドルと各国通貨との交換である。したがって，日々報道され，基準となっている為替レートは，多くの場合対ドルの為替レートである。この基準となる為替レートを基準レートと呼ぶ。日本における基準レートは対

米ドルの為替レートであり，単位は1ドル当たりの円の金額（たとえば120円/ドル）である。それに対して，日本から見て他国の基準レート，すなわちユーロの対ドル・レートや，ポンドの対ドル・レートをクロス・レートと呼ぶ。なお，為替レートの表示単位は，国や通貨によって異なるので注意が必要である。日本を含め，多くの通貨は1ドル当たりで表示されるのに対し，ユーロやポンドなどのいくつかの通貨は，その通貨1単位当たり何ドルか（たとえば1.1ドル/ユーロ）で表示される。

ある時点の円/ドルの為替レートが120円/ドルであるとして，その後130円/ドルへ変化すれば，1ドルとの交換により多くの円が必要となるので，円安・ドル高を意味し，円が減価（＝ドルが増価）したという。反対に，110円/ドルへ変化すれば，円高・ドル安ということになり，円が増価（＝ドルが減価）したという。

新聞やテレビの報道において，ある時点の為替レートは，円/ドル・レートの場合では120.87～120.90円/ドルというように，幅をもって表示されるのが一般的である。この為替レートは，インターバンク市場においてその時点で中心的に取引されている為替レートである。幅があるのは，前述のように外国為替市場が相対取引の市場であるからであり，120.87（120.90）円/ドルがドルの買い手（売り手）の提示している価格の中で最も高い（低い）為替レートを示しており，ビッド（アスク）価格と呼ばれる。ビッド価格とアスク価格の差はスプレッドと呼ばれ，その大きさは取引コストを意味し，市場の流動性を反映している。スプレッドが小さいほど，売買の取引コストが小さく，取引によって生じる価格変化が小さいという意味で流動性が高いと言える。

為替レートの決定で中心的な役割を果たすのがインターバンク市

場で，インターバンク市場で決定された為替レートに基づいて対顧客レートが銀行などによって提示される。対顧客レートは，インターバンク市場よりも大きい取引費用を反映して，たとえば120.40〜121.40のように，スプレッドが大きくなる。

直物レート・先物レート・裁定レート

外国為替市場での取引は，取引が成立後直ちに決済される直物取引（実際には2営業日後に決済），受渡しが将来時点となる先物（フォワード）取引，直物取引と先物取引を両方同時に行うスワップ取引に大きく分かれる。スワップ取引は，為替リスクのヘッジや金利裁定取引のために行われる取引である。それぞれの取引で適用される為替レートが，直物レートと先物（フォワード）レートである。

N 種類の異なる通貨があれば，為替レートは，$\frac{N(N-1)}{2}$ 個存在する。通貨が20種類の場合には，$\frac{20 \times 19}{2} = 190$ 個もの為替レートが存在する。前述のように，外国為替市場での取引の中心は対米ドル取引になる。円とユーロの取引も行われるが，それらのレートは，基準レート（円/ドル・レート）とクロス・レート（ドル/ユーロ・レート）から決定される。たとえば，現在120円/ドル，1.1ドル/ユーロであったとすると，1ユーロをまずドルと交換して，それを円に交換して得られる円換算の金額は，$1.1 \times 120 = 132$ 円/ユーロとなる。この132円/ユーロが円とユーロの間の為替レートになる。このように基準レートとクロス・レートから決定される為替レートを裁定レートと呼ぶ。もし，現実の円/ユーロの為替レートが132円/ユーロから離れた水準にあったならば裁定取引が行われ，現実の為替レートが裁定レートに一致するように調整される。

実効為替レート

ある国の通貨が他のさまざまな国の通貨に対して増価したのか，減価したのかを単一

の指標で捉えることは重要である。たとえば日本の円について，対ドル・レートだけでなくユーロをはじめとして全面的に減価した場合と，ドルに対してだけ減価した場合とでは，円の対外競争力は異なる。ある国の通貨の強さを示す単一の指標が実効為替レートである。実効為替レートは，対ドル為替レートをはじめ，諸通貨との為替レートの加重平均で，基準時点を 100 として算出されている。加重平均のウェイトには，貿易額（あるいは輸出額）のシェアが用いられる。

名目為替レートと実質為替レート

名目為替レートと実質為替レートの区別も重要である。名目為替レートとは，毎日発表される為替レートのことである。それに対して，実質為替レートとは，名目為替レートを当該 2 国それぞれの物価指数で調整したものである。円ドル間の実質為替レートは，以下の式で表される。

$$\text{円ドル間の実質為替レート} = \text{名目為替レート} \times \frac{\text{アメリカの物価指数}}{\text{日本の物価指数}}$$

したがって，実質為替レート変化率は，以下のようになる。

実質為替レートの変化率 ＝ 名目為替レートの変化率
＋アメリカのインフレ率－日本のインフレ率

短期的には 2 国のインフレ率はほとんど変動しないため，短期的な実質為替レートの変動は名目為替レートの変動とほぼ等しくなる。一方，長期的には，両国のインフレ格差が影響を与える。

変動相場制と固定相場制

日本の通貨である円の対ドル為替レートは，日々変動している。このように為替レートが市場の需給に応じて変動するシステムを

のときには，$F>(<)S$，すなわち先物レートは直物レート比べてプレミアム（ディスカウント）の状態になる。

先物為替レートの計算例

この先物カバー付きの金利平価に基づいて，先物レートがいくらになるのかを数値例で説明する。日本の金利が0.1％（年率），アメリカの金利が2％（年率），直物為替レートが120円/ドルであるとすると，1年物の先物レートは，(9.1) 式から以下のように計算することができる。

$$F = \frac{(1+r)S}{1+r^*} = \frac{(1+0.001)\times 120}{1+0.02} = 117.76 \text{ (円)}$$

この数値例では，日本の金利が米国の金利よりも低いため，先物レートが直物レートより低いディスカウントの状態になっている。

1カ月物や3カ月物の先物レートを計算するときには，それぞれ1カ月物の金利，3カ月物の金利を用いなければならないので，年率表示の金利を1カ月当たり，3カ月当たりの金利に変換してから計算する必要がある。金利は通常年率で表示されているからである。

では，実際にこの先物カバー付きの金利平価は成立しているのであろうか。銀行間の取引では，取引コストはほとんどゼロに近いため，ほぼ成立している。このことを，2002年4月2日の『日本経済新聞』に載っている4月1日時点のデータを用いて確かめてみよう。直物レートとして，インターバンク相場の終値（ビッドとアスクの中間値）である133.2円/ドルを用いる。銀行間ドル直先スプレッド（年率，％）は，3カ月物で，－1.92％（年率）となっている。また，3カ月の短期金利として，東京銀行間取引金利（TIBOR）を用いると，円については，3カ月物で0.115％（年率），ドルについては，3カ月物で2.057％（年率）となっている。

これらの数値を用いて (9.2) 式にあてはめて計算してみると，直先スプレッド率＝－1.92％であるのに対して，内外金利差＝0.115－2.057＝－1.94％，となり，誤差はわずか0.02％である。

2 国際金融市場

国際金融市場

国際金融市場とは，異なる国の居住者間の金融取引を行う市場で，国際的な資金取引が行われる市場である。外国為替市場を含み，貸出・預金市場，債券市場，株式市場などの複数の金融市場が緊密に結びついた市場である。主な市場参加者は，各国の商業銀行，投資銀行・投資信託・保険会社，年金基金などのノンバンク金融機関，事業会社，中央銀行とその他政府機関である。各国の市場が高度な情報通信システムで結ばれている。

国際金融市場は，各国当局の規制を受ける国内市場と，規制が少ないユーロ市場とに大別できる。各国の国内市場も国際金融市場に含まれるのは，現在まで各国金融市場の国際化・自由化が進展したことにより，国内市場においても非居住者が参加することが可能となり，取引も活発になっているからである。

国際市場を形成する各国国内市場とユーロ市場は，高度に統合されている。その結果，市場間での裁定取引の機会はほとんどない。このことは，どの市場を利用しても大差はないということを表している。たとえば，東京市場での夕方の円/ドル・レートと，同時刻のロンドン市場での円/ドル・レートはほぼ等しくなっている。また，規制が緩やかなユーロ市場でのユーロ円金利と，規制が相対的

に厳しい日本の国内市場の金利との差も,近年ではきわめて小さくなっている。

ユーロ市場とは

ユーロ市場とは,その市場が存在する国の通貨以外の通貨によって資金の運用・調達が行われる市場の総称である。たとえば,ロンドンで取引されるドルや円の市場がユーロ市場に含まれる。また,発行国外に存在する通貨は,ユーロカレンシーと呼ばれる。アメリカ国外の銀行に預金されたドルはユーロドル,日本国外に預金された円はユーロ円と呼ばれる。

ユーロ市場の歴史は比較的浅く,1950年代後半にロンドンで自然発生的に取引が始まったとされる。ユーロ市場の「ユーロ」は,ヨーロッパで取引が始まったためそう呼ばれているが,ユーロ市場での取引は,ヨーロッパにかぎらず全世界で行われる取引が含まれる。また,通貨「ユーロ」とは異なることに注意する必要がある。

ロンドンの金融市場は,規制を嫌う海外のユーロドルをオフショア市場に呼びこむことに成功して大きく発達し,現在までユーロ市場の中心となっている。ユーロ市場は,預金準備率規制が適用されない,金利の上限規制がない,税の優遇措置,緩やかな証券発行基準など,国内市場に対して適用されるよりも規制がかなり緩くなっている。そのため,発行や取引の制約が少なく,取引コストを国内金融市場よりも低くすることが可能となる。それらが資金の調達者と運用者の双方にとってメリットとなったことがユーロ市場が大きく発展してきたことの主な要因である。

国際金融市場の発展の意義

国際金融市場は,現在では,国内市場,ユーロ市場とも,市場規模がきわめて大きくなった。その結果,金融取引に対する多様

なニーズに対応することが可能となり，また取引コストも低下した。

　国際金融市場の発展により，事業会社は，自国内の金融市場だけではなく，国際金融市場，主にユーロ市場をつうじてさまざまな形態で国際的な資金調達を行うことができるようになった。とくに多国籍企業は中心的な存在である。外国銀行からの外貨での借入れ，中長期資金はユーロノート（中長期の社債），短期資金の借入れはユーロ・コマーシャル・ペーパーを発行しても資金調達ができる。また，株式やワラント，転換社債の発行なども行うことができる。調達した外貨は，通貨スワップなどを利用して，自国通貨建ての借入れに変更することも容易にできる。

　また，国際金融市場の発展は，資金調達を行う金融機関や事業会社に多様な資金調達手段を提供する一方，資金提供者に対しては，国内資産への投資よりも分散化の効果が大きい国際分散投資の機会を提供している。機関投資家（投資信託，年金基金など）は，保有資産に自国通貨建て以外にもさまざまな外貨建て資産を組み入れることにより，国際分散投資の利益を得ることができる。世界各国の株式・債券への分散投資は，自国資産のみに投資するよりもリスク分散効果が高いからである。

現物市場とデリバティブ市場

国際金融市場のもう１つの区分として，現物市場とデリバティブ市場とに分けることができる。現物市場とは，株式や債券など市場参加者の資金調達に直接に関わる現物の証券を取引する市場である。それに対して，デリバティブ市場は，現物証券に派生したフォワードやオプションなどのデリバティブを取引する市場である。

　デリバティブ取引の多くは，バランスシート上には出てこないオフバランス取引で，相対取引であるため，その実態は各国通貨当局

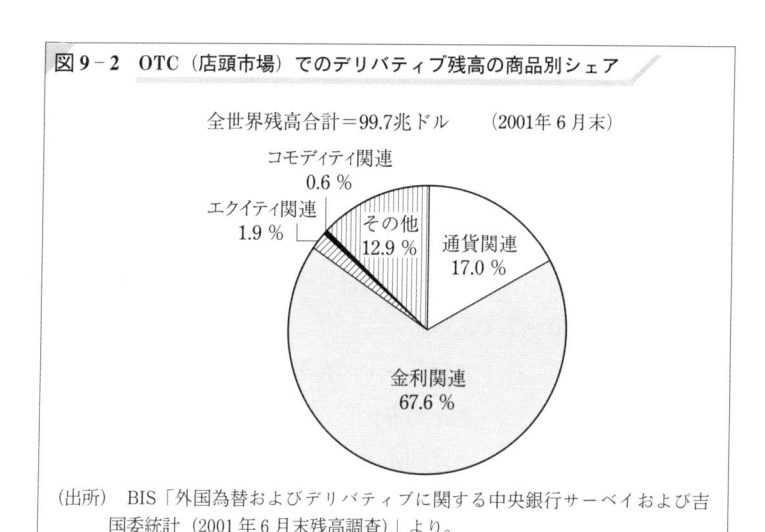

図9-2 OTC（店頭市場）でのデリバティブ残高の商品別シェア

全世界残高合計＝99.7兆ドル　（2001年6月末）

- コモディティ関連　0.6％
- エクイティ関連　1.9％
- その他　12.9％
- 通貨関連　17.0％
- 金利関連　67.6％

（出所）　BIS「外国為替およびデリバティブに関する中央銀行サーベイおよび吉国委統計（2001年6月末残高調査）」より。

も正確に把握することは困難となっている。BISが毎年行っている調査では，デリバティブ市場は年々成長し，想定元本ベースの取引残高も99.7兆ドル（2001年6月末）と巨額となっている。デリバティブは，原証券のタイプによって，通貨関連，金利関連，エクイティ関連，コモディティ関連などに分けられる。図9-2は，タイプ別の想定元本ベースでのシェアを示している。シェアが圧倒的に大きいのが，金利関連，ついで通貨関連で，この2つが大半を占める。

　デリバティブ市場は，金利リスク，為替リスクなどの多様なリスクに対して，さまざまなヘッジを可能にする。取引の大部分は，銀行をはじめとした金融機関間の取引で占められる。第6章で説明したように，事業会社にとっても，財務リスクをヘッジするうえで，デリバティブ市場は不可欠となっている。

3 為替レートの決定理論

　為替レートはどのように決定されるかについては,長期と短期で分けて考えることが有用である。為替レートを動かす要因は,長期と短期では異なるからである。

長期理論——購買力平価

　為替レートの長期均衡水準は,2国の財価格が均等化するように,すなわち一物一価の法則が成立するように決定されると考えられる。日本での1万円で購入できる(貿易可能な)消費財のバスケットと同じ消費財バスケットを,アメリカで買えば50ドルであるとする。このとき,為替レートが100円/ドルであったとすると,日本の輸入業者や消費者は円をドルに換えてアメリカで購入して日本に輸入すれば,日本国内で購入するよりも同じ商品を安く手に入れることができる。これは「内外価格差」が生じている状況である。もし,このような状況が解消されるには,為替レートは200円/ドルとなる必要がある。すなわち,同じ消費財バスケットが日本で買ってもアメリカで買っても同じ価格となるように,為替レートが決定されるのである。これが購買力平価(purchasing power parity:PPP)と呼ばれる為替レートの決定理論である。ただし,このような2国間の財の裁定を行おうとすると,輸送コストをはじめとした取引コストがかかる。また,国際間で取引できる財は貿易財のみに限定され,サービスをはじめとして多くの非貿易財は2国間で取引することができない。それゆえに,自国財価格と,現状の為替レートで算出された外国財価格とに格差が生じていても,すぐには解消

されず、解消されるには時間がかかると考えられる。短期では、購買力平価から乖離することは十分ありうるのである。したがって、購買力平価で決定される為替レートは、長期的均衡レートと考えることができる。購買力平価からの乖離が続くと、2国の財市場間で裁定取引が行われ、購買力平価が成立するように為替レートが調整されると考えられる。

絶対的 PPP と相対的 PPP

購買力平価に基づく為替レート S^{PPP} は、2国の物価水準の比として、以下のように表すことができる。

$$S^{PPP} = \frac{P}{P^*} \tag{9.3}$$

P ：自国の物価水準（自国財のバスケットを自国通貨で測った価値）

P^*：外国の物価水準（自国と同一財のバスケットを外国通貨で測った価値）

この (9.3) 式を絶対的 PPP と呼ぶ。絶対的 PPP に基づけば、為替レートの変化率 s は、両国のインフレ率の差 $\pi-\pi^*$ になると考えることができる。すなわち、

$$s = \pi - \pi^* \tag{9.4}$$

π ：自国のインフレ率

π^*：外国のインフレ率

この (9.4) 式を相対的 PPP と呼ぶ。したがって、長期における為替レートの変化率の予想値は、インフレ率の差となる。すなわち、インフレ率の高い国ほどその通貨は、減価していくことになる。相対的 PPP は、為替レート変動の長期的なトレンドを示していると見ることができる。

PPPは成立しているか

では，実際にPPPは成立しているのであろうか。短期的には，PPPが成立しないことは，日本と各国間に大きな内外価格差が継続していることや，2国間のインフレ格差とは別の要因で日々の為替レートが大きく変動していることから明らかである。短期においてPPPが成立しないことは，貿易に対する規制，輸送コスト，非貿易財（サービスなど）の存在などから十分に説明することができる。

しかし，長期的には為替レートに対して，購買力平価を成立させようとする力がはたらく。実際に，短期的にPPPに基づく為替レートから乖離しても，長期的には，両国のインフレ率格差によって，相対的に高インフレ率の国の通貨が減価する傾向が見られる。すなわち，長期では相対的PPPと整合的な結果である。図9-3は，円／ドル・レートについて，現実の名目為替レートと，購買力平価レート（PPPレート）を示してある。購買力平価レートは，筆者が推定したもので，1973年1月時点の基準となる為替レートを270円／ドルと仮定して，日米のインフレ率格差による調整を行って算出したものである。この図から，購買力平価レートが現実の為替レートと同方向の動きをしていることがわかる。これは，為替レートが，長期的には購買力平価が示すように2国間のインフレ率格差をある程度反映して動いていること，購買力平価から極端に乖離するような為替レートは継続しないことを示している。

短期理論――カバーなしの金利平価

短期における為替レートは，国際間の資産取引に基づいて決定される。すなわち，各国の市場参加者の国際的なポートフォリオ選択から生じる円建て資産とドル建て資産の交換によって生じる外国為替の需給によって決定される。このような為替レートの決定に

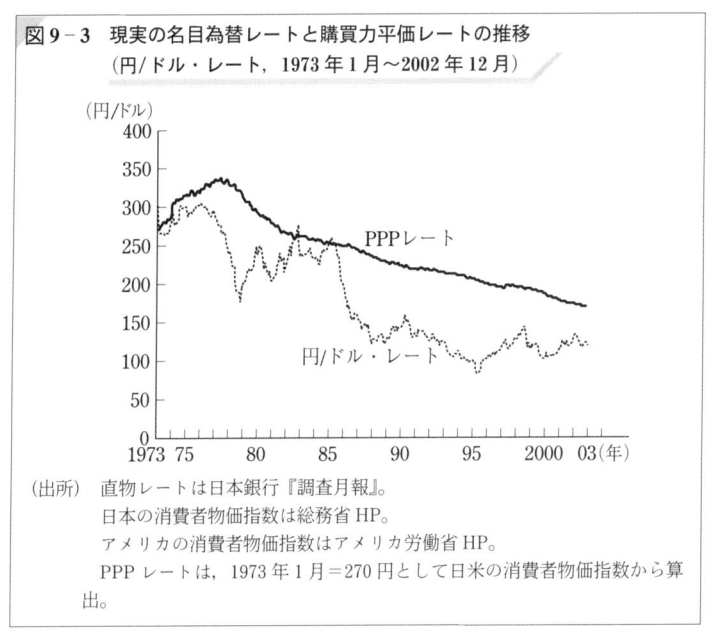

図9-3　現実の名目為替レートと購買力平価レートの推移
　　　　（円/ドル・レート，1973年1月～2002年12月）

(出所)　直物レートは日本銀行『調査月報』。
　　　　日本の消費者物価指数は総務省HP。
　　　　アメリカの消費者物価指数はアメリカ労働省HP。
　　　　PPPレートは，1973年1月＝270円として日米の消費者物価指数から算出。

対する考え方は，アセット・アプローチ，あるいはポートフォリオ・アプローチと呼ばれる。

　最も単純な場合として，すべての市場参加者がリスク中立的であるとする。このとき，短期における外国為替市場の均衡条件は，日本のリスクフリー資産で運用したときの期待収益率とアメリカのリスクフリー資産で運用したときの期待収益率とが等しくなることである。すなわち，日本のリスクフリー資産とアメリカのリスクフリー資産が投資家にとって同等に好ましい（＝完全代替）であることを意味している。アメリカのリスクフリー資産に投資したときには為替リスクが生じるので，期待収益率はドル建ての金利r^*と為替レートの期待変化率$E(s)$の和となる。したがって，日本の金利をrとすれば，短期における外国為替市場の均衡条件は，以下のように

表すことができる。

$$r = r^* + E(s) \tag{9.5}$$

$E(s)$：将来の為替レートの期待変化率 $= \dfrac{E(S_1) - S_0}{S_0}$

この (9.5) 式が示す短期の外国為替市場の均衡条件は，カバーなしの金利平価と呼ばれている。カバー付きの金利平価を表す (9.2) 式とよく似ているが，右辺の第2項がフォワード・プレミアム率ではなく，為替レートの期待変化率に置き換えられているのが大きく異なる点である。(9.5) 式が成立するように，現在の為替レート S_0 が決定されるのである。

(9.5) 式より，短期の為替レートの決定要因は，内外の金利 r, r^* および将来の期待為替レート $E(S_1)$ であることがわかる。金利は短期では大きく変化することは少ないから，現在の為替レートを決定する要因としては，将来の為替レートの予想が相対的に重要性が高い。将来の為替レートの変化率が大きく変われば，現在の為替レートも大きく変化することになる。なお，現実の市場でカバーなしの金利平価が成立しているかどうかについては，否定的な結果が圧倒的に多く，フォワード・ディスカウント・バイアスと呼ばれる現象の存在が広く認められている（コラム⑨参照）。

為替のリスク・プレミアム

カバーなしの金利平価では，投資家がリスク中立的であるという仮定を置いていたので，為替のリスク・プレミアムはゼロであった。もし投資家がリスク回避的である場合には，ゼロではない為替のリスク・プレミアムが生じる。すなわち，日本のリスクフリー資産とアメリカのリスクフリー資産は投資家にとって同等とは言えない（＝不完全代替）ということになる。このとき，外国為替市場

Column ⑨　フォワード・ディスカウント・バイアス

　カバーなしの金利平価が成立しているならば，高金利国通貨の低金利国通貨に対する為替レートの平均的な変化率は，2国の短期金利差（＝フォワード・プレミアム率）に等しくなるはずである。たとえば，日本の金利が2％，アメリカの金利が5％であれば，金利差が3％となり，為替レートの期待変化率も3％のはずである。しかし，主要通貨について，過去のデータを用いて調べると，高金利国通貨の低金利国通貨に対する為替レートの減価率は，金利差ほどではないことが知られている。この現象は，フォワード・ディスカウント・バイアスと呼ばれ，為替レートの偏った動き（バイアス）を意味している。

　為替レートの変化率 s_t と内外金利差 $(r_t - r_t^*)$ との関係を回帰式を用いて表すと以下のようになり，データを用いて a, b を推定することができる。

$$s_t = a + b(r_t - r_t^*) + u_t$$

　カバーなしの金利平価が成立しているのであれば，為替レートの変化率と金利差は等しくなる，すなわち $b = 1$ のはずである。これについてデータを用いた検証が数多くなされた。しかし，ほとんどすべての研究で，$b = 1$ はありえないという結果が出ている。しかも，推定値 $\hat{b}$ の平均 $≒ -1$ という驚くべき結果が出ている。すなわち，高金利の国に投資すれば，金利差分だけでなく，為替レートが増価することによる利益をも得ることができる，ということを意味している。

　このフォワード・ディスカウント・バイアスがなぜ生じるかについての最も有力な説明は，①為替リスク・プレミアムが存在してそれが時間的に変化しているため，②市場の非効率性，などである。しかし，これまでのところはっきりした結論は出ていない。

● 参考文献 ●
セイラー，R. H.（篠原勝訳）［1998］『市場と感情の経済学：「勝者の呪い」はなぜ起こるのか』第14章，ダイヤモンド社。

の均衡条件は以下のように修正される。

$$r = r^* + E(s) + rp \tag{9.6}$$

rp：為替リスク・プレミアム

為替のリスク・プレミアムは，為替リスクをとる場合に投資家が要求する追加的なリターンである。日本の投資家がドル建ての資産を購入したときにプラスの為替リスク・プレミアムを得る場合には，アメリカの投資家が円建ての資産を購入したときには，為替リスクをとっているにもかかわらず，マイナスのリスク・プレミアムを得ることになる。金融市場でプラスのリスク・プレミアムが与えられるのは，第2章で説明したとおり，分散化では消滅させることのできないリスク，すなわちシステマティック・リスクの場合のみである。どちらの国の投資家にプラスのリスク・プレミアムが与えられるかは，為替リスクがどちらの国の投資家にとって分散化できないシステマティック・リスクとなるかによる。日本の経常収支黒字が継続する場合には，日本の投資家は累積された経常収支分だけのドル建ての金融資産を保有せざるをえない。その場合には，日本の投資家に対してプラスの為替のリスク・プレミアムが生じることが予想される。なお，為替のリスク・プレミアムも，期待為替レート変化率と同様に，直接観察できない。また，その値は状況に応じて変化すると考えられる。

4 国際財務戦略

外国投資の決定原理　日本企業がアメリカに工場を建設するなど，外国での投資プロジェクトの決定原理につ

いて考えてみる。外国投資プロジェクトのキャッシュフローは現地通貨建てになることと、それにともなって為替リスクが発生する点が、自国内の投資プロジェクトと大きく異なる点である。外国投資を実行すべきかどうかは、どのように考えるべきであろうか。また、為替リスクはどのように扱うべきであろうか。結論から先に述べると、外国での投資プロジェクトの決定においては、為替リスクを無視し、現地通貨建てのキャッシュフローに対して、現地通貨ベースで要求される割引率を用いて、現地通貨建てのNPVに基づいて投資すべきかどうかを決定すればよい。将来の現地通貨建てのキャッシュフローの期待値を算出し、それを現地通貨建てのリスクに応じた割引率で割り引いてNPVを算出し、NPV>0（<0）ならばプロジェクトを実行（放棄）すればよい。将来の為替レートの見通しや為替リスクは、外国投資の決定において影響を与えないのである。

簡単な数値例で詳しく検討してみる。現在の為替レートを120円/ドルとする。日本の輸出企業が直接投資として、100百万ドル（=120億円）かけてアメリカに工場を建設するプロジェクトを考える。このプロジェクトからのドル建ての各期の期待キャッシュフローは表9-2のとおりである。

このプロジェクトのドル建てキャッシュフローに適用される割引率が10％とすると、ドル建てのNPVは、

$$\text{NPV} = -100 + \frac{40}{1.1} + \frac{50}{1.1^2} + \frac{50}{1.1^3} = 15.25 \text{（百万ドル）}$$

NPV>0であるから、このプロジェクトは実行すべきということになる。このドル建てのNPVを円建てに直すには、ドル建てのNPVを現在の為替レートを用いて変換すればよい。すなわち、

円建てのNPV = 15.25×120 = 18.3（億円）

表9-2 ドル建ての期待キャッシュフロー

(単位:百万ドル)

期　　間	0	1	2	3
キャッシュフロー	-100	40	50	50

　ここまでのNPVの算出においては,将来の期待為替レートや為替リスクは全く考慮していない。したがって,外国投資のプロジェクトの決定において,将来の為替レートに対する予想や為替リスクは全く影響を与えていないのである。また,この場合のNPVの算出では,為替リスクを全くヘッジしていないと考えることもできる。

　このプロジェクトを,先物為替を用いて完全に為替リスクをヘッジした場合について考える。NPVを算出するためには,完全ヘッジしたキャッシュフローを求め,そのキャッシュフローを割り引くために適切な割引率を選ぶ必要がある。日本とアメリカのリスクフリー・レート(年率)は,それぞれ2%,4%とする。1, 2, 3年物の先物為替レートは,前述のカバー付きの金利平価の公式(9.1)を用いると以下のように算出することができる。

$$1年物の先物為替レート = 120 \times \frac{1.02}{1.04} = 117.7$$

$$2年物の先物為替レート = 120 \times \left(\frac{1.02}{1.04}\right)^2 = 115.4$$

$$3年物の先物為替レート = 120 \times \left(\frac{1.02}{1.04}\right)^3 = 113.2$$

　為替リスクを完全ヘッジした場合の円換算の期待キャッシュフローは,ドル建ての期待キャッシュフローに先物為替レートを掛け合わせることによって,表9-3のようになる。

　次に,ドル建ての割引率が10%であるとき,完全ヘッジした円

表9-3 為替リスクを完全ヘッジした円建ての期待キャッシュフロー

(単位:億円)

期　　間	0	1	2	3
キャッシュフロー	-1×120 $=-120$	0.4×117.7 $=47.1$	0.5×115.4 $=57.7$	0.5×113.2 $=56.6$

建てのキャッシュフローに適用すべき割引率をどのように設定したらよいかを考える。投資プロジェクトと同じリスク特性をもつ1年後の期待キャッシュフロー1.1ドルの現在価値は、1ドルである。1年後の1.1ドルの為替リスクを完全ヘッジすると、$1.1\times\dfrac{1.02}{1.04}$ =1.079ドルとなる。したがって、この7.9％が完全ヘッジした円換算キャッシュフローに適用すべき割引率と考えることができる。

そこで、為替リスクを完全ヘッジした円換算のNPVは、以下のように計算される。

$$\text{NPV} = -120 + \frac{47.1}{1.079} + \frac{57.7}{1.079^2} + \frac{56.6}{1.079^3} = 18.3 \text{(億円)}$$

この為替リスクを完全ヘッジしたNPVは、先にドル建てで計算されたNPVの円換算値に等しくなっていることがわかる。

このように、外国投資については、現地通貨ベースでNPVの原理を用いればよいことが確認された。為替レートの予想は投資の決定には無関係なのである。また、外国投資の為替リスクのヘッジをどのようにすべきかは、投資決定とは独立に考慮すべき問題なのである。ただし、外国為替市場を含めて完全市場の仮定を暗黙的に用いていることに注意すべきである。

為替リスク管理

為替リスクは、①取引リスク、②換算リスク、③経済リスク、の3つに大きく分けら

れる。

　取引リスクとは，外貨建て取引において，契約と決済の時間のずれによって生じる為替リスクである。取引リスクは，為替レートの変動によりキャッシュフローに影響を与えるが，短期のリスクであり，また数量的な把握は容易なリスクである。

　換算リスクとは，外貨建ての債権・債務を連結財務諸表の作成のために本国通貨建てに換算する際に生じるリスクである。海外子会社の現地通貨建ての財務諸表を連結決算のために本国通貨建てに換算することが代表例である。換算リスクは，取引リスクとは異なりキャッシュフローの変動をともなわないが，為替レートの変動により，換算のための為替レートをいくらに設定するかによって，利益をはじめ貸借対照表や損益計算書の数値が大きな影響を受ける。

　経済リスクとは，為替レートの変動によって生じる国際競争力が低下するリスクを表す。短期から中長期にわたって企業の将来キャッシュフローに大きな影響を与えるリスクである。生産・販売面，原材料調達面，財務面，などにさまざまな影響をもたらす。たとえば，円高が日本企業に与える影響としては，外貨建て売上高の円換算価値の減少，輸出価格の上昇によるマーケット・シェアの低下，輸入原材料の調達コストの低下，外貨建て負債価値の減少，などである。経済的リスクは，中長期にわたって企業活動のさまざまな面に影響を与えるため，数量的な把握が難しいという特徴をもっている。したがって，経済リスクの管理も難しくなる。

オペレーショナル・ヘッジ

　第6章で強調したように，事業会社による為替リスク管理の目的は，ヘッジによって企業価値を高めることにある。第6章において，輸出企業A社の例によって，企業価値を高めることのでき

るケース，デリバティブを用いた為替リスクのヘッジ戦略の基本はすでに説明した。

　為替リスクのうち，取引リスクと換算リスクは，デリバティブを用いれば容易にヘッジすることができる。それに対して，経済リスクは数量化が難しい。また中長期にわたるリスクであるため，デリバティブによるヘッジにも限界がある。長期間の為替レート変動のリスクのヘッジとしては，オペレーショナル・ヘッジと呼ばれる事業活動の変更によるヘッジが有効である。オペレーショナル・ヘッジとは，事業活動によって生じる債権・債務を同一の外貨建てにして相殺を図るヘッジである。具体的には，生産工場の海外移転，海外からの部品調達比率を高める，などである。それによって，円高であろうと円安であろうと，長期的に大きな為替レートの変動が起こっても，それが企業の将来キャッシュフローを大きく変動させない。日本の主要な輸出企業も，長期的な円高傾向の中で，外貨建て部品調達比率を増加させることや海外直接投資による現地生産の拡大により，為替レートの変動が生じても利益の変動が小さくなるように工夫してきたのである。

　しかし，オペレーショナル・ヘッジには時間とコストがかかる。また，デリバティブのようにヘッジの柔軟な変更が難しいという欠点がある。現地生産について言えば，現地生産を開始するまでに年単位の時間がかかる。また，円安の進行や市場環境の悪化によって収益が悪化しても，直ちに現地生産を停止して撤退することは難しい。また，現地生産には，安定した生産や品質を維持することが国内生産よりも難しいことが多い。とくに，途上国での生産では，経済全体の不安定さや政治的な不安定さなどのポリティカル・リスクも大きい。

表9-4 円相場の営業利益への影響

会社名	1998年度 影響額	1998年度 変動率	2003年度 影響額	2003年度 変動率
ソニー	70億円	14.9%	65億円	5%
ブラザー工業	4.5	2.6	2	0.6
キヤノン	53	1.9	49	1.4
富士通	10	1	影響少	
パイオニア	6	2.5	3	0.7

(注) 1. 円相場が1ドル当たり1円動いたときの影響。

2. 変動率 = $\dfrac{\text{影響額}}{\text{期初時点での連結営業利益の見込み額}}$

3. 富士通は単体の営業利益。

(出所) 『日経金融新聞』2003年5月30日。

では,日本企業の収益に為替リスクがどのくらい影響を与えるのかを,具体例で見てみよう。表9-4は,いくつかの輸出企業について,為替レートの営業利益に与える影響を調べ,1998年度と2003年度を比較したものである。表から,2003年度のほうが,影響額,変動率とも縮小していることがわかる。それは,これらの企業が,これまでの長期にわたる円高の経験をふまえて,外貨建ての原材料調達比率を高めたり,直接投資によって現地子会社を設立したりするなどのオペレーショナル・ヘッジによって,為替リスクが営業利益に与える影響を小さくする体制を作ってきたことを反映している。

外国投資のタイプと為替リスク

企業による外国への直接投資の決定を生産・販売の側面からいくつかのタイプに分けて,その投資プロジェクトが直面する為替リスク,とくに経済リスクについて考えてみよう。

第1は現地の生産要素・原材料で生産し，現地で販売する場合である。たとえば，日本の自動車メーカーがアメリカ工場を建設する場合である。この場合の経済リスクは小さい。なぜならば，ドル建ての資金調達および原材料コストに対して，工場稼働後にドル建ての売上が得られ，主要な債権と債務が相殺されるからである。長期的に為替レートが円高傾向に大きく変化しても，影響は小さい。

　第2は，現地の生産要素で生産し，外国で販売する場合である。たとえば，家電メーカーのアジアに工場を建て，日本に輸入する場合である。この場合には，短期の取引リスク，中長期の経済リスクとも大きい。為替レートが円安になると，原材料や資金調達コストなどの主な債務と円建ての売上高とで換算通貨が異なるからである。円安が継続すると，国際競争力が大きく低下し，収益性が悪化する。輸出先を日本だけに限定するのではなく，できるかぎり債務と同一通貨の地域へシフトさせる必要が大きい。

　最後は，本国の生産要素で生産し，現地で販売拠点を設立して販売する場合である。たとえば，ソフトウェア会社が販売拠点として海外現地法人を設立する場合である。この場合は，為替リスクは大きくなるが，本国からの輸出であっても，為替リスクが大きいことは避けられない。このようなビジネスの場合，大きな為替リスク，その中でも経済リスクを負担するのはやむをえない。為替リスクをヘッジするためには，販売先をグローバルに分散することによって売上を複数通貨建てにすることで為替リスクの分散化を図ったり，現地で新たに現地向けの製品を開発する，などが考えられる。

　このように，外国投資にもさまざまなタイプが存在し，タイプにより，オペレーショナル・ヘッジの戦略は大きく異なる。

国際的な資金調達

第4章で説明したように，外部資金による資金調達はエクイティ・ファイナンスとデット・ファイナンスに大別できる。エクイティ・ファイナンスは，株式をはじめ，ワラント，エクイティと債券の中間的な性格をもつワラント債，転換社債など，株式関連証券（エクイティ）の発行による資金調達である。デット・ファイナンスは，銀行借入れ，債券発行，短期の市場からの借入れであるコマーシャル・ペーパーの発行など，負債（デット）による資金調達である。

企業は，国際金融市場において，さまざまな形態で，資金調達することができる。とくにグローバルな事業展開を行っている多国籍企業は，しばしば国際金融市場で資金調達を行う。国内での資金調達の際に決定すべき主要な事項は，どのような形態（株式，債券など）で行うのかと，調達する資金額である。国際的な資金調達では，それらに加えて，どこで発行するのか，さらに株式以外の場合にはどの通貨で発行するかを決定する必要がある。

どこで発行すべきか

企業は，どこで資金調達をすべきであろうか。国内市場ではなく，国外の金融市場で資金調達をする必要はどこにあるのであろうか。もし国際資本市場が統合されて発行コストがないのであれば，どこで発行しても資金調達コストは同じである。しかし，もし市場が国際的に分断されている，あるいは発行コストが大きいならば，資金調達のためのコストは市場間で異なる。現実の国際金融市場を構成する各市場は，税金をはじめ，それぞれ異なる規制下に置かれているため，どこで資金調達をするかは重要な問題となる。基本的な解答は，最も資金調達コストが低いところで行えばよい，ということになる。

株式による資金調達では自国市場での発行が中心であるが，日本

やヨーロッパの企業がしばしば外国で発行することがある。ユーロ市場は、国内市場に比べて規制が緩いため、より柔軟な発行条件で株式を発行できる。また、日本やヨーロッパの企業がアメリカで株式発行する場合には、アメリカ市場に株式を上場し、会計情報のディスクロージャー・ルールをはじめとして自国よりも厳しいSEC（連邦証券取引委員会）の基準に従う必要がある。その結果、アメリカの投資家をはじめとしてグローバルな投資家たちは、その企業の株式を安心して購入するようになり、発行コストを下げることができるというメリットがアメリカでの株式発行にはある。

どの通貨で発行すべきか

株式以外による資金調達では、どこで発行するかと同時に、どの通貨で発行するかを決定する必要がある。外国でかつその国の通貨建てで発行された債券は、外債と呼ばれる。たとえば、日本企業によってニューヨークで発行されたドル建ての債券がそうである。一方、外国での発行であっても、その国の通貨とは異なる通貨建てで発行された債券はユーロ債と呼ばれる。たとえば、日本企業によってロンドンで発行されたドル建て債券がそうである。とくに外国（主にロンドン）で発行された円建て債券はユーロ円債と呼ばれる。

債券発行だけではなく、借入れも重要な資金調達手段である。多国籍企業を中心に、国際的な業務を行っている銀行から、ユーロ市場で自国通貨をはじめさまざまな通貨での借入れもしばしば行われている。

発行通貨の選択においては、効果的な為替リスク・ヘッジを得るように決定するというのが最も有力な考え方である。外国通貨建てでの債券発行・借入れは、為替リスクのヘッジ機能をもっているからである。輸出割合が高いなど、外貨建て売上高比率が高い企業、

あるいは売上高がドルで決定される企業の場合には、同一の外貨建て債券の発行によって、為替リスクをヘッジすることができる。とくに多国籍企業の場合には、さまざまな通貨建てでの取引を行っており、為替リスクのヘッジ手段としての外貨建ての資金調達は有効性が高く、国際金融市場で外貨建ての資金調達を行う主要な企業は、多国籍企業である。どの通貨で発行すべきかは、前述の為替リスク管理上の戦略から決定される。

日本企業も、国際金融市場の発展にともなって、国際的な資金調達を拡大させてきた。とくに、1980年代、無担保の転換社債・ワラント債の発行をはじめユーロ市場を通じた資金調達が積極的に行われてきた。一部の優良企業を中心に、近年は満期の短期化が進んでいる。日本国内の発行市場の相対的に厳しい規制を逃れて、自由金利や自由な発行条件による外国での発行という側面が強いが、各国金融の規制緩和、デリバティブや証券化などの金融技術の進展によるところも大きい。図9-4は、居住者（日本企業）によるユーロ円債の発行額の推移を示している。年によって発行額にばらつきがあるのは、企業の資金需要と利回りなど発行条件が変化するためである。平均的には数兆円規模と、資金調達手段として重要なチャネルの1つとなっている。

多国籍企業の財務戦略

多国籍企業とは、複数の国で、生産・販売、資金調達、原料調達を行っている企業のことを指す。多国籍企業の目的を本国通貨で評価されている株価の最大化と考えるのであれば、さまざまな通貨でのキャッシュフローがあっても、本国通貨建てのキャッシュフローを最重要視していると考えることが適当である。

多国籍企業はグローバルに事業を展開しているため、為替リスク、

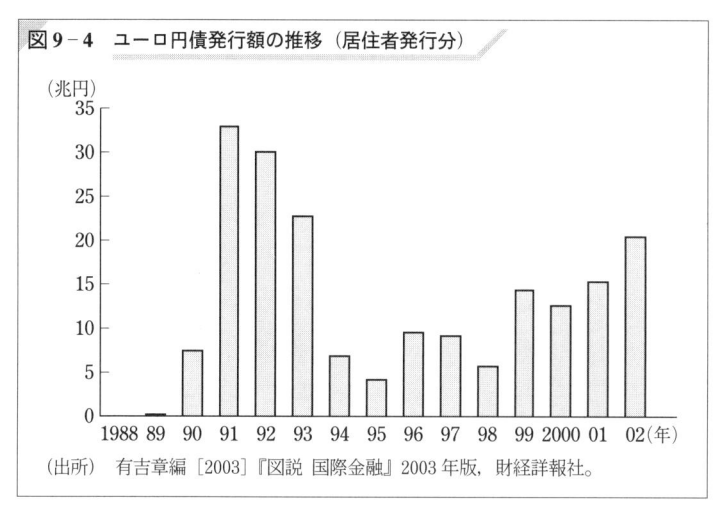

図9-4 ユーロ円債発行額の推移（居住者発行分）

（出所）有吉章編［2003］『図説 国際金融』2003年版，財経詳報社。

金利リスク，コモディティ・リスクなど，複雑な財務リスクに直面している。多国籍企業は各国国内市場およびユーロ市場に容易にアクセスし，資金調達を行うことができる。多国籍企業は，多様な資金調達手段の中から最もコストの低い資金調達を選択することができる。とくに，規制の少ないユーロ市場は，多国籍企業が低コストで長期の資金を債券や株式などの発行によって調達することを可能にしている。

多国籍企業は，グローバルなビジネス展開により，さまざまな通貨での取引を行い，さまざまな通貨建ての資産・負債を保有している。その結果，多様で複雑な為替リスクにさらされている。それゆえ，複雑な為替リスク管理が必要である。そのためには，VaRなどによって複雑な直面する為替リスクの定量化が不可欠となっている。

直接投資の中でも，ゼロから現地法人を立ち上げてビジネスをスタートするだけではなく，近年ではとくに，クロスボーダーのM

&A がさかんに行われている。ビジネス展開のスピードが求められている今日では，M&A がもつ時間を買うという機能が重要になっている。枚挙にいとまはないが，代表例として 1998 年のダイムラー・ベンツ社とクライスラー社の合併，ボーダフォン社によるエアタッチ社 (1999 年)，さらにはマンネスマン社 (2000 年) の買収があげられる。このような近年のクロスボーダーの M&A は，その規模が 1990 年代以降きわめて大きくなっているという特徴をもつ。その際に国際金融市場が用いられ，巨額の取引が行われている。

グローバルなキャッシュ・マネジメント・システム

多国籍企業の場合，キャッシュ・マネジメントも重要である。親会社と海外子会社間，海外子会社間での複雑な資金のやりとりがあるからである。親会社が海外を含むすべての子会社を合わせて運転資本を一元的に効率的に管理する仕組みとして，グローバルなキャッシュ・マネジメント・システム (CMS) がある。CMS は国際業務を行う銀行がサービスを提供している。近年，日本企業への適用について注目されていることから，ここではグローバルな CMS について少し詳しく説明する。

CMS の基本機能は，①プーリング，②ネッティング，③支払代行，④集中的な資金運用・調達，の 4 つである。

プーリングとは，グループ企業の資金管理を一元化するものである。たとえば，子会社 X の余剰資金を別の子会社 Y の負債の返済に用いる場合である。その結果，グループ全体の負債を削減し，総資産を圧縮することができる。

ネッティングとは，グループ企業間の取引によって生じた債権と債務を相殺し，差額だけを決済する手法である。銀行に支払う為替手数料を節約することができ，ネッティングされた差額だけが直面

する為替リスクになるため，為替リスク管理を強化できる。ネッティングには，グループ内の2社間で行うバイラテラル・ネッティングと，複数社間で行うマルチラテラル・ネッティングがある。マルチラテラル・ネッティングでは，金融子会社を利用するなどして一元管理のためのネッティング・センターを設ける必要がある。

グローバルなネッティングについて，図9-5に示すような単純な例を用いて説明してみる。日本に本社があり，アメリカとフランスに海外子会社を持つ多国籍企業がある。本社と海外子会社，海外子会社間で異なる通貨建ての取引が行われている。円に換算するための為替レートを，120円/ドル，130円/ユーロとしよう。ネッティングをする前には取引金額は，円換算の合計で2130億円であった。この時バイラテラル・ネッティングを行うと，図のように，2社間の債権・債務が相殺されるので，円換算の取引額は650億円へ大幅に減少する。さらに，ネッティング・センターを設立してマルチラテラル・ネッティングを行うと，図のように，円換算の取引額は500億円に減少する。

支払代行は，グループ各社の支払いに対して，本社または金融子会社が一元的に取引先に支払いを行う手法である。

集中的な資金運用・調達は，本社または金融子会社がグループ全体の資金運用・調達を集中的に行うことである。これによって規模の経済性がはたらき，より有利な条件で資金を運用・調達することが可能となる。

日本でも，1998年の外国為替管理法の改正により，為銀主義が撤廃され，金融機関以外による外国為替取引ができるようになった。それによって，日本に本社を置く多国籍企業も，欧米企業に遅れながらもグローバルなCMSを確立することが可能となった。日本で

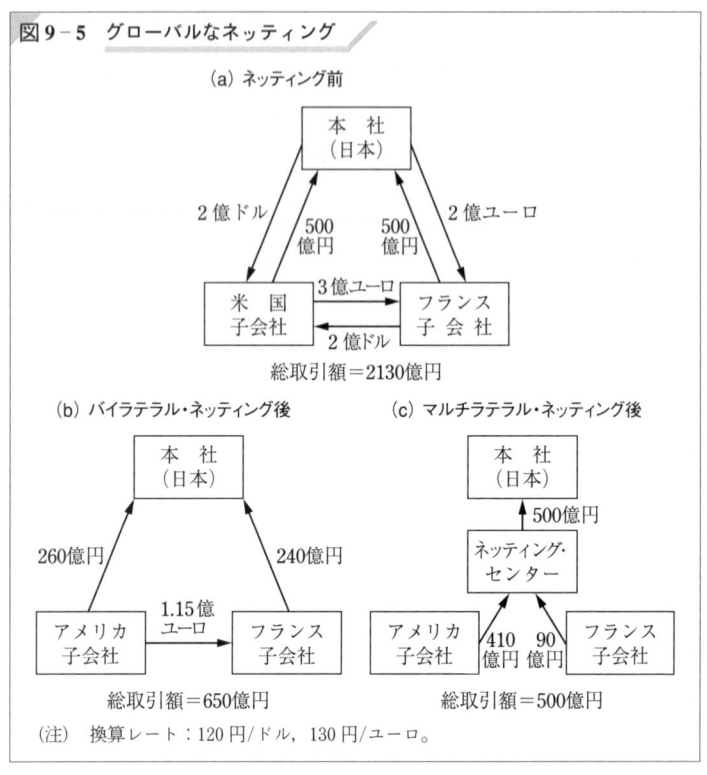

図9-5 グローバルなネッティング

(a) ネッティング前

- 本社（日本）
- 米国子会社 → 本社：2億ドル
- 本社 → 米国子会社：500億円
- フランス子会社 → 本社：2億ユーロ
- 本社 → フランス子会社：500億円
- 米国子会社 → フランス子会社：3億ユーロ
- フランス子会社 → 米国子会社：2億ドル

総取引額＝2130億円

(b) バイラテラル・ネッティング後

- アメリカ子会社 → 本社：260億円
- フランス子会社 → 本社：240億円
- アメリカ子会社 → フランス子会社：1.15億ユーロ

総取引額＝650億円

(c) マルチラテラル・ネッティング後

- ネッティング・センター → 本社：500億円
- アメリカ子会社 → ネッティング・センター：410億円
- フランス子会社 → ネッティング・センター：90億円

総取引額＝500億円

(注) 換算レート：120円/ドル，130円/ユーロ。

は企業グループを構成する企業数が多く，グループ企業間の取引が複雑である。海外子会社との間のグループ間取引では為替リスクが生じる。日本では多国籍企業だけではなく，内需型の企業も導入をスタートさせた。アメリカの企業ではすでに一般的だが，日本ではまだ導入企業は少なく，本格的な導入が始まったばかりである。トヨタ，日産，ソニーなどが先進的な導入企業である。ソニーは，2001年に，ロンドンにSony Global Treasury Services社を設立して，グループ各社の為替取引や資金決済の一元管理をスタートさせた。

グローバルな CMS にもデメリットがある。第 1 に，取引コストの削減が必ずしも生じない場合がある。たとえば，受け取ったキャッシュを 1 カ月後の支払いに用いるとき（利子が高くない場合）である。第 2 に，発展途上国の子会社では，政治的リスクが存在する。途上国の子会社では，その国に多額の債権やキャッシュを保持するよりも，自国に置いておいたほうが安全である。第 3 に，流動性の問題で，将来最も使われる可能性の高い通貨で持っておくほうが，取引コストが小さくなる可能性がある。第 4 に，各国で異なる税制の影響がある。第 5 に，子会社のキャッシュ面での経営上の自由度が制約を受ける。CMS により，税制上の優遇が受けられなくなる可能性がある。

練習問題

1. 『日本経済新聞』を用いて，
   (1) 円と主要通貨との為替レートがいくらになっているか調べなさい。
   (2) 円/ドルの先物レートはディスカウントか，プレミアムになっているか。
   (3) 円とドルの短期金利がいくらになっているか調べなさい。
   (4) カバー付きの金利平価がほぼ成立することを確かめなさい。
   (5) ドル・コールおよびプット・オプションの価格がいくらになっているか調べなさい。
2. 日本の自動車メーカーによって作られたあるコンパクトカーが日本では 100 万円で売られているとする。同じ日本製のコンパクトカーが米国では 1 万ドルで売られているとする。以下の問いに答えよ。
   (1) コンパクトカーの価格に基づいた購買力平価レートはいくらになるか。
   (2) 2 年間の日米のインフレ率がそれぞれ年率 1 ％，4 ％であるとす

ると，(1)で算出された購買力平価レートは，2年後にいくらになるか。

(3) 現在の為替レートは120円/ドルであるとする。(1)のレートと現在の為替レートが異なるのはなぜか。

3 日本企業によるユーロ圏への直接投資（ユーロ建て）について考える。このプロジェクトのキャッシュフローは以下のとおりである。

(単位：百万ユーロ)

期　　間	0	1	2	3
キャッシュフロー	−200	60	120	70

現在の直物レートは，130円/ユーロ，円金利＝1％(年率)，ユーロ金利＝5％(年率)とする。また，このプロジェクトの割引率は15％(ユーロ建て)である。以下の問いに答えよ。

(1) ユーロ建てのNPVを算出せよ。このプロジェクトは実行すべきか。

(2) 完全ヘッジの円換算のNPVを算出せよ。

(3) 今後年率5％でユーロが減価すると予想しているとき，投資決定の結論は変わるか。

(4) このプロジェクトを実行するときの資金調達をどのように考えたらよいか，まとめよ。

参考文献

新井富雄・渡辺茂・太田智之［1999］『資本市場とコーポレート・ファイナンス』中央経済社。

有吉章編［2003］『図説 国際金融』2003年版，財経詳報社。

上川孝夫・藤田誠一・向壽一編［2003］『現代国際金融論』新版，有斐閣。

クルグマン，P. R. = M. オブスフェルド（石井菜穂子ほか訳）［1996］

『国際マクロ経済学（国際経済：理論と政策 II)』新世社。

中條誠一 [1999]『ゼミナール 為替リスク管理：新外為法下の戦略』新版, 有斐閣。

ブリーリー, R. A. = S. C. マイヤーズ（藤井眞理子・国枝繁樹監訳）[2002]『コーポレート・ファイナンス』第6版, 上・下, 日経BP社。

Levi, M. D. [1996] *International Finance : The Markets and Financial Management of Multinational Business*, 3rd ed., McGraw-Hill.

練習問題の略解

第 1 章

1 (1) クーポン・レート 5 %，満期が 2 年後の利付債は，1 年後に 5 円，2 年後に 105 円受け取ることができる。よって，その価格は，

$5 \times 0.985 + 105 \times 0.956 = 105.3$ （円）。

(2) 略。

2 (1) 略。

(2) 略。

(3) 貸出利子率 R_L ＜借入利子率 R_B とすれば，効率的フロンティアは以下の図の太線 $R_L T_1 T_2 A$ のようになる（T_1, T_2 は接点ポートフォリオ）。

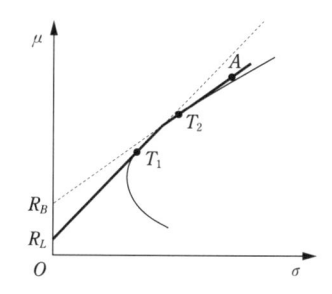

第 2 章

1 (1), (2) 計算上の注意。

ある株式の収益率を計算する際は，配当の調整と株式分割の調整に注意する。

市場ポートフォリオの収益率には，TOPIX の変化率を用いるとよい。ただし，厳密には TOPIX ではなく，配当落ちの修正を行っ

た配当込み指数を用いたほうが望ましい。TOPIX および配当込み指数についての詳細は，東京証券取引所のホームページを参照のこと。

リスクフリー・レートには，TB レートや CD レートを用いるとよい。

市場ポートフォリオのリスク・プレミアム $(E(R_M)-r_F)$ には長期の平均収益率など適当な値を設定する。

(3) ポートフォリオの収益率

$$R_p = \sum_{i=1}^{N} w_i R_i$$

ポートフォリオのベータ

$$\beta_p = \frac{Cov(R_p, R_M)}{Var(R_M)} = \frac{Cov(\sum w_i R_i, R_M)}{Var(R_M)} = \sum_{i=1}^{N} \frac{w_i Cov(R_i, R_M)}{Var(R_M)}$$
$$= \sum_{i=1}^{N} w_i \beta_i$$

(共分散の性質より)

2 (1) 図 2-5 の価格ツリーのどの点でも $p^*=0.75$ であることが確かめられる。

求めるべきコール・オプションの満期での価値は，以下のようになる。

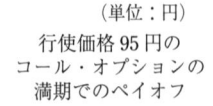

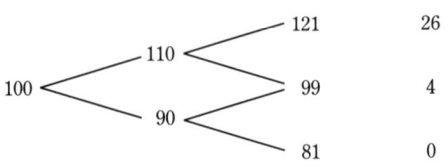

(単位：円)

行使価格 95 円の
コール・オプションの
満期でのペイオフ

```
                  121        26
         110 <
100 <              99         4
         90 <
                   81         0
```

したがって，(2.9) 式を用いてコール・オプションの価値を計算すると，

$$C = \frac{1}{1.05^2}(0.75 \times 0.75 \times 26 + 2 \times 0.75 \times 0.25 \times 4 + 0.25 \times 0.25 \times 0)$$
$$= 14.63$$

(2) 各状態におけるプット・オプションの価値および Δ を算出すると以下のようになる（満期のペイオフから1期、現在へとさかのぼって計算する）。

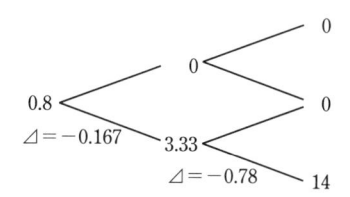

```
                        0
                   0 <
              0.8 <      0
         Δ=-0.167  3.33 <
                    Δ=-0.78  14
```

したがって、プット・オプションの価格＝0.8円。

なお、(1)と同様にリスク中立確率を用いても同じ答えを得ることができる。

(3) 1期後に原証券価格が90円になったときには満期前行使を行う。

なぜなら、行使によって、現在 95－90＝5 円を手に入れることができるのに対し、行使せずに満期まで保有するときの1期での価値は(2)で算出したように3.33円となり、満期前行使が有利になるためである。満期前行使がある場合のプット・オプションの価値は、

$$P = \frac{1}{1.05}(0.75 \times 0 + 0.25 \times 5)$$
$$= 1.19$$

3 略。

第3章

1 6.3％

2 (1) －0.87 億円。

(2) 1.14 億円。投資は実行すべきである。

第 4 章

1 (1) $0.1(\tilde{C}-(1+r)\times 100,000)$ (円)。

(2) 投資家 I は，500 株を売却し社債 5 万円を購入すれば，(1) と同じ収益が得られることがわかる。

2 (1) $0.1(\tilde{C}-(1+r)\times 100,000)(1-\tau)$ (円)。

(2) $0.1(\tilde{C}-(1+r)\times 600,000)(1-\tau)+r\times 50,000$ (円)。

第 5 章

1 この場合，本文 (5.6) 式に対応する予算制約式は，

$$I = (1-m)(X-rB)+\Delta B$$

となる。ここで，右辺第 1 項が内部留保，第 2 項が負債調達を表す。両辺を資本ストック K で割ると，

$$\frac{I}{K} = (1-m)\left(\frac{X}{K}-r\frac{B}{K}\right)+ \frac{\Delta B}{B}\frac{B}{K}$$

となる。定常的な成長率を g とすると，

$$g=(1-m)(R-rb)+gb$$

となり，これより，求めるべき式が得られる。

2 MM は，企業の将来利益および必要設備投資額が与えられたもとでの議論である。その場合，現在の配当額を上げれば内部留保が同額減少し，以降，その分を外部資金に依存せざるをえなくなる。結果として将来の 1 株当たり利益（成長）が減少し，したがって配当が一定率で成長すると考える場合，その成長率も低下し，結局は両効果が相殺され，株価は不変となると，ファンダメンタルズ理論によって解釈すればよく，両者は矛盾するものではない。

第 6 章

1 (1) 行使価格が現在の為替レートと同じドル・コール・オプションを

購入すればよい。

将来営業利益の図は，以下のとおり。

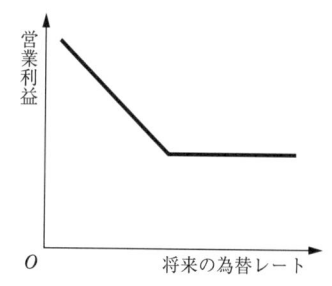

[図：縦軸「営業利益」，横軸「将来の為替レート」。右下がりの直線が途中で水平になるグラフ]

(2) コール・オプションは，現物あるいはフォワードの保有比率を為替レートの変動に応じてダイナミックに変化させれば複製できる。詳細は，第2章を参照。

(3) 行使価格がより低いドル・コール・オプションの売り手になればよい。図は以下のとおり。とくに，購入するコール・オプションと同金額だけ売り手に回る場合は，初期のヘッジ・コストはゼロとなるので，ゼロ・コスト・オプションと呼ばれる。

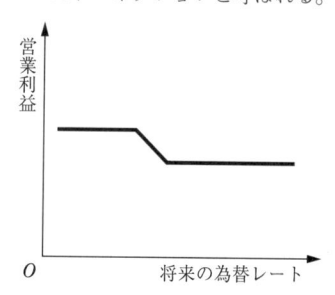

[図：縦軸「営業利益」，横軸「将来の為替レート」。水平な線が途中で段差を経て再び水平になるグラフ]

2 略。

第 7 章

1 バブル崩壊後，株式持合いが崩れ，外国人株主が急増した。外国人株主は収益のみの目的で株式を保有するので，魅力のない企業の株式は売

られて株価は低迷することになるか,あるいはガバナンスによってROE,ROA等を高めることを要求する。また,格付け機関は業績が悪く,借入れの返済が困難と思われる企業に対して低格付けを行うようになったので,株価の低下に拍車をかけた。これらの理由によって,少なくとも資本市場から資金を調達する意欲のある企業は株価を無視することはできなくなった。

2 他社の株式の保有は,利潤率が資本コストに等しい資産への投資に他ならないので,自社の株価水準は変化しない。要するに持合い自体はそれに関わる企業の株価水準を変化させない。ただし,各企業の業績はお互いに保険に入っているような効果があるので安定し,自社の業績が悪くなっても他の企業の業績が悪くなければそれほど低下はしない。しかし,株価変動の大半は自社の業績に依存するので,それが悪くなれば株価はいくらでも低下する。1997年末に事実上倒産した山一證券が芙蓉グループの一員であったことは,持合いによって株価を維持することが無理であることを示していよう。

3 1980年代の後半,アメリカの企業は近視眼的な株主からのガバナンスに苦慮していた。そのような効率的でない株式市場においては,本来は株価を上げる設備投資,研究開発投資等であっても,その効果が長期的に及ぶ場合には株価上昇にはつながらず,それを実施することが難しくなる。

第 8 章

1 筆者らの調査では,1998～2000年の新規公開企業に関して比較すると,ジャスダック公開銘柄の初期収益率が58%であるのに対し,東証マザーズおよびナスダック・ジャパン(現大証ヘラクレス)公開銘柄の初期収益率は25%だった(いずれも平均値)。このような初期収益率の違いが,公開企業のどのような属性に起因するのか確認せよ。また,異なる期間についても同様の違いがあるか確認せよ。

2 『わが国の金融制度』(新版,日本銀行金融研究所編,1995 年) は,「銀行等の金融機関がベンチャー・キャピタル市場に参入しているのは,将来の有力顧客としてのベンチャー・ビジネスとの間に取引関係を構築・維持するところに主たる目的がある。一方,証券会社は株式公開時の主幹事獲得を狙いとしている」と説明している。事実,筆者らによる調査では,ベンチャー企業に出資している銀行系 VC のなかで持株比率が第 1 位の VC の親銀行は,公開後メインバンクに選定される確率が高いことが示されている。『わが国の金融制度』の記述が正しいか確認するため,証券系 VC の持株比率と親証券会社の主幹事獲得実績の相関を調べてみよ。

第 9 章

1 略。

2 (1) $\frac{100}{1} = 100$ (円/ドル)。

(2) 日米間のインフレ格差＝1－4＝－3 (％,年率)

したがって,2 年後の購買力平価レートは年率 3 ％ の円高・ドル安となり,

$$100 \times 0.97^2 = 94 \text{ (円/ドル)}$$

(3) (主な理由)

自動車をアメリカから日本へ輸出する際に大きな取引コスト,規制が存在する。したがって,裁定が十分にはたらかない。

3 (1) ユーロ建ての NPV は,

$$-200 + \frac{60}{1.15} + \frac{120}{1.15^2} + \frac{70}{1.15^3} = -11.06 \text{ (百万ユーロ)}$$

このプロジェクトは実行すべきではない。

(2) 完全ヘッジした円換算キャッシュフローに適用する割引率は,

$$1.15 \times \frac{1.01}{1.05} - 1 = 0.106$$

練習問題の略解

● あ 行 ●

相対取引　207, 228
アウト・オブ・ザ・マネー　57
アスク価格　220
アセット・アプローチ　233
アセット・アロケーション　19
アセット・クラス　18
アット・ザ・マネー　58
アノマリー　47, 48
アメリカン・オプション　50, 65, 161
アメリカン・コール・オプション　86
アーリー・ステージ企業　199
アルファ（ジェンセンのα）　44
アンシステマティック・リスク　41
安全利子率　→リスクフリー・レート
委員会等設置会社　194
一物一価の法則　230
一般均衡　37
伊藤の公式　60
イン・ザ・マネー　57
インセンティブ・コンパチブル（誘因整合）　181
インセンティブ報酬契約　177
インターバンク市場　218
インデックス・ファンド　40
インフレ率　222, 231
エキゾチック・オプション　65, 161
エクイティ・ファイナンス　122, 244
エージェンシー・コスト　109, 125, 152, 175
　株主・経営者の対立による――　112
　株主・債権者の対立による――　112
　負債の――　132, 187
エージェンシー問題　125, 177
延期オプション　86
オフショア市場　227
オプション　49
　――価格モデル　53
　――価値　86
オプション型のヘッジ　145, 156, 159, 164
オプション・ファイナンシング（選択権付き資金調達手段）　98, 101
オフバランス化　131
オフバランス効果　132
オフバランス取引　228
オペレーショナル・ヘッジ　240
オペレーショナル・リスク　139
オンバランス貸出し　130

● か 行 ●

海外直接投資　241
回帰分析　45
会計上の利益　77, 83, 89
外国為替市場　217
外債　245
会社法　174
回収期間　75
外部株主　187, 193
外部資金　91
価格変動リスク　140
格付け　81, 90, 94

確定給付型年金　189
確定拠出型年金　189
確率分布　21, 142
確率変数　7, 21
貸倒れリスク　128
貸出債権（ローン）　127
　──の流動化　→ローン・セール
加重平均資本コスト（WACC）　82, 105
過少設備　187
過剰設備　187
過小値付け　209
カーネマン（D. Kahneman）　48
カバー付きの金利平価　223
カバーなしの金利平価　232
株　価　115, 132
　配当落ち後の──　118
　配当権利付きの──　118
株価最大化　177
株　式　8, 13, 112
　──（の）持合い　192, 204
株式公開（IPO）　197, 203
株式公開買付制度（TOB）　182
株主構成　182
株主資本コスト　78
株主総会　91, 180
株主によるガバナンス　180
株主利益の最大化　174
株主割当増資　91
空売り　→ショートセール
為替リスク　138, 237, 239
為替リスク・プレミアム　234, 235
為替レート　217, 219
　──の期待変化率　233
監　査　177

監査役会　193
監査役設置会社　194
換算リスク　240
間接金融　95, 126
　──優位の金融システム　95
間接的投資事業　203
完全市場　15, 38, 146, 239
完全ヘッジ　157
幾何ブラウン運動　61
企業価値　103
企業年金基金　183
企業年金問題　189
議決権　91
議決権行使　180, 183
基準レート　219
期待値　7
希薄化　102, 117
逆張り戦略　211
キャッシュフロー　2, 69, 83, 128, 168
　将来──　2
キャッシュ・マネジメント・システム（CMS）　134, 248
　グローバルな──　248
キャップ　164
キャピタル・ゲイン　98, 101, 117, 177
共益権　91
業績評価指標　83
協調融資　127
共分散　23
銀行中心型金融システム　95
銀行のリスク負担能力　129
金融市場　2
金融取引　1
金利スワップ　162

索　引　265

金利(変動)リスク　127, 130, 161
クーポン　9, 81
クーポン・レート　10, 98, 101
クロス・レート　220
経営者市場　182, 192
経営者の持株比率　187, 193
経済的付加価値(EVA)　83
経済リスク　240
減価償却費　77, 89
現在価値　1, 3, 117
現代ポートフォリオ理論　33
現物市場　228
公開価格　209
公開企業(パブリック・カンパニー)　203
公開(審査)基準　204, 205
交換比率　219
行使価格　50
合成オプション　55
公的資金注入　92
行動ファイナンス　48
購買力の交換　1, 4
購買力平価　230
公募債　93
公募増資(時価発行増資)　91, 204
効用　31
効用関数　19
効率的市場仮説　48
効率的フロンティア　30, 35
効率的ポートフォリオ　30, 35
コカ・コーラ社　83, 155, 166
小型株　47, 48
国際金融市場　226
固定金利　162

固定相場制　222
コーポレート・ガバナンス　84, 124, 176, 205
コマーシャル・ペーパー(CP)　94, 244
コミットメント・ライン　133
コール・オプション　50, 85, 98, 110, 163
コントロール権　176

● さ 行 ●

債　券　8
最終利回り　81
最小分散ポートフォリオ　29
裁定価格理論(APT)　47, 78
裁定機会　49, 53, 59
裁定取引　16
裁定レート　221
最適ポートフォリオ　18, 31, 34, 37
　——の決定　34
財の交換　1, 2
財務的困窮コスト　148
債務不履行(デフォルト)　12, 93
　——リスク　81, 94
債務保証　201
財務リスク　79, 139
先物(フォワード)取引　221
先物(フォワード・)プレミアム率　224, 234, 235
サンク・コスト　148
残余請求権　176
ジェンセンのα　→アルファ
シカゴ・マーカンタイル取引所(Chicago Mercantile Exchange: CME)　155

時価発行増資　→公募増資
時間選好　4
直物取引　221
事業リスク　79
資金調達　89
　　外部からの──　149
資金調達政策　116
資金調達割合　81
シグナリング仮説　125
シグナリング・コスト　108
自己株式方式　182
自己資本に対する税引き後利益率（ROE）　122, 128, 131
自己資本比率　110
自己資本比率規制（BIS）　130
資産代替　133, 184
資産担保証券　129, 133
自社株買い（自社株消却）　121
市場均衡　37
市場金利　6
市場性付加価値（MVA）　84
市場の過剰反応　212
市場の非効率性　211, 235
市場ポートフォリオ　39
市場リスク　140, 153
システマティック・リスク　41, 236
シ団引受方式　93
失権株　91
実効為替レート　221
執行役員　174
実質為替レート　222
私募債　93
資本構成　103, 146
　　──の無関連性定理　→MM定理

　　最適（な）──　107, 111, 113, 120, 187
資本コスト　46, 77, 105, 129
　　株式の──　13
資本資産評価モデル（CAPM）　33, 38, 78
社外監査役　193
社外取締役　193
社債　90, 93
社債市場改革　100
ジャスダック　207
シャープ（W. F. Sharpe）　33
ジャンク・ボンド　→投資不適格債券
収益率　20
　　──の期待値　19, 21
　　──の分散　19
収入ヘッジ　166
出資　203
種類株　92
純現在価値（NPV）　69
順張り戦略　211
償還金　9
証券　2
証券化　126, 129, 187
証券会社　213
証券市場線　41
証券取引所　205
商法改正　92, 98, 122, 182, 194
情報格差　210
将来価値　3
初期収益率　209
助成金　202
ショートセール（空売り）　26
所有と経営の分離　109, 139, 173
ショールズ（M. Scholes）　62

新株引受権　91, 98
　——方式　182
新規公開株　209
シンジケート・ローン　127
信用取引　27
信用リスク　12, 127, 130, 140
スターン・スチュアート社　83
スタンダード＆プアーズ（S&P）社　95, 96
ステークホルダー　151
ステージ・ファイナンス（段階投資）　200
ストック・オプション　49, 66, 84, 181
スプレッド　220
住友商事　168
スワップ取引　221
スワップ・レート　162
成功報酬　179
節税効果　107
絶対的PPP　231
接点ポートフォリオ　30, 35, 39
ゼロ成長モデル　13
選好　19, 31
選択権付き資金調達手段　→オプション・ファイナンシング
相関係数　23, 27
増資　91, 112, 116
総資産収益率（ROA）　121
相対的PPP　231

●た 行●

大域的最小分散ポートフォリオ　30
タイミング　101
対顧客市場　219

第三者割当増資　91
大証ヘラクレス　207
退職給付引当金　189
対ドル為替レート　219
多角化　144
多期間CAPM（消費CAPM）　47
多国籍企業　228, 244, 246
中止オプション　85
長期的均衡レート　231
直接金融　95, 126
直接的投資事業　203
陳腐化リスク　139
追加投資オプション　85
積立て不足　189
低PER銘柄　48
ディスクロージャー　204, 245
定率成長モデル　13
テクニカル分析　48
デット・ファイナンス　244
デフォルト　→債務不履行
デリバティブ　49, 58, 141, 153
　——市場　228
デルタ　57, 63
転換オプションの価値　101
転換価格　65, 99
転換権　101
転換社債　66, 99, 204
転換優先株　200
天候デリバティブ　155
店頭市場　207
投機　169
東京証券取引所　207
倒産コスト　106, 148
倒産の間接的なコスト　148
倒産の直接的なコスト　149

倒産リスク　101
投　資　69
投資機会集合　20, 26, 198
投資適格債券　95
投資不適格債券（ジャンク・ボンド）　95
東証マザーズ　205, 207
独占禁止法　183
特別目的会社（SPC）　129, 133
トータル・リスク　44
トバスキー（A. Tversky）　48
トービン（J. Tobin）　33
　——の分離定理　35, 40
トラッキング・ストック（TS）　92
取締役　174
取締役会　174, 193
取締役選任権　92
取引コスト　220
取引リスク　240
トレーディング部門　168, 170
トレードオフ　18, 30

● な　行 ●

内外価格差　230
内外金利差　224
内部株主　187
内部資金　89
内部収益率（IRR）　71
内部留保　89, 90, 112, 116
ナスダック（NASDAQ）　208
ナスダック・ジャパン市場（NJ）　208
二項モデル　53
　——の価格ツリー　54
2次計画法　31

日経平均オプション　50, 63
ネッティング　248
　——・センター　249
　バイラテラル・——　249
　マルチラテラル・——　249
ノックアウト・オプション　65
ノックイン・オプション　65
ノーリターン・ルール　93
ノン・リコース・ローン　128

● は　行 ●

配　当　9, 177
配当水準　115
配当性向　113, 115
配当政策　115
　最適な——　120
配当割引モデル（DDM）　12, 117
派生証券　57
バックオフィス部門　168, 170
ハードル・レート　78, 105
バランスシート・ヘッジ　166
バーリ（A. A. Berle Jr.）　173
バリア価格　65
バリュー株（低PBR銘柄）　47
ハンズ・オフ型の投資　199
引当金　89
引受会社　90
引受シンジケート　93, 100
引受手数料　90
引受リスク　90, 210
ビッド価格　220
非分離型ワラント債　98
標準偏差　22
フォワード型のヘッジ　145, 154, 156, 162
フォワード契約　154

フォワード・ディスカウント・バイアス　234, 235
フォワード取引　→先物取引
フォワード・プレミアム率　→先物プレミアム率
不確実性　85
不完備な契約　177
複製　54, 59
　ダイナミックなオプション——　56
負債・株式比率（レバレッジ）　80
負債コスト　81
負債によるガバナンス　184
負債比率　79, 110, 120, 187
普通株　92
普通社債　81
物価指数　222
ブックビルディング　212
プット・オプション　50, 86, 160, 163
プット・コール・パリティ　52
部分ヘッジ　158
ブラック（F. Black）　62
ブラック＝ショールズ公式　61
ブラック＝ショールズ・モデル　53, 61
フリー・キャッシュフロー　105, 120
　——仮説　125
プーリング　248
フロア　163
プロジェクト・ファイナンス　128
分散　22
分散化　18, 26, 27, 41, 228, 236

分散投資　18
分離型ワラント債　98
ベアリング社　167
ペイオフ　49, 51
平均会計収益率　77
平均・分散アプローチ　18, 19
ベータ　41, 78
　産業の——　79
　ゼロ・——　43
ペッキング・オーダー仮説　111
ヘッジ　138, 156, 169, 229
ヘッジ比率　157
ベンチャー・キャピタリスト　199
ベンチャー・キャピタル（VC）　92, 197
ベンチャー契約（VC契約）　200
ベンチャー支援政策　201
ベンチャー・ファイナンス　198
変動金利　162
変動相場制　222
報酬制度　83
法人税　106
簿価　78, 81
保険契約　145
ポートフォリオ・アプローチ　233
ポートフォリオ理論　18
ボラティリティ　61, 62, 85, 99, 110
ホールセール（卸売）市場　218

● ま　行 ●

マーケット・メーク制度　207
マーコヴィッツ（H. M. Markowitz）　19, 33

未公開企業（プライベート・カンパニー） 197, 203
みなし配当課税 122
ミラー（M. H. Miller） 103, 117
ミーンズ（G. C. Means） 173
無議決権株 92
無限等比級数の公式 15
無裁定条件 49
無差別曲線 31
　——の凸性 34
無担保債 93
名目為替レート 222
メインバンク 95, 100, 134, 183, 193
　——・システムの欠点 97
メルク社 164
モジリアーニ（F. Modigliani） 103, 117
持合い解消 122
モラルハザード 200

● や 行 ●

誘因整合 →インセンティブ・コンパチブル
有限責任 199
融資制度 202
優先株 92
有担保債 93
ユーロ円 227
ユーロ円債 245
ユーロカレンシー 227
ユーロ債 245
ユーロ市場 227
ユーロドル 227
ユーロノート 228
要求収益率 77

予定利率 191
ヨーロピアン・オプション 50
ヨーロピアン・プット・オプション 161

● ら 行 ●

リアル・オプション 49, 66, 84
利益相反 179
利益分配権 91
リーガル・リスク 139
リスク 3
　——移転 144, 153
　——回避 144
　——低減効果 26, 27
　——の交換 2
　——分散 144
　——保持 143
　期限前償還の—— 127
　製造・販売に関する—— 139
リスク回避的 31, 145, 180, 234
リスク回避度 32, 34
リスク管理 46, 49
リスク中立確率 58, 87
リスク中立的 58, 233
リスクフリー資産 17, 28
リスクフリー・レート 4, 7
リスク・プレミアム 8, 40, 42
リスク・マネジメント 137
　——無関連性定理 145
利付債 10
リテール（小売り）市場 219
リバランス 56, 61
流動性 81, 220
流動性リスク 140
劣後株 92
レバレッジ 80, 153, 169

レバレッジ金利スワップ契約　167
連邦証券取引委員会（SEC）　245
労使問題　188
ローン・セール　127, 128, 130

● わ　行 ●

ワラント（債）　66, 97
割引キャッシュフロー公式　9
割引現在価値　70
割引債　9
割引ファクタ　4
割引率　7

新しい企業金融
Contemporary Corporate Finance

2004年3月30日 初版第1刷発行

著 者	米　澤　康　博
	小　西　　大
	芹　田　敏　夫
発行者	江　草　忠　敬
発行所	株式会社 有　斐　閣

東京都千代田区神田神保町2-17
電話　(03)3264-1315〔編集〕
　　　　3265-6811〔営業〕
郵便番号　101-0051
http://www.yuhikaku.co.jp/

印刷　株式会社理想社　　製本　稲村製本所
© 2004, Y. Yonezawa, M. Konishi, T. Serita.
Printed in Japan
落丁・乱丁本はお取替えいたします。
★定価はカバーに表示してあります。

ISBN 4-641-12217-2

R本書の全部または一部を無断で複写複製(コピー)することは,著作権法上での例外を除き,禁じられています。本書からの複写を希望される場合は,日本複写権センター(03-3401-2382)にご連絡ください。